# Otto Emersleben · James Cook

CAPTAIN JAMES COOK, F.R.S.

# James Cook

Seemann – Entdecker – Naturforscher
Biografie
von Otto Emersleben

Verlag Neues Leben Berlin

Frontispiz: Stich nach einem Gemälde von W. Hodges

ISBN 3-355-00814-1

© Verlag Neues Leben, Berlin 1989 · Lizenz Nr. 303 (305/11/89) · LSV
7001 · Schutzumschlag und Einband: Gerhard Christian Schulz · Typografie: Katrin
Kampa · Schrift: 11 p Timeless · Gesamtherstellung: Karl-Marx-Werk Pößneck V 15/30
Bestell-Nr. 644 611 2 · 01480

# Meinen Söhnen Otto, Grigori, Bogdan

*Die verborgenen Taten sind die achtbarsten. Wann immer ich solche in der Geschichte finde, gefallen sie mir sehr. Sie sind nicht ganz verborgen geblieben. Man hat sie erfahren. Das wenige, wodurch sie erschienen sind, erhöht ihr Verdienst. Daß man sie nicht verborgen halten konnte, ist das Schönste daran.*

Lautréamont

# Die ersten Meilen

Jugend und frühe Fahrten (1728–1768)

*Aufbruch*

Es ist der 7. Juli 1776, ein Sonntag. An Bord seines Flagschiffes wartet James Cook, Postcaptain der Royal Navy, im Sund von Plymouth auf günstigen Wind für die Ausfahrt. Abermals will er die Erde umsegeln – gerade ein knappes Jahr zuvor ist er auf dieser seiner *Resolution* von einer Weltreise heimgekehrt.

An diesem Sonntag beendet Captain Cook das Vorwort zu seinem Bericht über jene erfolgreiche Fahrt.

„Und nun mag es notwendig sein zu sagen, daß, da ich im Begriff bin, zu einer dritten Expedition aufzubrechen, ich diesen Bericht meiner jüngst beendeten Reise in den Händen einiger Freunde zurücklasse, die es dankenswerterweise übernommen haben, ihn während meiner Abwesenheit beim Druck zu korrigieren. Ihnen scheint der Gedanke zu gefallen, daß die hier folgenden Darlegungen besser in meinen eigenen Worten als in denen eines anderen gegeben werden, vor allem, da es sich um ein zur Information und nicht so sehr zum Amüsement bestimmtes Werk handelt, in dem – nach ihrer Meinung – Vorurteilslosigkeit und Wirklichkeitstreue den Wunsch nach gestalterischem Zierat ersetzen.

Ich sollte daher dieses Vorwort damit beschließen, daß ich den Leser für die Ungenauigkeiten des Stils um Vergebung bitte, auf die er zweifellos in dem folgenden Bericht häufig treffen wird. Er sollte sich bei ihrem Auftauchen ins Gedächtnis zurückrufen, daß dies das Werk eines Mannes ist, der nicht den Vorzug von Schulbildung hat genießen können, sondern der seit seiner Jugend ständig auf See war. Und obwohl er, mit dem Beistande einiger weniger guter Freunde,

alle Stationen eines Seemannslebens durchlaufen hat – vom Schiffsjungen auf einem Kohlenfahrer zum Wirklichen Kapitän der Königlichen Marine –, hatte er keine Möglichkeit, sich mit den Geisteswis-
senschaften zu beschäftigen.

Nach dieser Selbstdarstellung wird das Publikum von mir weder
die Eleganz eines glänzenden Schreibers noch die äußerlichen Gefäl-
ligkeiten eines berufsmäßigen Büchermachers erwarten. Aber es wird
– so hoffe ich – mich als ganzen Mann ansehen, der sich eifrig im
Dienst seines Landes müht und der entschlossen ist, von seinen
Handlungen umfassend und genau Rechenschaft zu geben, soweit
dies innerhalb seiner Möglichkeiten liegt."

Cook hat hier in wenigen Zeilen ein eindrucksvolles Selbstzeugnis
hinterlassen. Es ist so treffend und zugleich so persönlich, wie es in
den detaillierten Berichten von seinen drei Weltfahrten sowie in
Cooks Tagebüchern und anderen Aufzeichnungen nur höchst selten
zu finden ist. Hinter der Beschreibung des Alltags an Bord stand der
Schreiber meist absichtsvoll zurück.

James Cook, Befehlshaber der *Resolution*, schickt sich an, abermals
in See zu stechen und „im Dienst seines Landes" alles zu wagen –
so, wie es einem Captain der Royal Navy zukommt. Nach Erhalt der
Segelinstruktionen ist es am 12. Juli 1776 in den frühen Abendstunden soweit: Bei leichtem Nordwestwind verläßt die königliche Kriegs-
schaluppe *Resolution* den Sund von Plymouth. Zwei Jahre und sieben
Monate später findet die Lebensreise ihres Kapitäns an einem Strand
der Kealakekua-Bai auf Hawai ihr Ende. Im November 1780 kehrt
die *Resolution* ohne James Cook nach England zurück.

Eine Lebensbeschreibung dieses Mannes „in den Worten eines anderen" kann nur versuchen, seine verdienstvollen Taten, den Charakter, aus dem diese erwachsen sind, und die Zeitumstände, unter denen sie stattgefunden haben, im Lichte der inzwischen verflossenen
Jahre wiedererstehen zu lassen – unter Einbeziehung des seither gewonnenen Wissens und, mit ebenso großer Selbstverständlichkeit, in
Würdigung des damaligen Erkenntnisstandes.

James Cook begann seinen Lebensweg am 27. Oktober 1728 in Marton-in-Cleveland, einem Dorf südöstlich von *Middlesbrough* in York-shire. Eine Woche darauf, am 3. November, wurde er in der Dorfkir-che St. Cuthbert als Sohn eines Tagelöhners – so die Kirchenbuch-eintragung – auf den Namen seines Vaters getauft. Die Mutter Grace hatte bereits einen Sohn geboren, John mit Namen, der als junger Mann Anfang Zwanzig starb. Auch von den nach James geborenen sechs Geschwistern lebten um die Jahrhundertmitte nur noch die Schwestern Margaret und Christiana.

Dieses konkrete Bild bei den Cooks entspricht den für die erste Hälfte des 18. Jahrhunderts überlieferten erschreckend hohen Werten der Kindersterblichkeit: Lediglich eins von vier Kindern in London – ausschließlich dort sind solche statistischen Angaben ermittelt wor-den – erreichte sein sechstes Lebensjahr. Aber wer bei einer Überle-benschance von nur eins zu drei älter als fünf Jahre wurde, war noch längst nicht eines Tages Kapitän der Königlichen Marine, landete vielmehr mit erdrückender Wahrscheinlichkeit im Heer der Manu-faktursklaven oder in einer der gerade in Cooks Heimat Yorkshire so zahlreichen neueröffneten Kohlengruben. In beiden Fällen war in-folge der herrschenden unvorstellbaren Ausbeutung kindlicher Ar-beitskraft die Aussicht gering, das Ende der „Lehrzeit" mit vierund-zwanzig zu erreichen. Und doch war es besser, zu den *labouring poor*, den „arbeitenden Armen", zu gehören als zu den *idle poor*, den „mü-ßigen Armen": Diese wurden von der Obrigkeit ohnehin Bettlern, Landstreichern und Dieben gleichgestellt. Und die zu bekämpfen gab es ein breit gefächertes Instrumentarium: Auspeitschen, Brandmar-ken, Abschneiden von Ohren, Zunge, Händen.

Also wäre ein James Cook denkbar, der mit anderen vagabundieren-den Jugendlichen einer Bande von Wegelagerern angehört, aufgegrif-fen und dem Richter vorgeführt wird, der am Galgen endet, weil ein abgeschnittenes Ohr ihn als bereits Vorbestraften ausweist, aber Gnade findet und in seinen Heimatdistrikt abgeschoben wird, der sein jung verbrauchtes Leben, etwa mit zwölf, als Hunteschieber auf der Fördersohle einer Kohlenzeche aushaucht, der nicht einmal zwölf wird, weil er schon zehnjährig als Nachtschichtler in einer Baumwoll-spinnerei stirbt, der nie seinen Geburtsort Marton-in-Cleveland verläßt, weil ihn bereits als Kind, als Säugling, als Neugeborenes eine Krankheit hinwegrafft: Blattern, Tuberkulose, Auszehrung ...

Die Ansätze für eine Gegenbiografie wären zahlreich. Aber sie müssen ungenutzt bleiben, will man den Lebensweg jenes James Cook in seinen Einzelstationen verfolgen, der im Sund von Plymouth auf günstigen Wind für seine dritte – letzte – Weltreise wartet. Denn dieser Mann hat zu dem glücklichen Viertel unter den Kindern im England seiner Zeit gehört, welches überhaupt ein Lebensalter erreichte, das man heute schulpflichtig nennt.

Mit der Geburt seines zweiten Sohnes wurde dem Tagelöhner Cook, darf man vermuten, die Lehmhütte, in welcher der kleine James das Licht der Welt erblickt hatte, zu eng. Dieser verbürgte Umzug in ein neues Vaterhaus war zwar noch keine Weltreise, aber doch eine wichtige Ortsveränderung. Und so verdient er registriert zu werden als Lebensstation, als Eintritt des kleinen James in den Rahmen seiner Kindheit bis zum Alter von acht Jahren.

Es ist das schönste Spielalter, gewiß. Vor allem aber prägen Pflichten und Aufgaben eines Kindes vom Lande diesen Rahmen. Vater Cook wird keine eigenen Pferde gehabt haben, also zog es den Jungen in die Ställe der Pächter und reicheren Bauern, die solche besaßen. Denn was ist schon ein Tag, an dem es nur Holzholen, Holzhakken, Holzstapeln, Hühnerfüttern, Heumachen gibt und kein Reiten – und sei es bloß kurz, beispielsweise zur Tränke. Oder zur Schwemme im Dorfteich, wo die von der Tagesarbeit ermatteten Tiere ihren Durst löschen und auch gesäubert und abgekühlt werden.

Eine der Pächtersfrauen soll – aber hier setzt möglicherweise bereits die Legendenbildung ein – James in den Anfangsgründen von Lesen, Schreiben, Rechnen unterwiesen haben.

Daß James Cook senior tüchtig, sparsam und redlich war, darf angenommen werden. Eine solche Annahme allein damit zu begründen, schließlich sei er in Schottland geboren (er kam erst auf Arbeitssuche nach dem nordenglischen Yorkshire wie damals viele seiner schottischen Landsleute), hieße doch wohl das Klischee vom „geizigen Schotten" überfordern. Zieht man zur Erklärung dieser Eigenschaften aber nicht allein das Schottentum von Cook-Vater heran, sondern verweist auf unverbrauchte Körper-, Seelen-, Nervenkräfte, die ihm halfen, seiner Familie eine erfolgreiche Zukunft zu sichern, so ist dies gleichfalls unsicherer Boden. Denn ebenfalls da, so weiß man, besteht keinerlei kausal zwingende Bedingtheit. Der Tüchtige und Kräftige, der untergeht; der Sparsame, der um das Zurückgelegte betrogen wird; der Redliche, den finstere Mächte um seinen Lohn bringen – schießlich sind all dies zeitlos gültige Gegenentwürfe zu dem englischen Sprichwort *Honesty is the best policy*, deutsch wohl am sinnfälligsten wiedergegeben mit „Ehrlich währt am längsten".

Der alte Cook wird einfach auch eine Portion Glück gehabt haben, die ihm das Fortkommen seiner Familie sichern half. Dies Fortkommen war bald schon mit tatsächlichem Ortswechsel verbunden.

Um 1736 verzog Tagelöhner Cook mit den Seinen aus Marton-in-Cleveland. Im nur vier Meilen entfernten Ayton wurde er Vormann auf der Farm des zur englischen Gentry – dem niederen Landadel – gehörenden Thomas Skottowe. Das Dorf, am Rande des Hügellandes von Cleveland gelegen, ersteht in seiner damaligen Gestalt aus einer Schilderung wieder, die allerdings erst aus den Anfangsjahren des 19. Jahrhunderts datiert: mit einigen „guten Gebäuden" unter den Lehmhäusern, dem Flüßchen – einem Nebenlauf des Leven –, an dem mehrere Wassermühlen und andere landwirtschaftliche Verarbeitungsbetriebe gelegen sind (nämlich Walkmühlen und Lohgerbereien, eine Brauerei und mehrere Webereien, dazu eine Ziegelfabrik); die Schule, von der berichtet wird, ist schon nicht mehr jene, welche der achtjährige James besucht hatte, sie war inzwischen rekonstruiert worden als Teil eines Armen- und Schulhauses. Der nächste größere Ort ist der Marktflecken Stokesley.

Für James begann in Ayton – oder Groß-Ayton, wie es stolz genannt wird – der erste geregelte Unterricht, worunter die Vermittlung elementaren Wissens in den Fächern Religion, Lesen, Schreiben und Rechnen zu verstehen ist. Das für den Besuch der Schule in Ayton verlangte Geld soll, so heißt es, von Mr. Skottowe gestammt haben; selbst in der Furche erarbeitet haben wird dieser es nicht.

Viel ließe sich sagen über das Leben eines typischen Jungen aus Yorkshire in einem typischen Yorkshire-Dorf, beide relativ behütet für damalige Begriffe – der Junge vor ausgesprochener Misere und das Dorf vor der industriellen Entwicklung, die in wenigen Jahrzehnten gerade in Yorkshire so manchen Flecken aus der Idylle ländlicher Abgeschiedenheit reißen wird. Über den konkreten Dorfjungen James Cook aber weiß man so gut wie nichts – weder, wie hoch sein Anteil an der täglichen Arbeit des Vaters auf der Farm war, noch, ob er sich in der Schule – etwa im Rechnen – besonders hervortat. Auch über größere Landfahrten ist nichts bekannt. Die Zeit bis zum siebzehnten Lebensjahr bleibt ein weißer Fleck auf der Karte mit Cooks Lebensstationen – bis auf Marton und Ayton.

Die Mutter, Grace Cook, stammte aus Stainton-in-Cleveland. Ihr Mädchenname war Pace, ein in der Gegend verbreiteter Familienname.

Ein Junge kennt sich in der Topographie seiner engeren Heimat aus. Er weiß um die Lage von Schuppen und Steinhaufen, von Furten im Flüßchen, von Angelstegen und von Verstecken in blitzgespaltenen Kopfweiden. Ob James sich gar diesbezügliche Lageskizzen angefertigt hatte? Wir wissen es nicht.

Von denjenigen, die ihn in seiner Jugend kannten, ist später berichtet worden, Cook habe einen gewissen Eigensinn, eine Art Störrigkeit und Verstocktheit im Verkehr mit seinen Spielkameraden gezeigt. Er sei lieber eigene Wege gegangen, als daß er sich dem Willen der Mehrheit untergeordnet hätte, heißt es. Und doch sei da etwas gewesen, wodurch er den Respekt und die Verehrung seiner Freunde hervorzurufen gewußt habe.

Es bleibt zu hoffen, daß Cook außer seinem älteren Bruder John auch andere Kindheitskameraden gehabt hatte, Freunde, zu denen wechselseitiges Vertrauen und ein Verhältnis quasi brüderlicher Berechenbarkeit und Verschwiegenheit bestand. Auch hierzu ist nichts bekannt.

James verließ Great Ayton im Alter von siebzehn Jahren; dies nun schon ein Schritt in die Welt, der gewichtiger war als die Übersiedlung von Marton ein knappes Jahrzehnt zuvor. Nicht nur, weil es der Schritt aus dem Elternhaus war.

Er wurde bei William Sanderson, Gemischt- und Kurzwarenhändler in Staithes, in die Lehre gegeben. Obwohl ein förmlicher Lehrvertrag nicht abgeschlossen wurde, sahen alle drei Seiten – Eltern, Lehrherr, Lehrjunge – den Eintritt des jungen James Cook in den Laden von Mr. Sanderson juristisch als Lehrverhältnis an.

Die Überlegungen hinsichtlich einer möglichen Karriere des frischgebackenen Ladenschwengels im Handelsbereich lassen einen wichtigen Umstand unberücksichtigt: Staithes lag am Meer. Möglicherweise war dies sogar der entscheidende Grund für die Wahl der Lehrstelle und nicht James etwaige Stärke beim Addieren langer Zahlenkolonnen. Daß es den Eltern vor allem darum ging, ihren Sohn „etwas Besseres" werden zu lassen, liegt auf der Hand.

Staithes war als Fischereihafen von einiger Wichtigkeit. Vor allem Dorsch, Schellfisch und Hering wurden hier je nach Saison angelandet, direkt unter den Fenstern des Sanderschen Geschäftes. Einen Teil davon sah der Laden später geräuchert und in Kisten gereiht zum Verkauf wieder; und auch in seinem sonstigen Angebot wird er auf die Fischerei eingestellt gewesen sein. Der Bedarf an Kork, Tampen, Blöcken, Beschlägen wird manchmal erst unmittelbar vor dem Auslaufen der Fischerboote komplettiert.

Das Haus von Mr. Sanderson, in welchem sich die Wohn-, Lager- und Geschäftsräume befanden, stand so dicht am Meer, daß es zu Beginn des 19. Jahrhunderts von seinen Nachfolgern abgerissen und an anderer Stelle in Staithes neu aufgebaut werden mußte. Der alte Platz liegt heute unter Wasser. Geschäftstüchtige Vermarkter der *Cook-Story* haben später in Middlesbrough einen Ladentisch vorzuweisen gewußt, an welchem der erfolgreiche Erdumsegler in jungen Jahren Wachskerzen, Zucker und Pfeifentabak verkauft haben soll.

Es ist müßig, darüber zu befinden, ob der Schritt nach Staithes tatsächlich bereits Ausdruck eines mehr oder weniger geheimnisvollen Dranges des jungen Cook zum Meer war oder ob dieser Drang erst in den Monaten der Lehrzeit bei Mr. Sanderson aufkam. Der tägliche Augenschein, die Geschichten, die in einem solchen Fischereihafen umliefen, die Gerüche nach Tang, Fisch und Weite der See – all das ist schon geeignet, den Wunsch zu nähren, doch selbst einmal die Linie des Ufers zu überschreiten und nachzuschauen, was hinter dem Horizont liegt. Um schließlich zur fixen Idee zu werden, bedarf dieser Wunsch keines weiteren Motivs. Und auch keiner wie immer gearteten Mystifikation.

James Cook fand in William Sanderson einen verständnisvollen Partner für seine Pläne, zur See zu gehen. Nicht nur, daß dieser die Eltern zu überzeugen half – wie wenig Sinn hätte es doch, einen jungen Mann von achtzehn Jahren gegen seinen Willen zu einem Beruf an Land zu zwingen –, nein, Sanderson fand in Gestalt des Reeders John Walker aus Whitby auch denjenigen, der zum eigentlichen maritimen Ziehvater des Kapitäns James Cook werden sollte.

Der River Esk, dessen schmaler Trichtermündung Whitby seinen sturmsicheren Hafen verdankt, beginnt den Weg zur Küste auf dem Kamm jener Cleveland Hills, in denen James Cook seine Kindheit verbracht hatte. In diesem Zusammenhang aber von „wehmutsvoller Erinnerung" oder von „Grüßen aus der Heimat" zu sprechen, die den frischgebackenen Schiffsjungen vor dem ersten Auslaufen und während der häufigen Aufenthalte in Whitby erreichten, wirkt deplaciert; ja, dieser Mann scheint schon in sehr jungen Jahren Vergangenes nur dann gelten gelassen zu haben, wenn es daraus Lehren für Zukünftiges zu ziehen gab.

Whitby war 1746, als es zum ersten Ankerplatz des Seefahrers Cook wurde, eine Stadt mit gut zehntausend Einwohnern. Von hier fuhren Schiffe nicht bloß zum Fischfang wie in Staithes, sondern sie liefen im Nord- und Ostseehandel aus, aber auch nach Irland, ins Mittelmeer, nach Amerika und Ostindien.

Die Reederei, welche John Walker gemeinsam mit Bruder Henry betrieb, war in Whitby angesehen. Die Gebrüder Walker hatten zumeist auf den dortigen Werften gebaute Schiffe in Dienst, neue Aufträge liefen, denn das Frachtgeschäft ging gut, vor allem mit Kohle. Das schwarze Gold von Yorkshire wurde überall gebraucht, seitdem die Wälder mit dem Nachwachsen hinter dem Holzeinschlag zurückblieben.

Im Hafen von Whitby

Das Wort Energiekrise war damals noch nicht geprägt, aber die Ablösung des Holzes durch Steinkohle als Energieträger war in vollem Gange. Ja, sie beschleunigte sich sogar durch immer neue Verbesserungen der Dampfmaschine. Parallel zu dieser Entwicklung wurden der Kohle als chemischem Rohstoff vor allem im Hüttenwesen bisher ungeahnte Einsatzmöglichkeiten erschlossen. Der Bedarf an Wärmeenergie wuchs ständig. Insbesondere spielte die arbeitsteilige Konzentration der Textilproduktion in Spinnereien und Webereien eine entscheidende Rolle. Auch in der Metallverarbeitung hatte die Produktion in Manufakturen ihren Höhepunkt bereits überschritten und mußte, um weitere Steigerungen und damit ein Andauern der Konkurrenzfähigkeit zu ermöglichen, neuen Produktionsweisen

15

weichen. Die mit der industriellen Revolution verbundenen sozialen Probleme für jene auf engstem Raum schaffenden und vegetierenden Proletarier waren in ihren Konsequenzen noch unabsehbar.

Nicht alle in den nordenglischen Grafschaften geförderte Kohle blieb im dortigen Industriegebiet. Vor allem verlangte der Großraum London nach Kohle. Von den etwa eintausend um die Jahrhundertmitte im Kohlehandel eingesetzten Schiffen befuhren etwa vierhundert ständig die Route zur Themsemündung. Auf der für diesen Seeweg von den Brüdern Walker frisch in Dienst gestellten *Freelove*, einer barkgetakelten Cat von 341 Tonnen, stach James Cook mit 17 Jahren zum erstenmal in See.

## Seemannschaft

Bis zum Horizont ist es weit, aber die Ferne beginnt erst hinter diesem ...

Indem der Kaufmann William Sanderson seinen Schützling James Cook nach Whitby zu Reeder John Walker in die Lehre gab, lenkte er den Drang des Jungen, zur See zu gehen, in eine Richtung, die sich als schicksalsträchtig erweisen sollte. Fort aus Staithes mit seinen Fischern, hin zur Handelsschiffahrt, selbst wenn es vorerst nur die Kohle war; weg von der provinziellen Enge mit ihren kleinlichen Alltäglichkeiten und heran an die großen Probleme globaler Seefahrt, selbst wenn sie vorerst lediglich einen kleinen Globusausschnitt betrafen – das war schon ein wichtiger Schritt, der die Weite des Horizontes beim jungen Cook wesentlich mitbestimmt und die Erwartungen von der dahinterliegenden Ferne entscheidend geformt hatte.

Die Lehrjahre bei John Walker waren hart. Die Musterrolle der *Freelove* weist unter den neunzehn Besatzungsmitgliedern zehn als Lehrburschen aus. Einer von ihnen ist Cook, und er ist mit seinen achtzehn Jahren und vier Monaten bei Antritt der ersten Reise einer der ältesten. Der jüngste der *servants* (Gehilfen), so heißt es, war eben fünfzehn. Und da der Segler kein Schulschiff war, sondern Kohle in ihre Bestimmungshäfen zu transportieren und dabei Gewinn zu brin-

Die Earl of Pembroke verläßt den Hafen von Whitby

gen hatte, liegt es auf der Hand, daß den Halbwüchsigen die Hauptlast bei der täglichen Plackerei an Bord zufiel. Ja, von ihnen wurde Knochenarbeit verlangt, in Wanten und Rahen ebenso wie beim Scheuern des Decks oder beim Bunkern.

Die Nordsee, das erste Fahrtrevier, welches Cook kennenlernte, bot reichlich Möglichkeiten zum Erwerb und zur ständigen Vervollkommnung der Seemannschaft, jenes praktischen Teils der Seefahrerkunst, den der Borddienst erschließt. Sandbänke und andere Untiefen, die Strömungen, welche das Unterwasserprofil ständig verändern, die stark ausgeprägten Gezeiten und die während der kalten Jahreszeit wütenden Stürme stellten häufig wechselnde Anforderungen an die Fähigkeiten und an das Urteilsvermögen des heranwachsenden Seemannes. Die Bauweise der Cat-Schiffe war den Gegebenheiten der Nordsee wie auch der Schüttgutladung hervorragend angepaßt. Vor allem gestattete es der flache, breit gebaute Rumpf, ohne viel Ballast zu segeln und – lief eine solche Cat tatsächlich einmal auf Grund – bald wieder flott zu kommen. Von diesen Vorzügen

17

wird erneut die Rede sein, wenn es um die Wahl eines Schiffstyps für Cooks Expeditionen ins Unbekannte geht.

Eine zweite Reise an Bord der *Freelove* brachte den Schiffsjungen Cook im frühen Winter 1747 nach London. Nichts ist darüber bekannt, wie die Metropole auf den Jungen wirkte, ja, nicht einmal, ob er sie näher in Augenschein nehmen konnte: als Station am Weg seiner Lebensreise, als aufstrebendes Wirtschaftszentrum, als Hafen, der längst schon Mittelpunkt regelmäßiger Überseeunternehmungen nach Rußland, zur Levante, nach West- und Ostindien war.

Ein zeitgenössisches Lehrbuch der Geographie nennt London „unstreitig eine der größten, eine der reichsten und blühendsten Städte Europas, ja selbst der Welt. Es hat alle Vorzüge, die man sich wünschen kann, um zur geschäftigsten aller Städte aufsteigen zu können. Da es der Stapelplatz aller nötigen und aller angenehmen Dinge des Lebens ist, wurde es längst auch schon zum Treffpunkt all dessen, was in diesem Königreich Größe und Bedeutung hat." Und an anderer Stelle heißt es: „Man zählt etwa 5 000 Straßen, Plätze und Alleen in London, welche 120 000 Häuser miteinander verbinden, in denen insgesamt rund 960 000 Seelen wohnen." Die statistische Wahrheit des Lebens in der Quasi-Millionenstadt sah allerdings anders aus, als es acht Bewohner je Haus hätten vermuten lassen ...

Die Post, die Börse, Versicherungen, die Straßenbeleuchtung, die Art, sich in Gasthäusern zu vergnügen – es gab damals in London vieles, was man anderswo in Europa noch nicht vorfand. Aber da ist auch der Nebel, es gab knietiefen Schlamm auf den fünftausend Straßen, Plätzen, Alleen. Und selbst so fortschrittliche Sachen wie die Straßenlaternen dienten vor allem dazu, wie es heißt, „mit ihrem hellen Licht Morde zu verhindern und all die anderen Verbrechen, die in großen Städten so häufig sind".

Man weiß, wie gesagt, nichts von Cooks Erlebnissen in dieser Stadt während seines ersten Besuchs und über seine Eindrücke von ihr. Es ließen sich mühelos spekulative Szenen in diesen Abschnitt seines Lebenswegs einbauen. Etwa, indem man ihn zu später Stunde in die Hände einer Bande von Straßenräubern fallen läßt, die ihn um die eben ausgezahlte Heuer erleichtern. Oder, weniger aufregend, wie ihn sein Lehrherr, der selbst Quäker war, in die Londoner Kreise der „Gesellschaft der Freunde" einführt. Oder aber doch besser der Schiffsjunge allein, der schon jetzt weiß, daß die See ihn nicht mehr loslassen wird, wie er sich nach den Studienmöglichkeiten an einer Nautikerschule erkundigt.

Der Vermutungen wären kein Ende. Bis hin zum Ablegen der *Freelove* vom winterlich naßkalten Londoner Kai.

Fest steht hingegen, daß die Themsemündung mit ihren schwierigen Navigationsverhältnissen hohe Anforderungen an die Besatzung eines Schiffes stellt, auch heute noch, da die Segelschiffszeit längst vorbei ist.

Der Rest des Winters wurde im Walkerschen Hause in Whitby verbracht. In diesen sich alljährlich wiederholenden Zwangspausen begann Cook als Autodidakt, angeleitet von seinem Lehrherrn, sich mit mathematischen Grundlagen und praktischen Aufgaben der Navigation zu befassen. Die „Kunst des Hafenfindens" – so der Titel eines einschlägigen Handbuches aus elisabethanischer Zeit – war dank der inzwischen erfolgten mathematischen Durchdringung ihrer Methoden, aber auch durch die Fortschritte des Instrumentenbaus und der Kartographie, zu einem verläßlichen Partner der Seefahrt geworden. Längst war sie nicht mehr auf die Orientierung an Landmarken bei küstennaher Fahrt oder allein auf den Blick zum Polarstern angewiesen. Genaueste Sterntafeln und mathematische Tabellen, welche deren Handhabung erleichterten, hatten gemeinsam mit dem vervollkommneten Log, dem 1731 erstmals gebauten Spiegelsextanten und dem altbewährten Magnetkompaß dem Navigator die Möglichkeit eröffnet, Standort, Geschwindigkeit und Kurs des Schiffes schon recht genau zu bestimmen. In letzter Konsequenz ungelöst geblieben war allein das Problem einer exakten Messung der geographischen Länge.

Um der Navigation auf die Schliche zu kommen, brauchte es mehr mathematisches Wissen, als die Dorfschule in Ayton hatte vermitteln können. Der junge James, einmal von der Sache gepackt, ließ beim Lernen nicht locker. Es ist in Cook-Biografien üblich, an dieser Stelle dankbar der Walkerschen Haushälterin Mary Prowd zu gedenken, die ihm dafür im Winterquartier einen Extraplatz an einem eigens für ihn reservierten Tisch sicherte und wohl auch, wenn das Lernen besonders lange dauerte, eine neue Kerze spendierte.

Im Frühling seines zweiten Lehrjahres wurde Cook von Walker bei der Ausrüstung eines neu in Auftrag gegebenen Schiffes eingesetzt. Die neugebaute *Three Brothers*, ein Schiff von fast 500 Tonnen, übernahm nach Indienststellung außer James noch fünf weitere Lehrjungen von der *Freelove*. Anfangs war auch hier Kohle im Laderaum, aber dann charterte die britische Regierung das Schiff für mehrere Monate, um Pferde und in Flandern angeworbene Truppen nach Liverpool und Dublin zu transportieren. Irland war Englands älteste und am brutalsten niedergehaltene Kolonie. Die Nachschublinien der Unterdrückung sind durch die Geschichte zu breit ausgetretenen Wegen geworden. Als häßliche, blutige Narben zerfurchen und entstellen sie das Gesicht unserer Erde.

Für Cook brachte diese Zeit eine neuerliche Weitung seines Erfahrungskreises, insbesondere nach ersten Fahrten durch die Straße von Dover, den Ärmelkanal und den St.-George-Kanal. Nach seiner Rückkehr aus der Irischen See folgten 1750 Fahrten nach Norwegen und in die Ostsee. Im April dieses Jahres ging die dreijährige Lehrzeit bei den Walkers zu Ende; anschließende kurze Heuern brachten dem Vollmatrosen die Möglichkeit zu vergleichen.

Im Ostseeraum war der von der Hanse monopolisierte Handel unmöglich gewesen. Auch das Auflassen solcher Vorrechte, wie sie das nordeuropäische Städtebündnis seinen Mitgliedern eingeräumt hatte, gehörte zu dem Prozeß, in welchem sich der kapitalistische Weltmarkt herausbildete. Getreide und Holz für Kohle oder englische Tuche – bei diesem Geschäft kam nur noch zum Zuge, wer preisgünstiger, prompter und in besserer Qualität als die Mitbewerber zu liefern vermochte, unabhängig von einstigen Privilegien. Zu den alten Hansehäfen hatten sich neue Handelsplätze gesellt; die an der Newamündung errichtete russische Hauptstadt, St. Petersburg, war kaum ein halbes Jahrhundert alt.

Über den konkreten Ablauf all dieser Reisen lassen sich bloß Vermutungen anstellen: Der junge Cook beim Landgang. In Riga, in Kopenhagen, in Stockholm, in Stralsund gar? Beim Bummel über den Newski-Prospekt in St. Petersburg, beim Besuch eines Dirnenhauses in einer der oben genannten Hafenstädte? In einen Streit, eine Prügelei in einer Spelunke verwickelt? Der junge Cook, wie er bei Rückkehr zu seinem auf Reede liegenden Schiff von Brechern, auf denen die kleine Barkasse tanzt, in die See gespült wird ...

Kaum ein Gebiet menschlicher Arbeitswelt ist so von Klischees geprägt wie die Ansichten über das Seemannsleben. Zumal das Seemannsleben in eingefahrenen Bahnen – aber: Gibt es das überhaupt? Ist nicht jede Reisemeile selbst in Nord- und Ostsee, auch heute, jedesmal neu dem Meer abgetrotzt? Ist nicht jede erfolgreich beendete Reise ein neuer Triumph beharrlichen Mutes, errungen auf vorher noch nie befahrenen Wegen? Kleine Tropfen bilden die große See, sagt eine alte Seemannsweisheit. Und sie bilden sie, möchte man hinzusetzen, jedesmal neu.

Für 1751 und das Folgejahr heuert Cook wieder auf der *Three Brothers* an. Als deren Steuermann Robert Watson Ende 1752 die neu für Walkers in Dienst genommene *Friendship* als Kapitän übernimmt, geht James Cook mit ihm – nun selbst als der erste Mann nach dem Schiffsführer. Da ist er vierundzwanzig.

Auf der *Friendship* bleibt Cook zweieinhalb Jahre, bis zum Juni 1755, als Steuermann. Er dient unter mehreren Kapitänen. Ein Name unter seinen Vorgesetzten verdient festgehalten zu werden: Richard Ellerton. Mit ihm, so heißt es, habe Cook eine feste Freundschaft verbunden.

Er hat wenige solcher Freunde in seinem Leben gehabt.

Nach zehn Jahren Lehr- und Fahrenszeit für John Walker bietet der Reeder dem gewissenhaft arbeitenden Steuermann, der inzwischen über beachtliche Erfahrung und fundierte, ja überdurchschnittliche Kenntnisse in der Navigation verfügt, selbst die Kapitänsstelle auf der *Friendship* an. Aber Cook lehnt ab.

Dabei hätten ein paar Jahre als Kohlenkapitän den Grundstein für ein gesichertes Auskommen an Land gelegt, für die Beteiligung an einer Reederei gar, zumindest als Partenreeder, Teilhaber an einem

Einzelschiff auf einer gutgehenden Linie; daneben eine renommierte Handlung für Ausrüstungen und Güter zur Schiffsversorgung, man ist da als ehemaliger Kapitän schließlich bestens eingeführt. All das ist tausendfach vorgelebt.

Oder: Cook, der als Walkerscher Kapitän zwar Kohle befördern soll und auch Kohle befördert, der aber außerdem – in der Ladung versteckt – Schmuggelware an Bord hat, Bijouterien und Edelpelze, Spirituosen, Seidenstoffe, Kattun, je nach Bestimmungshafen und Konjunkturlage; der mehrfach Ärger mit den Behörden bekommt, britischen wie ausländischen; der deshalb von Walker gefeuert wird und zu saufen beginnt, bis er schließlich als Alkoholiker endet. Cook, der sich als Schmugglerkapitän nicht mit kleinen Fischen abgibt, sondern gleich ganz groß einsteigt: im Sklavenhandel zwischen der afrikanischen Westküste und Amerika, dem lukrativsten Geschäftszweig der *heiligen christlichen Seefahrt*.

Mindestens die als letzte erwogene Variante setzt jedoch einen James Cook voraus, den es nach zehn Jahren Fahrenszeit bei John Walker noch nicht gibt. Nie hat Cook den offenen Ozean befahren, nie die Randmeere des Atlantik verlassen. Seine praktische Erfahrung ist eigentlich bloß für Walker und dessen Kohlehandel beachtlich. Die theoretischen Kenntnisse in der Navigation, über die er verfügt, sind wohl nur dort fundiert, wo es um die Lösung von Alltagsfragen auf immerhin recht küstennahen Wasserstraßen geht. Und was die gewissenhafte Arbeit betrifft, so kann sie leicht zu penibler Pflichterfüllung werden.

Cook wird, als er Walkers Angebot ablehnte, gewußt haben, daß die Offerte an ihn als den sorgfältigen Handwerker gerichtet war, als den sein Reeder ihn schätzte, als den tüchtigen, ehrlichen Mann von einfacher Herkunft, der seinen Aufgabenbereich genauestens kannte und der also für die Übernahme von Verantwortung reif war.

Aber Cook wird sich – nur dies macht seine Ablehnung verständlich – mit dem Erreichten nicht zufriedengegeben und sich gefragt haben, wo und auf welche Weise er noch über seinen bisherigen Horizont hinausblicken und sich in Seemannschaft, Nautik und Navigation weiter würde vervollkommnen können.

Auf einem Ostindienfahrer oder im Transatlantikhandel mit Nordamerika Karriere zu machen mochte schwerfallen, wenn man von
einer fremden Reederei kam. Und Walkers Schiffe fuhren eben nicht
nach Indien oder Amerika. Um als Krönung einer seemännischen
Laufbahn Kapitän zu werden, mußte man – Cooks eigenes Beispiel
zeigt es – dem Schiffseigner jahrelang Anhänglichkeit und Treue be-
wahrt haben. Befehlsgewalt über Fahrzeug und Ladung zu erhalten
war immer und in erster Linie ein Beweis begründeten Vertrauens.

Eine Möglichkeit bestand jedoch, den von Cook gehegten Wunsch
nach Vervollkommnung zu erfüllen und trotzdem nicht darauf warten zu müssen, einen Ozeansegler als Kapitän anvertraut zu bekommen. Diese Möglichkeit war der Eintritt in die Royal Navy. Erster
Mann an Bord eines Kriegsschiffes war ohnehin nicht derjenige, der
„nur" dafür zu sorgen hatte, daß Kurs gehalten wurde oder ein fälli-
ges Segelmanöver koordiniert und exakt ablief. Kapitän war ein Offizier der Marine, dem auch das Kommando über Geschütze und Sol-
daten an Bord oblag. Begnügte man sich aber damit, als Segelmeister
(Master) im höchsten Seemannsrang an Bord Herr über alles ste-
hende und laufende Gut und über das eigentliche seemännische Per-
sonal eines Schiffes zu werden, so bot der Marinedienst durchaus die
Möglichkeit, größere Schiffe unter komplizierteren Bedingungen als
bei der Kohlenfahrt zu steuern.

Die hierarchische Struktur auf den britischen Kriegsschiffen der
damaligen Zeit hatte sich historisch aus einer früher geübten Praxis
ergeben: Handelsschiffe wurden mit ihrem Kapitän (Master) und voller Besatzung in Kriegszeiten für die Krone in Dienst genommen.
Die Kommandogewalt an Bord ging dann auf den militärischen Befehlshaber über, der ebenso den Einsatz der mit ihm gekommenen
Seesoldaten befehligte. Unter dem Befehl dieses Captains stand der
Master, der für Fahrt und Instandhaltung des Schiffes verantwortlich
blieb. Als auch die Navy längst den Offiziersdienstgrad *Captain* hatte
und dafür Leute nahm, die mit nautischen Gegebenheiten und Seemannschaft in der Regel besser vertraut waren als irgendein zufälli-
ger Militärsbefehlshaber, wurde der Rang *master* auf Kriegsschiffen

beibehalten. Zum Offiziersdünkel gehörte es, über ihn die Nase zu rümpfen – und doch war er oft der am meisten versierte Mann an Bord. Er trug keine Uniform und war für die Führung des Logbuches verantwortlich. Die Unabhängigkeit des Kapitäns eines Handelsschiffes – gleichfalls Master genannt – konnten seine Entscheidungen jedoch nicht haben.

Man muß annehmen, daß all diese Fragen für Cook zunächst nicht im Vordergrund gestanden haben.

Am 17. Juni 1755 trat er in der Londoner Dockvorstadt Wapping in die Royal Navy ein. Hocherfreut wurde der Freiwillige aufgenommen und auf das 60-Kanonen-Schiff *Eagle* gesteckt, das in Portsmouth vor Anker lag.

Große Kriege beginnen nie mit dem ersten Schuß. Was man heute den *Siebenjährigen Krieg* nennt, hat seinen Namen von den zwischen 1756 und 1763 verflossenen Jahren – eine mehr oder weniger zufällige zeitliche Abgrenzung. Eigentlich hatte der Krieg zwischen den Hauptkontrahenten seit dem letzten Friedensschluß in Aachen (1748) nie ganz aufgehört. Unzufrieden mit den damals ausgehandelten Friedensbedingungen, hatte es den Mächten nicht an Vorwänden gefehlt, den alten Zielen neue Namen zu geben und für sie wiederum in den Kampf zu ziehen.

Als James Cook in die Königliche Marine eintrat, waren in Europa die Koalitionen für den kommenden Waffengang noch nicht bis ins letzte ausgehandelt. Der Krieg aber lag zu dieser Zeit nicht mehr nur in der Luft; er hatte schon seine Schauplätze in Ost- und Westindien und vor allem in Nordamerika. Hier hatten französische Kolonisten bereits im 17. Jahrhundert von *Neu-Frankreich* am St.-Lorenz-Strom aus über die Großen Seen und den Mississippi eine Brücke bis zum Golf von Mexiko geschlagen – im Rücken der englischen Niederlassungen an der Ostküste. Als nach Gründung der französischen Kolonie Louisiana der Ausbau eines zweiten, befestigten Verbindungsweges nach Kanada notwendig wurde, kam es am Ohio zur Konfrontation.

Auch die Engländer hatten diesen Fluß inzwischen erreicht. Sie

24

überfielen und zerstörten die französischen Forts, da sie in ihnen eine Zurüstung Frankreichs für weiteres Vordringen sahen. Von Norden her fühlten sie sich durch die Franzosen bedroht, obwohl sie bereits im Frieden zu Utrecht 1713 von ihnen Neuschottland und die Insel Neufundland erhalten hatten.

Zwar gab es in London einflußreiche Leute, denen die Angst der britischen Kolonisten in Amerika vor den Franzosen recht war; solange England als Schutzmacht gebraucht wurde, kam dort jenseits des Atlantik wenigstens niemand auf den Gedanken, sein Verhältnis zum Mutterland zu überdenken. Eine weitschauende, nicht von der Hand zu weisende Überlegung, wie es sich sehr bald schon zeigen sollte.

Im strategischen Kalkül eines Inselreiches wie Großbritannien kam der Flotte naturgemäß besondere Bedeutung zu. Sie wurde nicht nur als Geleitschutz für den Nachschub und den Truppentransport zu den Orten militärischer Auseinandersetzung benötigt, sondern auch für den Schutz der eigenen und die verläßliche Blockade feindlicher Küsten. Die Friedensstärke der Royal Navy betrug an Mannschaften etwa 10 000; 1751 war sie sogar weit unter diese Marke gesunken. Bedenkt man, daß im Todesjahr des Königs George II., 1760 – bereits während des Krieges also – 70 000 Mann bei der Flotte dienten, so wird klar, mit welcher Bereitwilligkeit James Cook aus Yorkshire sein bounty (Handgeld) von 2 Pfund ausgezahlt bekam – immerhin mehr, als seine erste Monatslöhnung betrug.

Den Weg über die Anwerbung gingen jedoch nur wenige. Bevorzugte, da am meisten wirksame Methode zur Aufstockung des Mannschaftsbestandes der Navy war die gewaltsame Rekrutierung. Die Press-Gangs griffen überall zu, wo ein Seemann aufzugreifen war, ungeachtet der Pläne, die der Kerl eventuell mit sich selber hatte. Man verbrannte seine Kleider aus Angst vor Ungeziefer und Seuchen, die auf die Schiffe eingeschleppt werden konnten, und gab ihm an Bord andere: verwaschene karierte Hemden, gestreifte Westen, graue Jacken und Hosen, die einmal rot oder auch blau gewesen waren. Geschäftstüchtige Trödler lieferten, soviel die Marine brauchte.

Eine eigentliche Uniform existierte damals für Seeleute noch nicht, sie war für Offiziere erstmals unter König George II. 1748 zur Vorschrift gemacht worden. Löhnung gab es nur unregelmäßig und meist erst, wenn man wieder in der Heimat war. Das Essen war so gut wie ungenießbar, die täglich verabfolgte Gallone Bier pro Mann schaffte da keine Abhilfe. Und die drakonischen Strafen, oft schon bei der kleinsten Verfehlung ... Genannt sei schon hier die gefürchtete „neunschwänzige Katze".

Alles in allem kein Wunder, daß so wenige Freiwillige den Weg in die Flotte des Königs fanden.

Bei den Offizieren sah das allerdings anders aus. Bereits im Alter zwischen zwölf und vierzehn Jahren kamen sie an Bord – entweder mit königlicher Bestallung oder als Gehilfe eines Kapitäns oder Admirals. In beiden Arten der Offizierslaufbahn war adlige Herkunft eher die Regel als die Ausnahme. Nach jeweils sechs Jahren als Vollmatrose und Midshipman wurden die jungen Kadetten einer recht formal arbeitenden Prüfungskommission aus Offizieren vorgestellt, die darüber entschied, ob ihnen der unterste Leutnantsgrad zuerkannt werden sollte.

Die Quartiere des Offiziersnachwuchses waren nicht viel gesünder als die der Männer vor dem Mast. Die einzige trockene und wirklich geräumige Unterkunft an Bord war meist die Kapitänskajüte.

Das starre Kastensystem in der Flotte wirkte auch dann, wenn es tatsächlich einmal galt, die bei einer geglückten Prise gemachte Beute aufzuteilen. Admiral, Kapitän, Offiziere, Matrosen – die Anteile verhielten sich umgekehrt proportional zum direkten Einsatz von Gesundheit und Leben. Ein irischer Seemann, der auf ein britisches Kriegsschiff gepreßt worden war, soll in der Schlacht einmal laut gebetet haben, die feindlichen Geschosse möchten in gleicher Verteilung einschlagen wie das Geld beim Aufteilen der Prise.

Wer schlau genug sei, sich selbst ins Gefängnis zu bringen, gehe nicht auf ein Schiff der Marine, lautete damals ein geflügeltes Wort; denn auf einem solchen Schiff war man so gut wie im Gefängnis, hatte aber zusätzlich noch die Chance, zu ertrinken.

Natürlich hätte es ein anderes Schiff als die *Eagle* sein können. Allein auf der Reede von Spithead bei Portsmouth lagen zahlreiche Einheiten vor Anker, warteten auf ihren Einsatzbefehl oder kamen so wie die *Eagle* gerade aus den Docks von Portsmouth. Die maritime Rüstung lief auf vollen Touren. Krieg auf dem amerikanischen Kontinent bedeutete natürlich auch Krieg auf dem Atlantik; und es konnte nun nicht mehr lange dauern, bis ebenso auf dem europäischen Festland gekämpft würde.

Cook nahm seinen Dienst auf dem ihm zugewiesenen Segler am 25. Juni 1755 auf. Master der *Eagle* war der als Seemann sehr befähigte Thomas Bisset. Er war in der Endphase der Instandsetzung des Schiffes so sehr mit Arbeit überlastet, daß er den jungen Freiwilligen sofort als seinen direkten Gehilfen einspannte und ihm in dieser Stellung sogar Arbeiten übertrug, die eigentlich dem Master selbst und nicht seinem Stellvertreter, dem Mate, zu obliegen hatten.

Dazu gehörte zum Beispiel die Führung des Logbuches, ein Umstand, der ein bemerkenswertes autobiografisches Zeugnis entstehen ließ: den oft minutiösen Bericht über das Leben an Bord, gesehen durch das äußerst verhaltene Temperament des James Cook. Über Dinge und Ereignisse schreibt er, notiert Personalia, wie etwa den offiziellen Besuch des Ersten Lords der Admiralität, George Anson, bei der vor Portsmouth liegenden Flotte. Und am 4. August endlich: „Anker gelichtet und unter Segel gegangen. Sahen eine Windhose nach Südwest." Über sich selbst sagt er so gut wie nichts.

Wie nahm Cook den Besuch von Lord Anson auf? Dieser Mann war schließlich nicht irgendein Erster Seelord, zu Amt und Würden gelangt dank der Anzahl abgesessener Dienstjahre. Auch spricht die Geschichte ihm „public appeal" ab, jene öffentliche Ausstrahlung, die man heute gern übersteigert Charisma nennt, also göttliche Gnadengabe, Berufung. In Gesellschaft soll Anson „kalt und reserviert" gewesen sein. Aber die Navy verdankt ihm einige wirksame Reformen, von denen die Einteilung der Schiffe in genau definierte Klassen, die Revision der Kriegsartikel, die Schaffung eines ständigen

Kontingents von Seesoldaten unter dem Befehl der Admiralität *(marines)* sowie die bereits erwähnte Einführung blauweißer Uniformen für die Offiziere der Navy nur die wichtigsten sind.

Die beträchtlich gewachsene Effektivität der britischen Kriegsflotte während des Siebenjährigen Krieges – verglichen mit früheren Auseinandersetzungen auf den Weltmeeren – ist vor allem Ansons administrativer Arbeit zu danken. Insbesondere sollte er zum Initiator einer konsequenten Seeblockade des französischen Hafens Brest werden, die sich als Schlüsselaktion für den britischen Erfolg in diesem Krieg erwies. Denn der Siebenjährige Krieg, man kann es nicht oft genug wiederholen, war nicht vorrangig der dritte Schlesienkrieg Friedrichs II., zu dem es irgendwo „hinten weit in der Türkei" einige Nebengefechte gab. Es handelte sich vielmehr um den global ausgetragenen Rivalitätskampf der am meisten fortgeschrittenen kapitalistischen Mächte der damaligen Welt, England und Frankreich, um Einflußgebiete, Rohstoffquellen und Absatzmärkte. Die Schlachten des großen Preußenkönigs mit seinen kontinentalen Nebenbuhlern Österreich, Rußland und Frankreich trugen durchaus den Charakter von Stellvertreterscharmützeln, vergleicht man sie mit den weltweit ausgelegten strategischen Unternehmungen der beiden entscheidenden kriegführenden Mächte.

Wie nun war Lord Anson zu seiner Stellung im maritimen Apparat der britischen Krone gekommen? Der 1697 geborene Seemann begann seine Karriere wie viele andere: mit 15 Jahren Eintritt in die Royal Navy, mit 26 Captain. Mit 43 Übernahme des Kommandos eines Flottenverbandes, dem nicht weniger aufgetragen war, als Spanisch-Südamerika zur Rebellion gegen das iberische Mutterland zu bringen und damit eine entscheidende Schwächung der die westliche Erdhalbkugel traditionell beherrschenden Macht herbeizuführen. Um es vorwegzunehmen: Dieser Auftrag blieb unerfüllt, aber Anson gelang 1740 bis 1744 mit dem Dreimaster *Centurion* eine Erdumsegelung, welche die von Francis Drake und Thomas Cavendish ausgangs des Zeitalters der großen geographischen Entdeckungen im späten 16. Jahrhundert begründete Tradition britischer Circumnavigatoren erfolgreich fortsetzte.

28

Allerdings – was die Entdeckung neuer Inseln im Pazifischen Ozean oder gar das Auffinden unbekannter Festlandsgestade betraf, war Anson kein Erfolg beschieden gewesen. Und da er, wie gesagt, auch seinen eigentlichen Auftrag, nämlich Südamerika in Aufruhr gegen das spanische Mutterland zu versetzen oder die Metropole doch zumindest in den Kolonien entscheidend zu schwächen, unerfüllt lassen mußte, bleibt noch immer die Frage, was Ansons Erfolg bei der genannten Weltreise ausgemacht hatte. Denn diese ist als ein Bravourstück, vergleichbar nur kühnsten Piratenstreichen, in die Geschichte des als „Österreichischer Erbfolgekrieg" bekannt gewordenen Zeitabschnittes europäischer Mächterivalität eingegangen.

Die Antwort ist überraschend einfach: Anson war eine Prise geglückt, die in der Kapergeschichte ihresgleichen sucht. Als die *Centurion* wieder glücklich in London festgemacht hatte, wurden 32 schwere Pferdewagen benötigt, um die Beuteladung im Triumph durch die City zu fahren. Nach damaligem Geld betrug ihr Wert 400 000 Pfund Sterling, eine willkommene Bereicherung der zu jener Zeit völlig bankrotten Staatsfinanzen. Durch einen Sieg der britischen Flotte über französisch-spanische Verbände vor Toulon war zwar eben erst die britische Seeherrschaft im Mittelmeer befestigt worden, all das aber kostete Geld, Geld und nochmals Geld. Die Schulden wuchsen, und der König nahm gern, was seine Kapitäne beim Feind aufbrachten. George Anson hatte bei den Philippinen der spanischen Galeone aufgelauert, die die übliche Jahreslast an mexikanischem Silber nach Manila heranschaffte, dem einsamen westlichen Eckpfeiler spanischer Kolonialmacht. Die Prise war Anson geglückt, wie gesagt – es hätte auch anders kommen können. Im Jahr nach seiner Rückkehr wurde er in die Admiralität berufen.

Ansons Verdienste um die britische Flotte beschränkten sich nicht auf administrativ-organisatorische und taktische Maßnahmen. Er machte sich ebenso Gedanken darüber, warum von den 1955 Mann, die mit ihm an Bord der *Centurion* und der sie zunächst begleitenden Schiffe aufgebrochen waren, unterwegs 1051 ihr Leben verloren – nicht vorrangig durch Gefechte an Land und auf See, sondern vor allem durch Skorbut oder Scharbock, eine Vitaminmangelkrankheit, deren Ursachen man damals nicht kannte. Sie trat bei längeren Seereisen auf, wenn die Mannschaft ohne Frischkost auskommen mußte, und äußerte sich durch Anschwellen der Zahnschleimhaut, Geschwüre und schmerzhafte Gelenkschwellungen, Blutungen und ständige Müdigkeit. Blieb es beim Verlust der Zähne, war die Sache noch glimpflich abgegangen. Meist jedoch führte die Krankheit, hielt der Vitaminmangel an, zum Tode.

Der Skorbut hatte, seit Entdeckerschiffe die Weltmeere befuhren, bereits zahllose Opfer gefordert. Nun, da die Militärs in globalen Maßstäben zu denken gezwungen waren und das Überleben der Schiffsmannschaften beim Transport rund um die Erde zu einer strategischen Frage wurde, nahm man sich der Krankheit auch von wissenschaftlicher Seite her ernsthaft an.

George Anson gewidmet war ein 1753 erschienenes „Traktat über den Skorbut" von James Lind, der erstmals – auf Untersuchungen zur Anson-Reise aufbauend – Zitronensaft als Heilmittel gegen beginnenden Scharbock empfahl. Selbst darum also kümmerte Lord Anson sich, allerdings wohl noch nicht mit genügendem Nachdruck; immerhin berief er James Lind an das neugegründete Marinehospital in Haslar. Der Arzt und Naturforscher sollte später zum wissenschaftlichen Stab für die zweite Cook-Weltreise gehören, konnte wegen des Bruches zwischen Cook und Banks dann aber doch nicht daran teilnehmen.

Lord Anson – die wenigen Beispiele aus dem breit gefächerten Spektrum seines Tätigwerdens für Britanniens Größe zur See mögen genügen – war also nicht irgendein Vorgesetzter, der im Sommer des Jahres 1755 auf der Reede vor Portsmouth ihm unterstellte Einheiten inspizierte. Und James Cook war, wie sich herausstellen sollte, nicht irgendein Untergebener, Masters Mate auf dem Kriegsschiff *Eagle*, getrieben von dem Wunsch, Meere und Welt zu erleben, geschickt in der Handhabung von Kompaß, Seekarte und Zirkel, Logleine und Sextant wie möglicherweise hunderte andere Seeleute ähnlicher Herkunft, Laufbahn und Dienststellung auch. Wie verlief die Begegnung dieser beiden Großen? (Es sollte die einzige bleiben: Lord Anson verstarb 1762.) Man muß annehmen, daß sich außerhalb des üblichen

30

Rahmens militärischer Prozeduren nichts Außergewöhnliches dabei ereignete; sonst hätten wir Nachricht davon.

Wir wissen nicht, welche Gedanken James Cook bewegten, als er Lord Anson aus der Nähe sah. Erblickte er in ihm vor allem den erfolgreichen Weltumsegler oder eher etwas wie einen Superpiraten im Regierungsauftrag, den der Kaperbrief seines Königs schlimmstenfalls vor einem spanischen Strick gerettet hätte? Oder aber vor allem den Reformadmiral, den erfolgreichen Neuerer in der Marine, dessen Händen die Flotte ihr Kriegsglück unbesehen anvertrauen durfte?

Cook schwieg dazu, registrierte statt dessen, wie erwähnt, eine Windhose in südwestlicher Richtung. Und doch war dieser Augenblick ein Moment der Weitergabe einer Stafette.

Cooks Master konnte sich bald von der Zuverlässigkeit seines Gehilfen überzeugen. Die *Eagle* bezog Position im südlichen Ausgang des St.-George-Kanals. Ihr Kampfauftrag lautete, französischen Amerikafahrern soviel Ärger als irgend möglich zu machen. Denn die Kontinuität des Nachschubs über den Atlantik würde kriegsentscheidend sein in der sich abzeichnenden weltweit ausgetragenen militärischen Auseinandersetzung. Und Großbritannien war gewillt, seinen Vorteil, nämlich daß es der Neuen Welt um einige Längen- und Breitengrade näher lag als sein Kontrahent, voll auszuschöpfen. Die *Eagle* hatte dabei ihren Part zu spielen.

Täglich wurden kleinere Schiffe angehalten und durchsucht. Der Kapitän schreckte nicht davor zurück, von den aufgebrachten Seglern Seeleute in die eigene Mannschaft zu pressen. Als in den letzten Augusttagen das Wetter umschlug und schwere See mit heftigem Sturm der *Eagle* zu schaffen machte, entschied sich der Kapitän für ein Einlaufen in den Hafen von Plymouth. Da er dort über die ihm von seinem Admiral zugebilligte Zeit verblieb, wurde er seines Kommandos enthoben. Am 1. Oktober kam Hugh Palliser als neuer Kapitän an Bord.

Dieser Name verdient festgehalten zu werden. Er wird in Cooks Leben noch eine Rolle spielen.

Palliser, von niederem Adel, war Yorkshireman wie der Gehilfe

Sir Hugh Palliser / Gemälde von N. Dance

seines Segelmeisters. Aber im Gegensatz zu diesem war ihm eine Marinekarriere, abgesichert durch Herkunft und Protektion, sozusagen in die Wiege gelegt. Er war mit zwölf zur See gegangen und mit achtzehn Leutnant geworden, hatte 1744 vor Toulon gekämpft und 1746 – als Cook gerade bei John Walker in die Lehre eingetreten war – sein erstes Kommando über ein Schiff erhalten. Dabei war er nur ganze fünf Jahre älter als Cook. Doch er war schon in Ostindien an der Koromandelküste gewesen, hatte die Inseln Westindiens angesteuert und kehrte gerade von einem Geleitzugunternehmen aus Virginia in die Heimat zurück.

Eine Woche, nachdem Palliser sein neues Kommando angetreten hatte, war die *Eagle* wieder auf See. Diesmal ging es in den Golf von Biscaya, ein zu dieser Jahreszeit stark von Stürmen heimgesuchtes Revier. Auch Palliser hatte dem rauhen Wetter seinen Tribut zu zahlen, mußte sich einmal sogar eine bereits sicher geglaubte Prise entgehen lassen, weil der Sturm die Großstenge der *Eagle* brach.

Mit mehr als zweihundert Gefangenen wurde Ende November Plymouth angelaufen. Hier wurde das Schiff bis Mitte März wieder instand gesetzt. Cook avancierte in dieser Zeit zum Bootsmann. Seine Monatslöhnung betrugt jetzt 4 Pfund.

Der nächste Törn führte vor die bretonische Küste. Es galt, einem Konvoi aufzulauern, von dessen Zusammenstellung im Hafen von Cherbourg man durch Kundschafter und Mittelsmänner erfahren hatte. Der Hinweis erwies sich jedoch als falsch; einzige Beute blieb die Fracht zweier Schmugglerboote, die Tee und Brandy von den Normannischen Inseln nach England bringen wollten.

Anfang April wurde Cook mit der Führung eines zur Aufklärung eingesetzten Kutters beauftragt.

Ja, Kapitän Palliser hatte Gelegenheit, sich von der Einsatzfähigkeit und Umsicht seines Bootsmannes zu überzeugen. Ihm wird auch nicht entgangen sein, daß Cook bei seinen Logbucheintragungen außergewöhnlichen Wert auf meteorologische Angaben legte und daß er für deren Registrierung die vorgeschriebenen Symbole korrekt einsetzte. War Land in Sicht, so fertigte er häufig Küstenaufrisse und Kartenskizzen an. –

Die Blockadefahrten im Kanal und im Ostatlantik, unterbrochen nur von kurzen Aufenthalten in Plymouth, dauerten das ganze Jahr 1756 an. Viel Sorge bereitete Kapitän Palliser der schlechte Gesundheitszustand der Mannschaft – an welchem die untragbaren Lebensbedingungen an Bord wohl die Hauptschuld hatten – und die unzureichende seemännische Qualifikation seiner Leute.

Inzwischen herrschte offener Krieg zwischen Großbritannien und Frankreich, ebenso in Europa, wo der Preußenkönig Friedrich II. nach Abschluß der Konvention von Westminster und dem Erhalt beträchtlicher englischer Finanzhilfe die britischen Interessen verfocht, vor allem beim Schutz von Hannover, mit dem das englische Königshaus seit 1714 durch Personalunion verbunden war. Auf französischer Seite kämpften die Verbündeten, zu denen außer Habsburg-Österreich auch Spanien, Schweden und zunächst Rußland gehörten.

Mit Kriegsbeginn waren die Anforderungen an die Zuverlässigkeit der gegen Frankreich praktizierten Seeblockade noch gewachsen. Was aber sollte Palliser mit Leuten, die – wie er sich bei der Admiralität beschwerte – „nackt und meist ohne eigenes Hemd an Bord gekommen sind, zumeist als aufgegriffene Vagabunden". Zum Jahresende wurde die Mannschaft verstärkt. Sie zählte nun wieder 420 Mann.

Das Jahr 1757 begann mit gefährlichen Stürmen. Die *Eagle* war fast ununterbrochen im Einsatz. Ende Mai erlebte sie 200 Meilen westlich der Bretagne ihr größtes Seetreffen, seit Cook an Bord gekommen war. Palliser segelte gemeinsam mit der *Medway* unter Captain Proby, gleichfalls ein Schiff von 60 Kanonen.

In Pallisers Darstellung liest sich der Bericht vom Ergebnis dieses einstündigen Kampfes wie folgt: „Das französische Schiff stellte sich als die *Duc d'Aquitaine* heraus, welche zuvor in Lissabon gewesen war, bestückt mit 50 Kanonen, alles Achtzehnpfündern, Besatzung 493 Mann. Wir hatten in dem Gefecht sieben Tote und 32 Verwundete, unsere Segel und die übrige Takelage wurden fast völlig zu Stücken zerrissen."

Der Franzose, ein Anderthalbtausendtonner, hatte fünfzig Tote und dreißig Verwundete. Am wenigsten beschädigt war die *Medway*,

34

hier hatte es nur zehn Verwundete bei einer Pulverexplosion an Bord gegeben.

Die Prise wurde nach Plymouth eingeschleppt, wo sie überholt und durch die Royal Navy unter ihrem alten Namen übernommen wurde.

Da Bisset, der Master der *Eagle*, seit Ende April zur Ausrüstung eines neu für die Marine gebauten Schiffes abkommandiert worden war, hatte James Cook bei seiner Feuertaufe, die er mit diesem Gefecht erhielt, den Posten des Segelmeisters inne. Die Bravour und die Umsicht, mit welcher er ihn auszufüllen verstand, brachten ihm endgültig Pallisers Beachtung ein. Und so verwundert es nicht, daß der Kapitän ihn zur Ernennung als Master vorschlug. Am 29. Juni 1757 legte Cook die entsprechende Prüfung ab. Ein kurz zuvor auf Betreiben John Walkers erfolgter Vorschlag, ihm das Leutnantspatent auszuhändigen, war von Palliser nicht aufgegriffen worden. Dazu, so meinte der Kapitän, sei die Fahrenszeit des Kandidaten in der Royal Navy noch nicht lange genug.

Einen Tag nach seiner Prüfung, nun schon als *James Cook, Master*, musterte Cook auf der *Eagle* ab und erhielt einen seinem neuen Rang entsprechenden Posten auf dem 24-Kanonen-Fregattkreuzer *Solebay*.

Der *Solebay* oblagen Patrouillenfahrten vor der schottischen Ostküste bis hinauf zu den Orkney-Inseln und zu den Shetlands. An seinen neuen Einsatzort gelangte Cook vermutlich über Land, Details sind nicht überliefert. Man wird einen kurzen Aufenthalt unterwegs bei den Eltern, ja wohl auch bei John Walker annehmen dürfen. Als frischgebackener Master, reichlich Heuer in der Tasche, wird der Besucher viel anerkennendes Schulterklopfen erfahren haben.

Auf der *Solebay* fuhr Cook nur wenig mehr als einen Monat. Ende Oktober war er bereits Master auf dem Linienschiff *Pembroke*, dem soeben in Dienst gestellten 1250-Tonner, bei dessen Ausrüstung der Master der *Eagle*, Thomas Bisset, entscheidend mitgewirkt hatte. Ihm verdankte es Cook auch, daß er auf das neue Schiff gerufen wurde.

Der neue Master erreichte die *Pembroke* in Plymouth; Anfang Dezember konnte er das erste Auslaufen registrieren. Wieder ging es in

den Westatlantik, für zwei Monate diesmal, und das blutige Alltags-
geschäft mit Postenfahrten, Prisen und Pulverdampf hätte dort – mit
dem sicheren Plymouth im Rücken – noch lange seinen Fortgang
nehmen oder bald im Feuer eines überlegenen französischen Kontra-
henten sein Ende finden können. Da aber erreichte sie im Februar
1758 der Befehl, in einem Verband von acht Linienschiffen und
mehreren kleineren Einheiten nach Halifax im nordamerikanischen
Neuschottland auszulaufen. Von diesem wichtigen Hafen aus war
ein Schlag gegen Louisburg auf der Cape-Breton-Insel (Ile Royale)
geplant.

Die eine der Einfahrten zum St.-Lorenz-Golf beherrschende Cape-
Breton-Insel war siebzehn Jahre zuvor schon einmal von Großbritannien erobert worden. Im Hin und Her von Krieg und Frieden, globalstrategischen Überlegungen und kolonisatorischen Absichten hatte
man sie dann jedoch den Franzosen im Austausch gegen das von
ihnen eroberte Madras – den wichtigsten Stützpunkt der Britischen
Ostindien-Company – zurückgegeben. Und diese hatten Louisburg
zu einem befestigten Hafenplatz ausgebaut, der den Zugang zu ihrer
kanadischen Kolonie am St.-Lorenz-Strom verläßlich schützte.

Wer Louisburg besaß, kontrollierte das Tor nach Neu-Frankreich.
Und daher mußten die Briten, wollten sie dort eine Entscheidung erzwingen, diese Festung erobern. Das Verdienst, diese ausschlagge-
bende Frage so klar und eindeutig formuliert zu haben, gebührt William Pitt dem Älteren, der in dieser Phase des Siebenjährigen Krieges
als Staatssekretär maßgeblich an der Lenkung britischer Außenpoli-
tik beteiligt war. Regierungschef war er mit Unterbrechungen seit
1756.

Im Bild des Lebens von James Cook ist die erste Fahrt über den
Atlantik ein wichtiger maritimer Mosaikstein. Wenngleich Details
unberücksichtigt bleiben müssen, darf die von Ende Februar bis zum
9. Mai 1758 dauernde Reise von Plymouth nach Halifax nicht kommentarlos registriert werden. Wegen der anhaltenden Frühjahrs-
stürme nahm die Flottille ihren Weg über den Mittelatlantik, an den
Kanarischen Inseln und den Bermudas vorbei. Die *Pembroke* verlor
unterwegs 26 Mann. Unmittelbar nach der Ankunft in Halifax mußte

eine große Anzahl Besatzungsmitglieder hospitalisiert werden, da die Strapazen und die Entbehrungen der fast zwölf Wochen dauernden Reise auch an den Überlebenden nicht spurlos vorübergegangen waren. Weitere fünf Seeleute desertierten auf einer Jolle, kaum daß sie in Amerika waren.

Als die Kranken auskuriert waren, schloß die *Pembroke* sich der Belagerungsflotte vor Louisburg an.

Hätte nicht ebenso Cook zu den Skorbutopfern während der Überfahrt von Europa zählen können? Allerdings muß die Desertion – eine weitverbreitete Form des Protestes gegen die an Bord der Navy-Schiffe herrschenden Disziplinierungsmethoden und Lebensbedingungen – für den gesund über den Atlantik gekommenen Master der *Pembroke* als Aktionsmöglichkeit ausgeschlossen werden. Denn dies scheint als Fazit seines bisherigen Lebens festzustehen: Er war ehrgeizig in einem nicht ehrenrührigen Sinne.

So gehörte also Master Cook, im dreißigsten Lebensjahr stehend, zu den Belagerern der französischen Seefestung Louisburg. Der Coup gelang nach zwei Monaten Belagerungszeit, und die Einfahrt in den St.-Lorenz-Strom war fortan in britischer Hand. Neue Ziele konnten anvisiert werden.

Noch vor Jahresmitte 1759, nachdem die Belagerungsflotte den Winter über in Halifax ausgeruht hatte und instand gesetzt worden war, gelangte die Vorhut der britischen Truppen so weit den Strom aufwärts, daß sie sich Quebec bis auf wenige Meilen genähert hatte. Nun traf sie auf ein ernst zu nehmendes natürliches Hindernis: die *Traverse* des St.-Lorenz-Stromes.

Die Fahrrinne flußauf war bisher dem Verlauf des nördlichen Ufers gefolgt. Jeder Gedanke daran, bis Quebec zu gelangen, indem man diesen Kurs einfach nicht aufgab, mußte jedoch von der Hand gewiesen werden. Um sich dem Becken von Quebec und damit dem Herzen des französischen Kanada nähern zu können, mußte der Strom gequert und fortan dem südlichen Ufer gefolgt werden. Dies hatte an einer Stelle zu geschehen, die bereits außerordentliche Anforderungen an das Können der Schiffsführer stellte. Sandbänke, Felsen und andere Untiefen bildeten an der Traverse ein so unüberschaubares Gewirr von Hindernissen, daß eine Durchschiffung des Flusses ohne die Hilfe von Tonnen und anderer Markierungen gar nicht denkbar war. Gerade diese aber hatten die Franzosen verständlicherweise entfernt.

Cook wurde gemeinsam mit anderen Segelmeistern der Belagerungsflotte damit beauftragt, eine Neuvermessung des Strombettes vorzunehmen und ungeachtet des Beschusses aus französischen Uferbatterien für eine entsprechende Betonnung zu sorgen. Daß dieses Werk trotz zahlreicher Rückschläge schließlich gelang, vor allem trotz wiederholter Zerstörung von Bojen und anderen Seezeichen durch die den Franzosen verbündeten Indianer, ist als Cooks persönlicher Beitrag zur Einnahme von Quebec in die Geschichte der Belagerung dieser Stadt während des September 1759 eingegangen.

Wollte Cook sich während der Kämpfe um Quebec vor seinen militärischen Befehlshabern als besonders tapfer auszeichnen? Als besonders klug? Als gewissenhaft? Träumte er davon, selbst durch sie ausgezeichnet zu werden? Hatte er eine Ahnung davon, daß seine umsichtige Tätigkeit bei den Vermessungsarbeiten am St.-Lorenz-Strom im Lichte des militärischen Erfolgs schon bald die Aufmerksamkeit seiner obersten Vorgesetzten auf ihn lenken würde, nicht nur im Rahmen des nach Kanada entsandten britischen Expeditionskorps? Tat er mehr als seine Arbeit, um diese Aufmerksamkeit zu erregen?

Irgendwann kommt der Biograf in Versuchung, einen biografischen Roman zu beginnen: „Master Cook und seine Träume." Cook, der als Master sein Leben lang auf der *Pembroke* fährt und als nächsten und letzten Krieg den Feldzug gegen die eben unabhängig gewordenen Vereinigten Staaten von Nordamerika mitmacht; Cook, der aufgrund seiner „ganz oben" zur Kenntnis genommenen Fähigkeiten auf dem Gebiet der Vermessungskunde und der Kartographie in den topographischen Dienst der Navy übernommen wird und einen warmen, von Stürmen und Wellengang nicht heimgesuchten Arbeitsplatz in der Londoner Admiralität zugewiesen bekommt: einen Zeichentisch mit Kartenablage, Schubläden, Geheimfächern, von dem er bis zur altersbedingten Versetzung in den Ruhestand nicht mehr loskommt; Cook, dem dank seiner Erfolge auf dem kanadischen Kriegsschauplatz der Aufstieg ins höhere Offizierskorps glückt und der daraufhin entfernte Verwandte und zahlreiche Freunde aus Yorkshire wie auch aus London über die Karrieresprossen der Navy nachzieht.

Cook, der weder die Einnahme von Quebec noch die Anerkennung seiner Vorgesetzten erlebt, weil er während der Scharmützel um die Betonnung der Traverse von einem Krieger der Irokesen erschlagen, skalpiert und in den St.-Lorenz-Strom geworfen wird. Oder Cook, der sich doch zu desertieren entschließt, weil er ein indianisches Mädchen liebt.

Die Angebote sind breit gefächert. All diese Vorgänge könnten, zu einer Romanhandlung verdichtet, ohne viel Mühe literarische Realität werden. Nur eignen sie sich nicht dazu, in einer Biografie weiter verfolgt zu werden; nichts von all dem ist schließlich eingetreten. Cook wurde vom Schicksal nicht einmal so weit begünstigt, daß er auf der *Pembroke* in die Heimat fahren durfte, als sein Schiff mit anderen Einheiten des Flottenverbandes zur Ausbesserung der vor Quebec erhaltenen Schäden nach England zurückkehrte. Er mußte noch drei Jahre warten, ehe es für ihn heimwärts ging.

Dieser Lebensabschnitt im neu eroberten Kanada war für den Master indes keine verlorene Zeit. Er war auf das Flaggschiff des obersten Kommandeurs, Lord Colville, versetzt worden – dieser Vorgang konnte möglicherweise bereits als Anzeichen allerhöchster Beachtung bewertet werden, die seine kartographischen Fähigkeiten und Fertigkeiten gefunden hatten. Auf der *Northumberland* war aber auch (und eigentlich vor allen anderen Dingen) immer wieder sein praktisches Können gefragt. Der seemännische Alltag, zumal auf einem Segelschiff, braucht jede Hand.

Mit bekannter Gewissenhaftigkeit führte James Cook im Auftrag von Admiral Colville in dieser Zeit die kartographische Aufnahme einzelner Küstenabschnitte im Bereich des St.-Lorenz-Stromes und später auf Neufundland durch. Lange waren seine Karten in der Flotte als Standardblätter der neueroberten kanadischen Gestade in Gebrauch. Colville sandte sie an die Admiralität in

London und schlug dabei als erster ihre Veröffentlichung im Druck vor.

Wesentlichen Anteil an der Vervollkommnung von Cooks kartographischen Kenntnissen nahm Samuel Holland, Landvermesser in der Königlichen Armee, welchen Cook kurz nach der Kapitulation von Louisburg kennengelernt hatte. Die Unterweisung durch diesen Mann fand die Billigung und Förderung von Kapitän John Simcoe, solange dieser mit der *Pembroke* in Kanada war. Eine Förderung, die sich als äußerst weitsichtig erweisen sollte.

Im November 1762 schlug auch für Master James Cook die Stunde der Heimkehr. In England musterte er von der *Northumberland* ab.

## Wegsuche zwischen Krieg und Frieden

Nach dem Tod seines Großvaters war 1760 George III. König von Großbritannien geworden. Bei seiner Thronbesteigung befand sich das Land mitten in einem gewaltigen Ringen, um Frankreichs Vorherrschaft auf den Weltmeeren zu verhindern. Sicher, es ging auch um andere Kriegsziele und es nahmen auch andere Mächte an diesem Ringen teil. Aber immer wieder kehrte die Frage nach europäischer Hegemonie oder nach dieser oder jener Eroberung in Übersee zu der anderen, alles beherrschenden Frage zurück: zu der nach der Vorherrschaft auf den Weltmeeren.

Als George III. 1820 starb, ging eine der längsten und wohl bewegtesten Regierungszeiten eines englischen Königs zu Ende. Der Kampf gegen Frankreich war entschieden, längst saß Napoleon auf St. Helena und diktierte seine Memoiren. In Paris regierte nach Revolution und Kaiserreich wieder ein bourbonischer König, eingesetzt mit britischer, österreichischer, preußischer, russischer Hilfe. Die Herrschaft auf den Weltmeeren würde jener den Briten nie wieder streitig machen.

Das Verdienst des Königs George III. an all den tiefgreifenden Veränderungen während der sechzig Jahre seiner Regierung war eher gering. Seine Anlagen waren bescheiden, er galt als äußerst verschlossen, sein Charakter als hartnäckig, ja starrsinnig. Und daß schließlich und letztendlich alles noch gut ausgegangen war im Kampf gegen den alten Rivalen Frankreich, mochte George selbst manchmal nicht glauben. Immerhin hatte Britannien, seit er mit 22 Jahren König geworden war, auch Verluste erlitten. Was war schon die Inbesitznahme von Neu-Holland, das später Australien genannt wurde, verglichen mit den verlorengegangenen dreizehn nordamerikanischen Kolonien ...

Der neue König war bestrebt, sich seinen Untertanen, vor allem aber doch wohl seinem Adel, als edel gesinnter Monarch mit einfacher, strenger und gottgefälliger Lebensführung zu präsentieren. In späteren Jahren ließ es sich, zumindest dem Hof gegenüber, nicht mehr verbergen, daß seine zur Schau gestellte Simplizität Ausdruck geistiger Verwirrtheit, ja eines Wahnsinns war, der sich mit fortschreitendem Lebensalter immer deutlicher manifestierte. Im persönlichen Umgang war er leutselig und harmlos. Zu Jahresbeginn 1811, als das Land im Kampf mit Napoleon nötiger denn je eine feste Hand brauchte, wurde vom Parlament sein Sohn, der Prinz of Wales, zum Regenten eingesetzt. George III. lebte, in den letzten Lebensjahren erblindet, bis zu seinem Tode im Windsor-Palast, von der Welt abgeschlossen und von seiner Gemahlin umsorgt, einer geborenen Prinzessin von Mecklenburg-Strelitz.

Erst unter George III. konnte die Herrschaft des Hauses Hannover in Großbritannien als gesichert gelten. Noch unter seinem Vorgänger hatte es einen Versuch der Stuarts gegeben, mit französischer Unterstützung einen Thronprätendenten auf der Insel landen zu lassen und damit den alten Streit, der seit Elisabeth I. andauerte und die revolutionären Umwälzungen des 17. Jahrhunderts überlebt hatte, neu anzufachen. Die realen politischen Verhältnisse im Lande hatten jedoch einer erneuten Restauration der Stuarts längst die Grundlage entzogen. Die endgültige Ausformung der englischen Nation seit den Revolutionen von 1640/49 und 1688, der historische Kompromiß zwischen Landaristokratie und reicher Kaufmannschaft und später den großen Industriellen, all das hatte eine politische Ordnung herausgebildet, die der Entwicklung des Kapitalismus und damit der industriellen Revolutionierung des Landes förderlich war. Während der Regierungszeit Georges III. verdoppelte sich die Bevölkerung Großbritanniens. Auch dieser Aspekt der gesellschaftlichen Entwicklung muß berücksichtigt werden, wenn von Entdeckungsreisen und kolonialen Unternehmungen jener Zeit die Rede ist. Allein mit den Neuerungen der Landwirtschaft, etwa der Einführung neuer Futterfrüchte zur Intensivierung der Viehhaltung und einer veränderten Fruchtfolge auf den Feldern, ließen sich die Ernährungsprobleme der rapiden Bevölkerungsentwicklung nicht auffangen.

James Cook war mit Sicherheit ein loyaler Untertan. Zeugnisse dafür fehlen. Als er vom kanadischen Kriegsschauplatz heimkehrte, ließ sich der nahende Friedensschluß zwischen den Mächten bereits erahnen. Dies mag mit dazu beigetragen haben, daß sich der Master der Königlichen Marine entschloß, eine Familie zu gründen.

Die nächste Station seines Lebensweges begann vor dem Altar der St.-Margaret-Kirche in Barking, Essex, wo Cook am 21. Dezember 1762 nur wenige Wochen nach seiner Rückkehr aus Nordamerika mit der hier beheimateten Kaufmannstochter Elizabeth Batt getraut wurde. Dieser Ehe sollten sechs Kinder entstammen.

Leider hat Elizabeth Cook, welche ihren Mann um viele Jahre überlebte und erst im hohen Alter starb, alle in ihrem Besitz befindlichen Briefe und anderen persönlichen Aufzeichnungen vernichtet, so daß man über Vorgeschichte und Charakter dieser Verbindung und über den Stellenwert, den sie in Cooks Leben einnahm, durchaus im unklaren ist. Eins nur steht fest: Eheliche Alltäglichkeit wird kaum Gelegenheit gehabt haben, sich bei dem jungen, später bei dem älteren, niemals aber alten Ehepaar Cook einzustellen. Es sei denn jene Alltäglichkeit, die das Alleinsein der Seemannsfrauen und, am anderen Ende der Welt, die Sehnsucht der Fahrensleute bestimmt.

Gemeinplätze sind noch die am leichtesten beizubringenden Zeugnisse vom Familienleben berühmter Leute, wenn andere Hinweise fehlen. Cook, der treusorgende Gatte und Vater – wie sollte es anders sein. Seine Witwe sprach später von dem Captain nur als von „Mr. Cook". Was sie über ihn sagte, war dementsprechend ehrfuchts-

Kirchenbucheintragung zu Cooks Eheschließung am 21. 12. 1762

voll, meinte immer den berühmten Verblichenen, nie aber den real existierenden Gatten.

Solange Cook gelebt hatte, war sie sicher selten nach ihm gefragt worden und nach ihren Erfahrungen mit ihm schon gar nicht. War er zärtlich zu ihr? Oder färbte der Ton jahrelanger Einsamkeit unter rauhen Männern schließlich doch auf ihn ab? Was erzählte er ihr von den Insulanerinnen der Südsee? Freuten die Kinder sich über seine

Altersbild von Elizabeth Cook

Mitbringsel, vielleicht Kriegskeulen, Federschmuck, Korallenbruchstücke und Muscheln, oder wußten sie damit nichts anzufangen – möglicherweise ebensowenig wie mit ihm, der immer so lange fort und für die Kleinen, deren tägliche Welt sich so schnell änderte, wohl immer bald vergessen war? Und: Wie ertrug seine Frau selbst diese langen Trennungen? Einmal mehr: Wir wissen es nicht.

Mühelos ließen sich andere Fragen dagegenstellen. Nahm er sich wenigstens Zeit für die Familie, sooft er in England war? Kannten die Brautleute sich erst seit kurzem oder womöglich von Kindsbeinen an? Hatte er hartnäckig um sie werben müssen oder waren sie von den Eltern einander versprochen worden? Welchen Einfluß auf die Erziehung seiner Kinder nahm er? Wie hielt es Cook mit dem Alkohol? Auch darauf wäre keine andere Antwort möglich: Wir wissen es nicht.

Begnügt man sich aber mit der Lebensgeschichte des James Cook, Master und später dann Captain der Royal Navy, so muß man hinnehmen, daß die Bedeutung dieser Ehe und dieses Familienlebens in einer solchen Vita eher gering anzuschlagen ist. Es wäre sonst nicht die Geschichte des Captain James Cook. Und man will doch nicht diesen Namen beliebig auf irgendeinen *Kapitän Jakob Koch* übertragen – wie die wörtliche Übersetzung ins Deutsche lauten müßte; man ist schließlich schon vorsichtig bei der Verdolmetschung von Begriffen wie Mate mit *Maat* und Master mit *Meister*.

Aber zurück zu seiner Gattin.

Das einzige uns überlieferte, von einem unbekannten Künstler angefertigte Porträt der längst verwitweten Elizabeth Cook zeigt eine gütige alte Frau, deren wacher Blick Ruhe und Würde ausstrahlt.

Zum Zeitpunkt ihrer Eheschließung war sie einundzwanzig.

Schon im April 1763 ging Cook wieder nach Nordamerika. Nach dem Abschluß des Pariser Friedensvertrages am 10. Februar jenes Jahres erwarteten ihn dort neue Aufgaben. Die wichtigste war eine zuverlässige Kartierung der Insel Neufundland, deren Besitz Großbritannien durch den Friedensvertrag bestätigt worden war.

Cook war nun ganz für die Landvermessung abkommandiert. Er

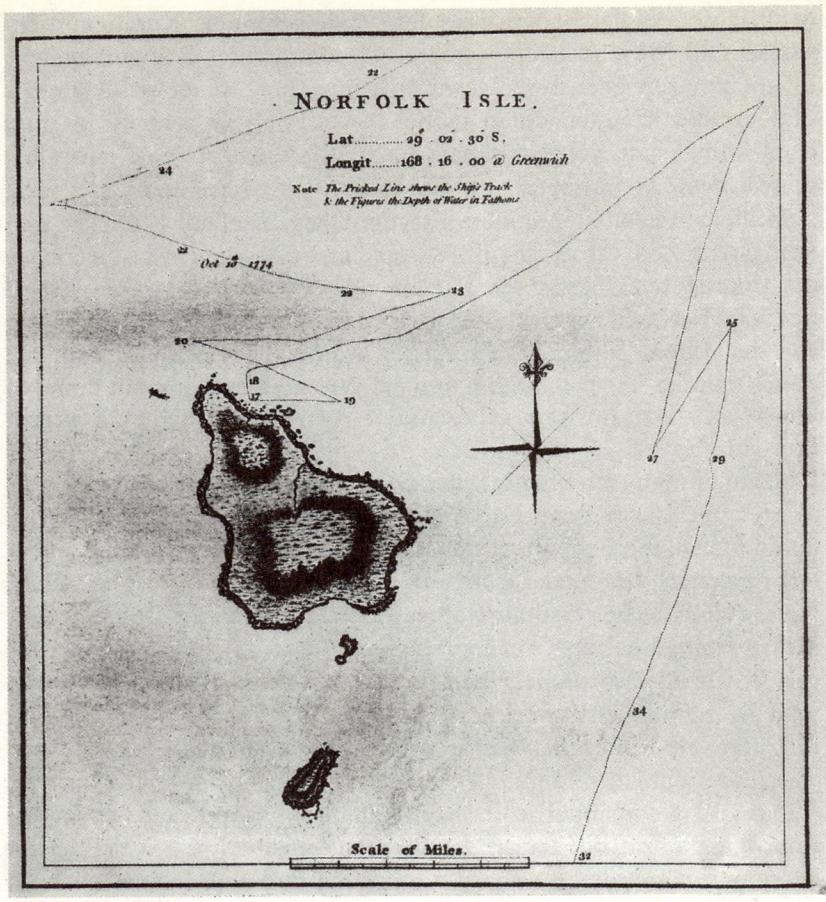

Cooks Karte der Norfolk-Insel

erhielt von der Admiralität einige Präzisionsinstrumente, um deren Besitz ihn der jüngere Cook aus der Zeit der *Pembroke* gewiß beneidet hätte. Daß man ihm diese Anschaffungen ermöglichte, kann als Zeichen dafür gewertet werden, wie aufmerksam in der Admiralität die bisherigen Vermessungsarbeiten von *surveyer* (Landvermesser) Cook verfolgt und begutachtet worden waren.

An Bord der *Antelope*, eines 50-Kanonen-Schiffes, mit welchem der Gouverneur von Neufundland, Graves, auf seinen Posten zurückkehrte, erreichte Cook in der zweiten Juniwoche des Friedensjahres sein neues Einsatzgebiet. Zunächst galt es, eine terminlich dringende Angelegenheit zu erledigen; die kleinen Inseln St. Pierre und Miquelon, südlich von Neufundland gelegen, mußten an Frankreich übergeben werden. In dessen Besitz befinden sie sich noch heute – letzte territoriale Reminiszenz an das einst so vielversprechend begonnene Kolonialunternehmen Nouvelle France in Kanada.

Die darauffolgende Zeit der genauen Vermessung Neufundlands und großer Teilabschnitte der Küste von Labrador hätte ausgereicht, Cooks Ruhm als Meister der Vermessungskunst für immer zu begründen und seinen Namen als den eines *master surveyer* in die Annalen der Geographie aufzunehmen, aber es wären doch nur die Annalen der Geographie Nordamerikas gewesen. 1764 wurde die Kartierung der neufundländischen Nordwestküste abgeschlossen, 1766 die Arbeiten an der Süd- und Westküste. Das Ergebnis dieser Aufnahmen waren mehr als fünfzig Manuskriptkarten, von denen ein Teil bereits 1769 in Kupfer gestochen im Verlag Thomas Jefferys erschien. Ja, Cook hat durch sein Tätigwerden im Osten Kanadas am entstehenden Bild unserer Erde aktiv mitgezeichnet. Und wenn diese Aktivität nicht der entscheidende Teil seines Lebenswerkes geworden ist, dann nur, weil er, der Tagelöhnersohn aus Yorkshire, andere Züge im Antlitz der Erde entdecken sollte, denen weit wichtigere Bedeutung zukam als einer genauen Kenntnis der Lage von Buchten und Kaps auf der Insel Neufundland.

Aber dort schon begnügte sich Cook nicht mit der Küstenaufnahme. Er betrieb seine Erkundung auch im küstennahen Inselinnern, unterstützt von Michael Lane, der bereits auf der *Pembroke* sein Mate gewesen war. Und noch jemand gewährte ihm in dieser Zeit Wohlwollen und tatkräftige Hilfe: Kapitän Palliser, welchem inzwischen ein Regierungsamt im neueroberten Kanada angetragen worden war. Cook erhielt für seine ausgedehnten Vermessungsfahrten den Schoner *Grenville*. Mit ihm überquerte er auf Heimatkurs zwar den Atlantik, doch Cook erkannte bald, daß dieser Schiffstyp zu schwerfällig und für Erkundungsfahrten in unbekannten Gewässern wenig geeignet war, bei denen an Manövrierfähigkeit und schnelles Reagierenkönnen ja höchste Anforderungen gestellt wurden.

Und – ist die negative Erfahrung nicht die nachhaltigste?

Cooks Aufenthalte in England waren stets nur kurz. In diesen Jahren wurde er zum erstenmal Vater. Kein Zeugnis davon, wie er es aufnahm; und auch kein überliefertes Bekenntnis seiner Seelenverfassung, als der Tod ihm zum erstenmal ein Töchterchen nahm. Die Statistik der Säuglings- und Kindersterblichkeit hatte sich seit Cooks eigener Kindheit nicht grundlegend geändert. Und ebenso nicht sein Schweigen zu den persönlichsten Dingen.

Wohl aber existiert ein detaillierter Bericht über den Verlauf einer Sonnenfinsternis, welche Cook im August 1766 auf Neufundland zu beobachten Gelegenheit hatte. Die vom Master Surveyer registrierten Meßdaten waren deshalb so wichtig, weil ihr Vergleich mit den Angaben von anderen Beobachtungspunkten dieses Ereignisses Bestimmungen der geographischen Längendifferenzen zwischen den Orten gestattete. Die von Cook gelieferten Werte erwiesen sich als äußerst präzise. Durch die Fürsprache von Dr. Bevis, Mitglied der Royal Society, fanden sie Eingang in die Publikationen dieser führenden wissenschaftlichen Gesellschaft.

Damit hatte die Brücke, über die Cook zum Ruhm schreiten sollte, einen weiteren Stützpfeiler erhalten. Es ging ihm wie manch anderem großen Mann auch, dessen eigentliche, für die Nachwelt wichtige Entwicklung erst nach dem vierzigsten Lebensjahr zur Entfaltung kommt. Cook war zu diesem Zeitpunkt noch nicht einmal Leutnant, war in den Augen einiger Zeitgenossen also irgendein kleines Licht, einer, der schon zufrieden sein konnte mit dem Kommando über den Schoner *Grenville* ... Seine späteren Leistungen, das, was schlechthin zum „Lebenswerk Captain Cooks" werden sollte, seine Entdeckungen und Erkenntnisse wären indes undenkbar ohne die oftmals bitteren Erfahrungen des Servant, des Mate, des Master und des Master Surveyer James Cook.

Auf zwei Wegen hatte er den Ausgangspunkt für die Taten erreicht, durch die er sozusagen unsterblich werden sollte: über die Dienstlaufbahn in der Königlichen Marine und durch die Beharrlichkeit, mit der er zunächst nautische und dann endlich Vermessungsfragen angegangen und gelöst hatte.

Mit vierzig Jahren, als er Neufundland zum letztenmal verließ, war James Cook ein erfahrener Befehlshaber über Menschen und Schiffe, ein gesuchter Navigator und Kartograph, ein den Problemen der Wissenschaft seiner Zeit aufgeschlossen gegenübertretender Praktiker. Er war bereit für die großen Aufgaben, die seiner harrten. Zunächst aber mußte in ihm der Entdecker entdeckt werden.

Kaum ein anderes Kapitel der Menschheitsgeschichte kann es sowohl hinsichtlich seiner Spannungsgeladenheit als auch im öffentlichen Interesse, das es seit vielen Jahren beansprucht, mit der geographischen Entdeckungsgeschichte aufnehmen. Die Gründe hierfür dürften in der Abenteuerlichkeit des äußeren wie des inneren Hergangs, in der Exotik der Schauplätze, in der Verzahnung mit anderen Wissenschafts- und Erkenntniszweigen zu suchen sein – aber längst nicht nur darin. Die Geschichte vom Wachsen des Bildes unserer Erde in den Köpfen ihrer Bewohner beschäftigt eben diese Bewohner nicht erst, seit sie zu Haus in der guten Stube über das Medium Fernsehen dabei sein können, wenn Menschen ihre heimatliche Erde in kosmischen Gefährten verlassen.

Das Bild von der Erde, wie es sich uns heute darstellt, ist gewachsen in ständigem Widerstreit zwischen neuer Kenntnis und bisheriger Anschauung. Bei diesem Erkenntnisprozeß ist die Geographie oder Erdkunde stets auf jene Nachrichten angewiesen gewesen, welche Reisende aus bereits bekannten oder aber aus neuentdeckten Ländern mitgebracht haben. Einer der bekanntesten Vertreter der geographischen Wissenschaften während der ausklingenden Antike, der im 2. Jahrhundert u. Z. in Alexandria wirkende Claudius Ptolemäus, nannte die Geographie – damals noch im ursprünglichen Wortsinn als *Erdbeschreibung* verstanden – „die Nachbildung des gesamten bekannten Teils der Erde durch das Erfassen der Wirklichkeit in zuverlässiger Weise, samt all dem, was gewöhnlich im Zusammenhang damit dargestellt wird".

Die ptolemäische Definition trifft eine Abgrenzung von der Darstellung einzelner Erdräume durch die Geographie und impliziert gleichzeitig die Aufforderung zur ständigen Erweiterung der *oikumene*, des bekannten Gesamtraums der Erde. Wie sonst wäre Geographie denkbar ohne ständige Erweiterung ihres Gegenstandes – ohne neue Entdeckungen: im Sinne von Hinzutun also, solange es noch etwas zu entdecken gab, aber auch im Sinne von anhaltendem neuen Bewerten des einmal Aufgefundenen. Dazu kommen moralische, ethische, religiöse Aspekte beim Zusammenwachsen der Erdräume zu der einen Welt, in der alle Menschen beheimatet sind.

Einer der führenden Köpfe der französischen Aufklärung, Guillaume Raynal (1713–1796), hat in einer zehnbändigen Geschichte der europäischen Kolonialunternehmungen geschrieben: „Seit den kühnen Reisen eines Kolumbus und eines Vasco da Gama begeistert man sich in unseren Breiten für die Taten der Entdecker. Da wurden und werden noch immer auf dem Weg zum einen wie zum anderen Pol alle Klimazonen durchquert, man sucht neue Erdteile, die erobert, unbekannte Inseln, die verwüstet, bislang nie gesehene Völker, die ausgeraubt, unterjocht, massakriert werden können. Gehörte nicht derjenige, dem es gelänge, diese Schrecken zu beenden, zu den Wohltätern des Menschengeschlechts gerechnet?"

Raynal hatte hier, eingebettet in den progressiven Zeitgeist seiner Epoche, die auch Cooks Epoche war, einen hohen Anspruch an den humanistischen Entdecker formuliert. Es war dies jene Zeit, die den „Wilden" als „guten Wilden" idealisierte, bei der Bewertung des „zivilisierten" Menschen indes allzuleicht noch ein Auge zudrückte, wenn er – wie weiland die Konquistadoren des Zeitalters der großen Entdeckungen – allzusehr auf die Feuerkraft seiner Waffen vertraute und einen handfesten Wortbruch für ein treffendes Argument hielt ...

Cook wird die Schriften Raynals nicht gekannt haben. Aber er hatte zweifellos Gelegenheit, während der Jahre seiner seemännischen Ausbildung die Ergebnisse der großen Entdeckungsreisen zu studieren und sich dabei mit den noch offenen Fragen über die Gestalt der Erde vertraut zu machen.

## Der Ruf der Ferne

Entdecken ist – dies bleibt zu vereinbaren – nicht nur eine geographische Kategorie. Es ist eine notwendige Bedingung der menschlichen Existenz.

Am Beginn des Hinübergreifens, des Heraustretens über die Grenzen der Welt, wie sie sich den Alten darstellte, steht der Name Kolumbus. Er steht sowohl für eine Idee, wie sie selten so kühn gefaßt und auch in Angriff genommen wurde – bei vorgegebener Kugelgestalt der Erde den Osten, den Kolumbus „Indien" nannte, durch eine Fahrt in westlicher Richtung erreichen zu wollen –, als auch für die tragische Halsstarrigkeit, mit der das Erreichte dann für Indien gehalten und die Bewohner der Neuen Welt „Indianer" genannt wurden. Daß all diese Entdeckermühe tatsächlich mit dem Auffinden von Neuland belohnt wurde, mutet wie eine Zugabe des Schicksals für den Tüchtigen an.

Es hätte dort, wo Kolumbus „Indien" vermutet hatte, ja keine Neue Welt zu geben brauchen ...

Außerdem ist Kolumbus, wie wir heute wissen, mit Sicherheit nicht der erste gewesen, der von der Alten Welt nach Amerika fuhr. Trotzdem ist und bleibt Kolumbus der Entdecker dieses Kontinents. Er war ja nicht aufgebrochen, den Spuren etwaiger Vorgänger zu folgen – falls er überhaupt von solchen Vorgängern gewußt hatte – und sie lediglich vom Staub der Zeit zu reinigen. Er wollte nach Indien oder doch „nach dem Orient", wie es in seinem Schiffstagebuch heißt, und zwar „nicht auf dem Landwege wie gewöhnlich, sondern auf dem Weg westwärts, den bis zu diesem Tage kein Mensch genommen hat".

Der Entdeckerruhm gebührt dem genuesischen Seefahrer nicht dafür, daß er sein Ziel erreicht hätte – er erreichte es nicht –, und auch nicht deshalb, weil er in dem Glauben starb, seinen Vorsatz erfüllt zu haben. Daß er die Inseln und Küsten an seinem Wege nicht als Teile eines neuen Kontinents erkannte, sondern daß er sie für Küstenlandschaften in Ostasien hielt, ist weniger von persönlicher Tragik durchdrungen als vom Ballast mitgeschleppter geographischer Dogmen geprägt. Sich von ihnen nicht befreit zu haben ist Kolumbus' einzige „Schuld".

In diesem Sinne ist seine Entdeckung der eines Kopernikus vergleichbar, der ein halbes Jahrhundert nach Kolumbus seine Lehre verkündet hat. Bei antiken Vordenkern anknüpfend, stellte der große Astronom aus Torún die experimentellen Beweise dafür zusammen, daß die Planeten einschließlich unserer Erde die Sonne umkreisen. Ptolemäus, ebenso in der Kosmologie der führende Kopf seiner Zeit und von entscheidendem Einfluß weit über das Mittelalter hinaus, hatte hingegen behauptet, die Erde bilde den Mittelpunkt unserer Welt und werde sowohl von den Planeten als auch von der Sonne umkreist. Kopernikus, der diese durch den täglichen Augenschein geprägte Lehre von einer geozentrischen Welt anhand exakter Beobachtungsergebnisse widerlegen konnte, behielt gleichzeitig die Konzeption einer endlichen Welt aus dem System des Ptolemäus bei, indem er alle übrigen Sonnen des Weltalls auf eine letzte, die *unbewegliche Sphäre der Fixsterne* verbannte, hinter der sich angeblich das Nichts auftat.

Er wird ebenfalls nicht für seinen Irrtum geehrt und nicht für das Beharren auf dieser Teilunwahrheit seiner Vorgänger. Der Name Nikolaus Kopernikus steht wie der des Christoph Kolumbus vielmehr für den Beginn einer Entwicklung, die in stetigem Wachsen der Erkenntnis zu jenem Wissen führte, über das wir heute verfügen. Rückschläge, die es seither noch gegeben hatte – sowohl bei der Erkenntnis der Oberflächengestalt unseres Heimatplaneten als auch hinsichtlich seiner Stellung im Universum – waren eher zeitweiser und relativer Natur; absolut war der Fortschritt jener Entwicklung, die mit den beiden großen Namen begonnen hatte. Die Taten ihrer Träger gerieten nie mehr in Vergessenheit.

Wie nun gelangte James Cook in jenen Kreis der Unsterblichen? Er

52

verdankt dies – so abwegig es klingen mag – der Stellung der Sterne. Nicht, daß ihm die Walkersche Haushälterin Mary Prowd außer den Kerzen für seinen Arbeitstisch ein Horoskop gestellt hätte – nein, das wohl kaum. Vielmehr machten sich, während Cook noch mit der Reparatur des bei der Atlantiküberquerung stark in Mitleidenschaft gezogenen Schoners *Grenville* beschäftigt war, die Astronomen in seinem Lande (und nicht nur dort) Gedanken über die bestmögliche Beobachtung eines Ereignisses, wie es selten am Sternenhimmel zu sehen ist: Für den 3. Juni 1769 wurde das Vorüberziehen des Planeten Venus vor der Sonnenscheibe erwartet. Die genaue Messung des zeitlichen Ablaufs dieses Vorganges von mehreren Orten der Erde aus schien geeignet, nach den von Johannes Kepler berechneten Gesetzen über den Umlauf der Planeten um die Sonne Rückschlüsse auf die Entfernungen in unserem Sonnensystem zu ziehen. Das Ereignis, von den Gelehrten in allen Ländern mit Spannung erwartet und aktiv vorbereitet, gab Anlaß zu mancherlei Zurüstungen, die auch in anderen Wissensgebieten außer der Astronomie ihre Spuren hinterlassen sollten.

Die Zarin Katharina II. von Rußland, welche sich gern als aufgeklärte Monarchin gefeiert sah, sandte mehrere Expeditionen unter der Leitung namhafter europäischer Wissenschaftler zu dem Zweck aus, die Venuspassage an verschiedenen Orten ihres riesigen Reiches zu verfolgen. Durch andere Länder und von wissenschaftlichen Vereinigungen und Akademien wurden ähnliche Vorbereitungen getroffen.

Britischerseits beabsichtigte man neben der Beobachtung in England selbst die Entsendung mehrerer Schiffe, unter anderem in ein genau berechnetes Gebiet optimaler Beobachtungserwartung im Südpazifik. Diese Pläne wurden zwar angesichts der zu ihrer Verwirklichung benötigten Summen arg gestutzt, gewannen aber gerade, was den Südpazifik betraf, schließlich an greifbarer Realität. Die Lösung bringen sollte ein Vorgang, dessen wichtigste Daten wir noch zur Kenntnis nehmen werden, berühren sie doch direkt das Leben unseres Protagonisten: eine Abstimmung zwischen den Herren Gelehrten der Royal Society und der Admiralität des Königs. Diese hatte, so würde wenig später George III. anordnen, das Schiff samt Mannschaft und Befehlshaber zu stellen, während die Königliche Gesellschaft – sozusagen die Britische Akademie der Wissenschaften – geeignete Gelehrte benennen und auch besolden sollte, um die Expedition rundum zu einem Erfolg werden zu lassen.

Für das starke Interesse der Admiralität und des Königs selbst an einer Beobachtung der Venuspassage ausgerechnet von einem Punkt in der Südsee aus gab es ganz andere als wissenschaftliche Gründe. Die Entscheidung war vor allem durch strategische Überlegungen bestimmt. Großbritannien war gewillt, im Pazifik seine Präsenz zu demonstrieren und Flagge zu zeigen, um den anderen europäischen Interessenten an dieser Weltgegend die eigenen Ansprüche auf Entdeckungen und Erwerbungen überzeugend vor Augen zu führen, die es durch seine Erfolge in den letzten Kriegen für hinreichend legitimiert sah. Niemand sollte auf den Gedanken kommen, es begnüge sich nach seinen Kriegserfolgen in Ostindien und Nordamerika mit dem Erreichten. Das etwa waren die wichtigsten Überlegungen, die den Absichten der Britischen Admiralität beim Zustandekommen der Expedition zugrunde lagen; daß es sich dank der Venuspassage anbot, dem Unternehmen einen rein wissenschaftlichen Anstrich zu geben, war ein erfreulicher Nebenumstand.

Die wirklichen Gründe für das Engagement lagen tiefer. Das, was später industrielle Revolution genannt wurde, erforderte weltweite Ausschau nach Rohstoffquellen für Englands Fabriken und nach Absatzmärkten für dort gefertigte Waren. Dies geschah in ständiger erbarmungsloser Konkurrenz mit den übrigen europäischen Mitbewerbern um eben dieselben Rohstoffquellen und Absatzmärkte. Kriege waren die deutlichsten Verknotungspunkte dieses Konkurrenzkampfes. Weltweit war schon zu jener Zeit abzusehen, daß die in Übersee aufzuteilenden Territorien eines Tages vergeben sein würden und dann nur aus zweiter Hand, in einem Kampf um ihre Neuverteilung, gewonnen werden konnten. Der Siebenjährige Krieg hatte ein Signal gesetzt.

Was den pazifischen Raum betraf, so war die Zeit längst vorbei, daß irgend jemand Spaniens de jure bestehenden Anspruch auf Ober-

54

hoheit über das ganze Gebiet noch anerkannte. Bereits 1764, bald nach Friedensschluß, war Großbritannien auf dem Pazifik wieder aktiv geworden. Seit Ansons berühmter Reise waren zwanzig Jahre vergangen. Nun folgte die nächste Weltumseglung unter Commodore John Byron, der die Fregatte *Dolphin* Anfang Mai 1766 in die Heimat zurückführte. Die Admiralität zögerte nicht lange und schickte das Schiff Ende August erneut auf Pazifikkurs. Unter Captain Samuel Wallis sollte auch diesmal (und zwar in Begleitung eines Hilfsschiffes, der *Swallow* unter Philipp Carteret) in möglichst hohen südlichen Breiten des Pazifik nach Land Ausschau gehalten werden. Denn dies war der Hauptgrund für die sich ständig verschärfende Konkurrenz der europäischen Mächte im Wettbewerb um neue geographische Erkenntnisse und Entdeckungen in dieser Weltgegend: Man suchte in der Wasserwüste des Großen Ozeans nichts anderes als den letzten Kontinent, der auf der Erde noch vermutet werden konnte. Ihn aufzufinden wollte jeder der erste sein.

Daß kurz vor Jahresende 1766 eine französische Fregatte, die *Boudeuse* unter Bougainville, mit Kurs auf den Südpazifik zu einer Weltumseglung aufbrach, mag den Wettbewerbscharakter der Südlandsuche jener Zeit anschaulich illustrieren. Frankreich, das in dem drei Jahre zuvor geschlossenen Frieden so herbe Einbußen an seinem Kolonialbesitz in der Alten wie in der Neuen Welt hatte hinnehmen müssen, hatte natürlich großes Interesse daran, der britischen Konkurrenz nicht auch noch die „Neueste" Welt, den bislang unentdeckten Südkontinent, zu überlassen. Vielmehr suchte es selbst einen Ausgleich für seine Verluste in Ostindien und Amerika.

Am 20. Mai 1768 brachte Wallis die *Dolphin* sicher nach England zurück. Knapp ein Jahr zuvor hatte er Tahiti besucht, als dessen englischer Entdecker er in die Geschichte eingegangen ist. Das von Entdeckerkonkurrenz und globalstrategischen Überlegungen bestimmte Geheimhalten von Landpositionen und Inselkoordinaten hatte dazu geführt, daß so mancher Prioritätsstreit nie entschieden werden konnte.

Weniger glücklich verlief die Reise der *Swallow*. Zwar war Philipp Carteret ein überaus erfahrener Seemann, gegen die Tücken eines für eine Weltumseglung nicht geeigneten Schiffes aber war er machtlos. Carteret hatte bereits die Fahrt der *Dolphin* unter John Byron mitgemacht. Jetzt jedoch mußte er ausgangs der Magellanstraße die Fregatte davonsegeln lassen, nachdem er mit Kapitän Wallis vereinbart hatte, mit der *Swallow* in eigener Regie entsprechend den gegebenen Möglichkeiten zu folgen. Nach äußerst entbehrungsreicher Fahrt, während der ihm das Auffinden einiger entdeckungsgeschichtlich bedeutender Inselgruppen gelang, kam Philipp Carteret mit seiner Mannschaft im März 1769 nach England zurück. Da war James Cook, Leutnant der Königlichen Marine, nächster Träger der britischen Südland-Stafette, bereits seit einem dreiviertel Jahr als Kapitän der Bark *Endeavour* nach der Insel Tahiti unterwegs.

Die Geschichte der Suche nach jenem unbekannten Südland, der Terra australis incognita, geht zurück bis zu den Anfängen europäischer Ausbreitung über die Schranken der Alten Welt hinaus. Auf weiten Strecken ist sie identisch mit der gesamten europäischen Pazifikforschung.

Die erste Kunde von jenem größten Ozean unserer Erde brachte bereits Kolumbus mit heim; im Bericht über denjenigen Teil seiner vierten Reise, welcher ihn längs der mittelamerikanischen Küste von Honduras bis in den Golf von Darién führte, heißt es: „Auch sagten sie, daß das Meer auf der anderen Seite von Ciguare ist und daß man von dort in zehn Tagesreisen zum Flusse Ganges kommt. Mir deucht, diese Lande liegen zu Veragua so wie Tortosa zu Fuenterrabia liegt oder Pisa zu Venedig."

Was da mit dem „Meer auf der anderen Seite" gemeint war, ist mitnichten der Golf von Bengalen in der Gegend der Gangesmündung; diese Interpretation ist vielmehr Ausdruck von Kolumbus' fixer Indien-Idee. Auf dieser seiner vierten Reise führte er ein Empfehlungsschreiben des spanischen Königspaares an Vasco da Gama mit sich, den vom portugiesischen König zum „Admiral der Indischen Meere" ernannten Entdecker des Seewegs nach Indien. 1502 war dieser zu einer zweiten Indienfahrt aufgebrochen und hatte an Ort und Stelle dank der Überlegenheit seiner Waffen, mit Bordgeschützen und Hakenbüchsen, aber auch mit Wortbruch und Meuchelmord Portugals Anspruch auf Unterwerfung der indischen Fürsten und auf das Geschäft mit ihrem Pfeffer durchgesetzt.

Kolumbus fand keine Gelegenheit, sich des königlichen Handschreibens zu bedienen, denn was ihm da im Frühjahr 1503 am karibischen Ufer der Landenge von Panama über „das Meer auf der anderen Seite" zu Ohren kam, klang nur ihm selbst wie ein Hinweis auf die unmittelbare Nähe des Golfs von Bengalen. In Wahrheit handelte es sich um Nachricht vom Pazifischen Ozean. Zehn Jahre danach stand als erster Spanier Vasco Nuñez de Balboa mit seiner Konquistadorenschar an dessen Küste, nachdem er die Landenge hatte überwinden können. In einer Szene voll spanisch-christlichen Sendungsbewußtseins und pathetischen Rittertums nahm er, mit Schwert und Fahne, in voller Rüstung ins Wasser watend, für seinen König Besitz von dem Gewässer und allen an ihm liegenden Küsten und Häfen, Ländern, Provinzen und Königreichen.

Balboa prägte die Bezeichnung *Südsee* für das neuentdeckte Meer; er wählte sie als Gegenstück zum *Mar del Nort*, von dessen Ufer er über die Berge gekommen war. Die Ausdehnung des Großen Ozeans sollte sich erstmals jenen Männern erschließen, die 1519 unter Magellan von Spanien aus aufbrachen, um zu vollenden, was Kolumbus gewollt hatte. Über den Atlantik und die Südsee – also in westlicher Richtung segelnd – die Gewürzinseln Ostasiens zu erreichen war ihr Ziel. Sie schafften es, weil Magellan hartnäckig jede Flußmündung und jede Bucht der südamerikanischen Atlantikküste daraufhin untersuchte, ob sie nicht die Durchfahrt zur Südsee gestattete. Sein Pech war es, daß eine solche Durchfahrt erst ganz weit im Süden existiert, dort, wo es bis zum letzten Kap des Halbkontinents ohnehin nicht mehr weit ist. Die Meeresstraße zwischen Patagonien und Feuerland erhielt bald schon seinen Namen.

Die Fahrt über den Südozean dauerte fast vier Monate. Magellan nannte ihn *Mar pacifico*, friedliches Meer, weil er unterwegs keinen Sturm erlebte. Dafür erwies sich die Länge der Reise als mörderisch. Skorbut und Auszehrung holten sich zahlreiche Opfer. Das Unternehmen endete schließlich nach fast dreijähriger Abwesenheit von

Spanien als erste Umseglung der Erde. Magellan war nicht mehr an Bord, als die Überlebenden heimkehrten. Er hatte im Kampf mit den Bewohnern der Philippineninsel Matan den Tod gefunden.

Mit der ersten Weltumseglung war der experimentelle Beweis für die Kugelgestalt der Erde erbracht. Mußten aber auf einer solchen Kugel, sollte sie im Gleichgewicht verbleiben, Land und Wasser nicht ausbalanciert verteilt sein? Die aus vorchristlicher Zeit überkommenen antiken geographischen Schriften enthielten – ausgehend von der Harmonielehre der Pythagoräer – entsprechende Hinweise und Vermutungen. Wo waren dann diese Landmassen, welche der Alten Welt das Gegengewicht halten sollten?

Irgendwo in der blauen Weite des *Mar pacifico*, so wurde geschlußfolgert, mußte ein bislang noch unbekanntes Südland liegen, eben die *Terra australis incognita*, das es aufzufinden und zu erobern galt. Vor allem spanische Seefahrer und Kolonisatoren betrieben seit der Mitte des 16. Jahrhunderts von Peru aus die Südlandsuche, glaubten sie doch, auf jenem Traumkontinent ähnlich reiche Länder zu finden wie bei den Inka und den Azteken. Und nach einem Vertrag, den Spanien und Portugal 1494 in der Stadt Tordesillas über die Teilung der Welt geschlossen hatten, gehörte Spanien das ganze *Mar pacifico* und also auch die *Terra australis*, soweit der Große Ozean ihre Küsten umspülte ... Die Namen Garcia Jofre de Loaysa, Alvaro de Saavedra Cerón, Ray Lopez de Villalobos, Miguel Lopez de Legaspi, Alvaro Mendaña de Neyra, Pedro Fernandez de Quirós und Luis Vaez de Torres mögen hier für all diese Männer stehen, die die Welt erkundeten. Ihre Fahrten fielen in einen Zeitraum von weniger als hundert Jahren (zwischen 1525 und 1607). Ohne ihre Erfahrungen und ihre Entdeckungen im direkten Anschluß an die Magellan-Reise wären spätere Pazifikreisen undenkbar gewesen. Das Südland aber hatten sie alle nicht gefunden.

Bis James Cook, zunächst ein Südlandsucher unter vielen, der Legende von der Existenz jenes riesigen „letzten Erdteils" das Lebenslicht ausblasen konnte, sollten noch zahlreiche Schiffe unter den Flaggen vieler Nationen die Südsee durchkreuzen. So wie das nichtexistierende Goldland Eldorado lockte die *Terra australis incognita* immer neue wagemutige Expeditionen an; und wie bei der Suche nach jenem Lande der unermeßlichen Schätze im Innern Südamerikas war das Ergebnis der Südlandsuche schließlich – neben der Erkenntnis, daß es das Gesuchte nicht gab – die genaue Erkundung und Erforschung der bereisten Gebiete.

James Cook hatte, bevor er ahnen konnte, in welcher Traditionslinie er einmal stehen würde, das Erbe seiner Vorläufer anzunehmen.

# Zur Insel der Venus

Erste Weltreise (1768–1771)

## *Endeavour auf Südkurs*

Das Südland hatte unterdessen längst seine Entdecker gefunden. Literaten und Schriftsteller ließen sich – verständlich – zu keiner Zeit ein solch „phantastisches" Thema entgehen. Unmittelbar durch die euphorischen Schilderungen von Pedro Fernandez de Quirós beeinflußt, war bereits 1607 in England die Geschichte einer fiktiven Entdeckung der *Terra australis* erschienen. Autor war Joseph Hall, Bischof von Exeter. Sein spanisches Vorbild, der glücklose Seereisende Quirós, hatte die von ihm entdeckte Insel *Australia del Espiritu Santo* (Südland des Heiligen Geistes) genannt und behauptet, kein anderes Land sei „besser geeignet zum Anbau und zur Herstellung all dessen, was Europa und beide Indien produzieren".

Cook sollte auf seiner zweiten Weltreise die Entdeckung dieser Hauptinsel der heutigen Republik Vanuatu in Melanesien wiederholen. Er nannte die Inselgruppe *Neue Hebriden*.

Bischoff Halls Auslassungen standen den überschwenglichen Worten Quirós' in nichts nach. Jedoch nahm Hall seine Schilderung zum Anlaß dafür, sich über Unsitten und Schwächen der eigenen Nation in beißender Satire zu äußern. Man sagt, sein Werk habe Jonathan Swift zu seinen Erzählungen über Gullivers Reisen angeregt.

Eine Beziehung zu Quirós besteht ebenso bei dem Roman „Die Abenteuer des Jacques Sadeur bei Entdeckungen und Reisen im Südland", Paris 1693. Verfasser ist der ehemalige Franziskanermönch Gabriel de Foigny. Er mystifiziert die Erlebnisse seines Helden in einem Maße, daß am Schluß die Grenzen des Traumkontinents glaubhaft fixiert scheinen und außerdem der Reisende Jacques

Sadeur als dessen Entdecker feststeht. Wenn diese Tatsache, so heißt es im Vorwort, bislang unbekannt geblieben war, so nur deshalb, weil Sadeurs Aufzeichnungen im Geheimkabinett eines mächtigen Ministers zurückgehalten worden waren. Erst nach dem Tod des Reisenden war es möglich gewesen, ihrer habhaft zu werden. Und schließlich findet sich, als sei das Buch eine Persiflage auf Quirós, der Satz: „Mit einem Wort: Es ist dies ein Land, in dem man alle Wonnen und Annehmlichkeiten findet, denen man in keinem anderen Teil der Welt begegnet. Andererseits ist es frei von all den Unannehmlichkeiten und mißlichen Dingen, wie man sie sonst überall zu finden gewohnt ist."

Das Schlaraffenland lag immer schon in direkter Nachbarschaft zum Südland und zum Eldorado ...

Eine Passage des Planeten Venus vor der Sonnenscheibe war erstmals 1639 beobachtet worden. Frühere Anlässe waren, da es noch keine Fernrohre gab, unbemerkt geblieben. Als das Ereignis sich 1761 wiederholte, herrschte Krieg; die führenden Nationen der Wissenschaft erwiesen sich als die am stärksten in die militärische Auseinandersetzung verwickelten Mächte. Zwar unterblieben Versuche zu einer weltweiten Beobachtung der Passage nicht völlig, aber Ausmaß und Sorgfalt litten unter den Zeitereignissen. So verwundert es nicht, daß den Vorbereitungen auf die Passagebeobachtung im Juni 1769 überall besondere Sorgfalt gewidmet wurde.

In Großbritannien erreichte die Abstimmung zwischen der Royal Society und der Admiralität einen ersten bemerkenswerten Erfolg, als Mitte August 1766 der Admiralitätssekretär dem Präsidenten der Gesellschaft, Lord Douglas, Earl of Morton, einen positiven Bescheid auf dessen Bitte zukommen ließ, eventuell in der Südsee befindliche Marineoffiziere zu genauester Beobachtung des Passageverlaufs anzuhalten. Die Vorbereitungen auf ein spezielles Unternehmen zu diesem Anlaß blieben von der Festlegung unberührt. Zu dieser Zeit war James Cook auf Neufundland und beendete gerade die Auswertung seiner Beobachtungsergebnisse der Sonnenfinsternis vom 5. August 1766. „Mr. Cook, ein guter Mathematiker, sehr fähig auf seinem Tätigkeitsgebiet, von den Lords der Admiralität beauftragt, die Meeresküsten von Neufundland, Labrador usw. zu vermessen …", das sollten die Worte sein, mit denen Dr. Bevis die Resultate in der Royal Society ankündigte.

Mehr als ein Jahr später, Mitte November 1767, wurden in einer Sitzung des inzwischen gebildeten „Transit Committee" der Royal Society erstmals Vorschläge für die Übernahme des Kommandos auf dem in die Südsee zu entsendenden Schiffs behandelt. Der Name James Cook stand hier nicht zur Debatte.

Cook war, noch immer Master der *Grenville*, mit dem Schoner eben erst in der Themsemündung vor Anker gegangen, nachdem die letzten Tage der sonst glatt und schnell verlaufenen Überfahrt von Neufundland sehr stürmisch gewesen waren. Er schickte sich an, die Schäden an der *Grenville* ausbessern zu lassen, bemühte sich auf dem Dienstweg um die Benennung eines Schiffsarztes an Bord und verhandelte in den Wochen nach der Rückkehr mit seinem Verleger wegen der Drucklegung der Neufundlandkarten. Kein Gedanke daran, etwa nicht auf die Insel zurückkehren zu wollen zu einer Tätigkeit, die ihn ausfüllte und die seinen Interessen entsprach.

Eine inzwischen in Cooks Familie eingetretene Veränderung hätte den Master Surveyer nicht zur Änderung seiner bislang verfolgten Pläne bewegen können: Seine Frau hatte 1767 eine Tochter geboren. Das Mädchen erhielt den Namen der Mutter: Elizabeth.

Unter den Kandidaten, die vom Transit Commitee in die engere Wahl als Leiter der Passage-Expedition gezogen wurden, ehe dann James Cook das Rennen machte, verdienen zwei genauer vorgestellt zu werden.

Da war zunächst Captain John Campbell, Mitglied des Komitees und ein erfahrener Schiffskommandant und Astronom. Wohl vertraut mit den praktischen Belangen der Navigation, hatte er aus dem bislang zur astronomischen Höhenbestimmung benutzten Kreisquadranten den handlicheren Sextanten entwickelt. Einer Ernennung Campbells hätte sich wohl auch die Admiralität nicht widersetzt, aber Campbell selbst lehnte ab.

Die Nominierung anderer Bewerber scheiterte an deren Besoldungsvorstellungen. Nicht so die des Alexander Dalrymple, eines bekannten schottischen Hydrographen. Im Alter von fünfzehn Jahren war er in den Dienst der Britischen Ostindien-Company getreten und nach Madras gegangen, wo er die Feinheiten ostindischer Handelsbeziehungen und britischer kolonialer Bestrebungen in dieser Region kennengelernt hatte. Als die Briten während des Siebenjährigen Krieges Manila erobert hatten, war er dort Vizegouverneur geworden und hatte aus den von Spanien bislang geheimgehaltenen Archiven unter anderem Kenntnis vom Bericht über die Reise des Luis Vaez de Torres erhalten, in deren Verlauf 1607 die heute nach diesem spanischen Seefahrer benannte Straße zwischen Neuguinea und Australien aufgefunden worden war. 1765 kehrte Dalrymple nach Großbritannien zurück und publizierte eine vielbeachtete Zusammenstellung aller Entdeckungen im Südpazifik bis 1764. In zahlreichen Zeugnissen der Forscher, die er in diesem Buch zu Wort kommen ließ, sah er unzweideutige Hinweise auf die Existenz eines Südkontinents. Dieser Idee durch eigene Taten selbst förderlich zu sein war fortan sein ganzes Streben.

Über ein Vierteljahr scheint Dalrymple der erklärte Kandidat der Royal Society für das Kommando der Südseefahrt gewesen zu sein. Als die Gesellschaft jedoch Mitte Februar 1768 den König um Bereitstellung eines Schiffes und um die Summe von 4000 Pfund zur Unterstützung der Expeditionspläne bitten mußte, war abzusehen, daß sie nun Personalfragen nicht mehr allein würde regeln können.

Die Entscheidungen zogen sich bis Ende März hin. Dann hatte der König Schiff und Geld bewilligt; die Klärung von Detailfragen legte George in die Hände seiner Lords in der Admiralität. Und diese handelten schnell: Am 1. 4. 1768 teilte der Sekretär der Admiralität der Royal Society mit, man habe ein passendes Schiff für die Expedition erworben und bitte darum, mitteilen zu wollen, welche Wünsche seitens der gelehrten Gesellschaft hinsichtlich der Instruktionen an dessen Kapitän bestünden. Kein Gedanke daran, die Admiralität hätte eines ihrer Schiffe unter das Kommando des Zivilisten Alexander Dalrymple gestellt.

Man hatte, so scheint es, zu diesem Zeitpunkt längst das passende Schiff und den passenden Captain dafür. Denn mit Datum 12. 4. wurde durch die Admiralität nicht nur die Ernennung eines Schiffsarztes auf der *Grenville* verfügt, wie Cook es in Sorge um seine Mannschaft beantragt hatte, sondern auch einem neuen Master das Kommando auf dem Schoner übertragen. Diese Entscheidung gelte, hieß es, während Mr. Cooks Abwesenheit ...

Dalrymple lehnte es ab, die Reise als wissenschaftlicher Begleiter mitzumachen, ohne selbst das Kommando an Bord zu haben. Die Fragestellung „Was wäre gewesen, wenn ...?" läßt sich hier trefflich umkehren: Warum ausgerechnet Cook? Denn warum unter den gegebenen Umständen Alexander Dalrymple trotz Welterfahrung und Entdeckerdrang nicht den Befehl über die Expedition erhielt, scheint geklärt: Er war Zivilist, und das genügte den Seelords zur Entscheidung gegen ihn.

Als wichtigste Referenzperson für die Admiralität bei der Wahl von Cook muß Hugh Palliser angesehen werden, einst Captain der *Eagle* und bald darauf als Gouverneur von Neufundland direkter Auftraggeber und Vorgesetzter von Surveyer Cook. In mehreren Stellungnahmen an die Admiralität hatte er sich für Cook verwendet, dessen seemännische Entwicklung – wenngleich mit Unterbrechungen – er seit Oktober 1755 hatte verfolgen können, als er Kapitän auf der *Eagle* wurde. Palliser wird es bedauert haben, einen so guten Mann für höhere Zwecke abgeben zu müssen. Andererseits wußte er bei Cooks Nachfolger die Arbeit in guten Händen, denn der Master Surveyer hatte seine Erfahrungen nie für sich behalten und an dem, was sich ihm selbst erschlossen hatte, die Männer in seiner Umgebung stets teilhaben lassen. Das betraf insbesondere Michael Lane, der schon auf der *Pembroke* Master Cooks Mate war. Er wurde auf Pallisers Wunsch nun der neue Master der *Grenville*.

Die Kette der Ereignisse seit jenen ersten Apriltagen, in denen die Entscheidung über Cooks weiteres Leben gefallen sein muß, läßt sich nicht in all ihren Gliedern rekonstruieren. Insbesondere ist Cook selbst nach dem 12. April aus dem Blickfeld der überlieferten Dokumente verschwunden, erscheint erst wieder am 5. Mai zu einer Sit-

64

zung des Rates der Royal Society. Hier wird er den Mitgliedern durch Captain John Campbell vorgestellt und für die große Aufgabe empfohlen. In Dr. Bevis, einem Kenner seiner astronomischen Arbeiten auf Neufundland, wird er einen warmen Fürsprecher gefunden haben. Denn die durchzuführende Parallaxenbestimmung ähnelte in der Meßmethodik dem Beobachtungsgang während jener Sonnenfinsternis, und mit dem zu verwendenden Instrumentarium war der von den Lords der Admiralität so dringend empfohlene Kandidat offensichtlich bestens vertraut – wozu also lange Umstände machen? Zumal sich die Angelegenheit Dalrymple inzwischen erledigt hatte.

Daß James Cook auch den Besoldungsvorstellungen der Royal Society ohne langes Zögern entgegenkam, machte die Sache perfekt. Auf ebenjener Sitzung wurde Charles Green als Astronom für das Unternehmen gewonnen. Er hatte in der Vordiskussion einige Zeit als möglicher Expeditionsleiter gegolten, jedoch unannehmbar hohe Gehaltsforderungen gestellt. Nun, da die Frage der Leitung ohnehin nicht mehr zur Debatte stand, mußte er sich mit ähnlich bemessenen Bezügen zufriedengeben, wie Cook sie erhalten würde. Und die betrugen ein Drittel von dem, was er einst hatte haben wollen: etwa 100 Pfund pro Jahr.

Wo aber war Cook zwischen dem 12. April und dem 5. Mai? Die Vermutung, er habe sich in dieser Zeit vor allem bei seiner Familie aufgehalten, liegt nahe. In Mile End besaß er seit fünf Jahren ein Häuschen. Mrs. Elizabeth Cook konnte sich später, lange Zeit nach dem Tod des Captains, sogar an das genaue Datum erinnern, an dem er es erworben hatte: 13. Oktober 1763. So exakt entsann sie sich nur sehr weniger Dinge – also war für sie der Kauf dieses kleinen Anwesens, war das Häuslichwerden ein knappes Jahr nach der Eheschließung ganz offensichtlich ein wichtiges Ereignis. Gab es ihr doch Sicherheit und Geborgenheit oder zumindest, will man diese Worte vermeiden zur Charakterisierung einer wohlbekannten Situation, einen Lebenspunkt, wo es sich auf den Familienvater warten ließ während seiner Abwesenheiten.

Für Cook selbst mag sich das anders dargestellt haben. Für ihn wird vor allem gezählt haben, daß der Wohnort, in der Nähe von

Shadwell gelegen, von London aus bequem zu erreichen war, daß das Haus dem Ruf eines Masters der Navy Genüge tat und daß es seinen Ansprüchen an Bequemlichkeit entgegenkam, war er wirklich einmal zu Hause.

Diesmal allerdings schien eine lange Abwesenheit bevorzustehen. Alle Abmachungen und Planungsdetails liefen auf eine Reisedauer von zwei Jahren hinaus. Für diese Zeit wurden Löhnungsabsprachen getroffen; da es dann schließlich fast drei Jahre wurden, traten die vorsorglich dafür vereinbarten Regelungen in Kraft. Für zwei Jahre wurde Proviant besorgt wie Hartbrot (Schiffszwieback) und Pökelfleisch, dazu Bier und Brandy, aber auch für die damalige Schiffsversorgung ungewöhnliche Dinge wie Sauerkraut und ein Destilliergerät, um aus Meereswasser Trinkwasser zu gewinnen.

Die in der Cook-Literatur verbreitete Legende, er habe sich aus eigenem Antrieb zur Mitnahme von Sauerkraut und anderen skorbutverhindernden Nahrungsmitteln entschlossen, wird durch nichts gestützt. Dies mindert allerdings nicht Cooks Verdienst, an Bord tatsächlich für den Verzehr dieser Dinge gesorgt zu haben; denn solange es im Faß bleibt, verhindert Sauerkraut kein einziges Skorbutopfer …

Cook hat mit der ihm eigenen Gründlichkeit und Akribie die Wirkung der einzelnen Maßnahmen zur Verhinderung des Vitaminmangels genauestens verfolgt (obwohl er von Vitaminen noch nichts wissen konnte) und diese Untersuchungen nach seiner zweiten Weltreise zum Gegenstand einer der Royal Society überreichten Arbeit gemacht. Gelegenheit zu diesen Untersuchungen hatte er durch die Maßnahmen des Verpflegungsamtes der Navy erhalten. Dort war man nicht zuletzt durch die zahlreichen Sterbefälle während der Weltumseglungen der *Dolphin* auf die Notwendigkeit von Maßnahmen zur Skorbutbekämpfung aufmerksam geworden und offenbar entschlossen, das bevorstehende neue Südseeunternehmen für einen Langzeitversuch zu nutzen.

Gerade zur rechten Zeit, um auf die Vorbereitung noch Einfluß nehmen zu können, war die zweite Reise der *Dolphin* unter Kapitän

Samuel Wallis zu Ende gegangen. Als der Segler am 20. Mai 1768 in der Themse vor Anker ging, brachte er die Nachricht von der Entdeckung Tahitis mit. Wallis hatte der Insel den Namen seines Monarchen gegeben und sie für George III. in Besitz genommen. Nun hatte man auch für das Cook-Unternehmen ein Ziel, denn an einer markanten Bucht des pazifischen Eilandes waren geographische Breite und Länge bestimmt worden; letztere nach einer Näherungsmethode, von der Wallis einräumte, daß er sie zwar beherrsche, aber nicht verstanden habe. Ob seine Angaben trotzdem genau genug waren, mußte sich erst zeigen. Die Bewohner von Tahiti nannte er mild und gastfreundlich, die Frauen schön und freigebig in den Dingen der Liebe. Von einer Königin dieses paradiesischen Landes, Oborea mit Namen, wußte er zu berichten, sie hatte, als er Abschied nahm, Tränen vergossen.

Die Aussicht, der kommenden Expedition eine genau bestimmte Zielposition mit auf den Weg geben zu können, das Wissen um die Existenz einer Insel, auf der die Briten wohl gelitten wären nach einer langen Reise und wo es Frischkost geben würde gegen den Skorbut, stimmte die Herren in der Admiralität zuversichtlich. Gänzlich überzeugt vom sicheren Erfolg des Unternehmens wurden sie allerdings durch eine ganz andere Mitteilung von Kapitän Wallis. Nach dieser hätten mehrere Leute an Bord südlich der King-George III.-Insel deutlich eine größere Landmasse wahrgenommen. Er selbst allerdings war zu diesem Zeitpunkt krank gewesen und könnte daher diese Beobachtung nicht bestätigen.

Das war, nun schien jeder Zweifel ausgeräumt, der Südkontinent!

Diese Nachricht half die letzten Vorbehalte auszuräumen, die es gegen eine Bestallung von Master James Cook zum Leutnant der Königlichen Marine bislang gegeben hatte. Lag die Entdeckung und Inbesitznahme des letzten noch aufzufindenden Kontinents dieser Erde tatsächlich im Bereich der Möglichkeiten, so hatte sie durch einen Offizier des Königs von Großbritannien zu erfolgen und nicht durch einen Segelmeister. Am 25. Mai 1768 wurde die Ernennungsurkunde ausgefertigt. Da es im Personalbestand der Royal Navy bereits einen Leutnant James Cook gab, und zwar an Bord der *Gosport*, die mit der Südseefahrt nicht das geringste zu tun hatte, wurde der neuernannte Leutnant als James Cook II. bezeichnet und beauftragt, mit dem ihm anvertrauten Schiff Kanonen und Schießbedarf zu übernehmen und alles zu tun, um die Abreise zu beschleunigen.

Damit nicht genug der Namensverwirrung. Während der ersten Fahrtmonate in der Südsee tauchte plötzlich ein weiterer James Cook in der Musterrolle auf, als *servant* des 2. Leutnants Zachary Hicks; wenig später dann, ebenfalls als „Phantomfigur", ohne weitere Angaben zu Herkunft und Alter, ein gewisser Nathaniel Cook. Beides sind Söhne unseres Leutnants James Cook, sechs und fünf Jahre alt, und befinden sich wohlbehalten in der Obhut ihrer Mutter Elizabeth in Mile End. Die frühzeitige Eintragung in ein Mannschaftsregister der Navy sollte ihnen lediglich „Zeit verdienen" helfen, wie man dies nannte – es war ein durchaus üblicher Vorgang, dabei fünfe gerade sein zu lassen und Kinder als Schiffsjungen zu führen. Waren sie ohnehin für die See bestimmt, hatten sie dann, wenn sie tatsächlich in die Navy eintraten, schon ein paar Dienstjahre gut. Vater Cook würde später durchaus nicht enttäuscht, beide Söhne erfüllten die ihnen in der Navy als „Realpersonen" übertragenen Aufgaben gewissenhaft. Ihren Seemannstod – Nathaniel 1780 vor Jamaica, James 1794 als Befehlshaber einer Sloop – hatte der Vater nicht mehr miterlebt. Es bleibt anzunehmen, daß er die Nachrichten gefaßt aufgenommen hätte.

Aber noch war James Cook nicht einmal zu seiner ersten Entdeckungsreise aufgebrochen, war vielmehr erst Leutnant geworden und hatte ein Schiff übernommen, das er in die Südsee und von dort wieder sicher nach Haus führen sollte. Der Umbau dieses von der Marine im März in Whitby erworbenen Seglers, einer barkgetakelten Cat von 340 Tonnen, hatte sich durch verschiedene Umstände verzögert. Zum einen wurde im Deptforter Trockendock, wohin die Neuerwerbung am 2. April 1768 überführt worden war, große Mühe und Sorgfalt auf die Verstärkung der Außenhaut verwendet. Das Unterwasserschiff wurde durch eine dichte Schicht von Nägeln mit breiten Köpfen unangreifbar für den Bohrwurm gemacht, eine Plage der tropischen Meere, an dessen nagender Hartnäckigkeit schon so mancher Entdeckertraum gescheitert war. Zum anderen mußte vieles an Bord erneuert werden, stehendes wie laufendes Gut, und die Raumaufteilung verlangte eine Neukonzeption. Denn im Vergleich mit dem bisherigen Verwendungszweck als Kohlentransporter würde sowohl die Zahl der Personen bedeutend erhöht als auch die Anforderung an die Laderäume verändert sein. Das Schiff, ein Dreimaster, war etwa 30 Meter lang und hatte bei voller Last 14 Fuß Tiefgang. Dieser vergleichsweise geringe Wert wird bei der Wahl des Schiffstyps den Ausschlag gegeben haben. Denn was sollte man mit einem Schiff, das zwar ein größeres Fassungsvermögen, dafür aber häufig Grundberührung hatte?

Über Cooks persönliches Mitwirken beim Ankauf des Schiffs ist viel spekuliert worden. Das Geflecht der Termine zur Monatswende März auf April spricht dagegen: die Entscheidung für die Transaktion bereits am 27.3., die Mitteilung des Admiralitätssekretärs an die Royal Society vom 1. April, man habe ein passendes Schiff für die Expedition, und schließlich das Aufdocken am 2. April, andererseits Cooks weitergehende Vorbereitungen auf das Auslaufen des Schoners *Grenville* am 10. April (ein Termin, der dann trotzdem platzte, weil am 12. erst Michael Lane zum neuen Master an Bord ernannt wird – „während Mr. Cooks Abwesenheit"). Denkbar ist, daß Cook als Fachmann gehört wurde, als einer, der den Cat-Typ vom Kiel bis zum Top kannte, der aber in jenem Augenblick nicht wußte, worum es bei diesem konkreten Fall ging.

Hugh Palliser sagte später einmal, Cook und er hätten gemeinsam das Schiff ausgewählt. Diese Version wird nicht nur von Cooks Biografen Beaglehole als Erinnerungsfehler angesehen. Da sind noch ganz andere, die im nachhinein von sich glaubten, den Ausschlag in der Sache gegeben zu haben. Selbst Alexander Dalrymple hatte den Anspruch erhoben, bei der Auswahl des zum Kauf für die Südseefahrt vorgesehenen Schiffes den entscheidenden Rat gegeben zu haben. Aber diese Behauptung ist wohl eher ein später Versuch von Selbstgerechtigkeit eines Gekränkten.

Die Bark erhielt durch die Navy den neuen Namen *Endeavour*. Damit

Modell der Endeavour

war ihre bisherige Fahrensgeschichte ausgelöscht, waren die knapp
vier Jahre seit der Indienststellung ungeschehen gemacht. Durch
einen Streik der Dockarbeiter um höhere Löhne verzögerte sich das

Abslippen erheblich. Als es endlich so weit war und Leutnant Cook befehlsgemäß das Kommando an Bord übernommen hatte, war der Mai vorüber. Einen Tag später als Cook war sein 2. Leutnant Zachary Hicks, 29 Jahre alt, auf die *Endeavour* beordert worden. Er sollte sich als erfahren und umsichtig erweisen, mit einem scharfen Blick, der oftmals zwischen fernen Küsten und Nebelbänken zu unterscheiden wußte.

Im Juli kam dann noch ein weiterer Leutnant hinzu, John Gore, wenige Jahre jünger als Cook. Er war in Amerika geboren und fuhr seit dreizehn Jahren zur See. Beide Erdumseglungen der *Dolphin* hatte er als Master's mate mitgemacht. Sein Wesen war geprägt von gesundem Menschenverstand und unermüdlicher Aktivität. Über eine wissenschaftliche Ausbildung verfügte er nicht.

Mit Gore kamen weitere Leute von der eben erst heimgekehrten *Dolphin* auf die *Endeavour*. Robert Molyneux avancierte dabei vom Mate zum Master; Francis Wilkinson und Richard Pickersgill wurden Mates. Alle drei besaßen ausgebildete Fertigkeiten im Kartenzeichnen und Vermessen. Der mathematisch versierteste Kopf war jedoch der Midshipman Charles Clerke, ein Farmersohn aus Essex, als Zwölfjähriger in die Marine eingetreten und jetzt gerade doppelt so alt. Er begleitete Cook auf allen drei Reisen und war ihm eine wichtige Stütze, nicht nur bei Beobachtungen am Himmel und in der Natur. Zu ihm hatte Cook schließlich das, was er zu seinem Master Molyneux nie gewinnen konnte: ein uneingeschränktes Vertrauen, das sich auf ausgeprägtes Pflichtbewußtsein und auf Zuverlässigkeit gründete.

Der Schiffsarzt, William Brougham Monkhouse, stammte aus Cumberland. Auch er hatte schon die Welt gesehen, hatte auf Schiffen der Navy und auf Neufundland gearbeitet, als er seinen neuen Posten antrat. Er war tüchtig und genau – ganz gleich, ob es sich um seine Arbeit oder um Beobachtungen in der Natur handelte. Cooks besondere Achtung aber sollte sich der Gehilfe des Arztes, William Perry, verdienen.

Bunt zusammengewürfelt wie die Führung war ebenso die Mannschaft. Cook kannte manch einen aus früherer Zeit. Von der *Grenville* war z. B. der 16 Jahre alte Isaac Smith mit ihm gekommen, ein Vetter seiner Frau Elizabeth. Zusammen mit dem ebenfalls 16jährigen Jonathan Monkhouse, der ein Bruder des Arztes war, sowie dem Benjamin an Bord, Isaac Manley, 12, Servant des Masters, gehörte er zum jüngsten Dreiergespann der Besatzung. Die älteren Seeleute – von denen nur wenige über dreißig waren und kaum einer in des Captains Alter – stammten aus verschiedenen Gegenden von England, Schottland, Wales, Irland; ja, einzelne waren sogar aus Venedig, Brasilien, auch aus New York.

Sie waren nicht schlechter als andere Seemänner ihrer Zeit, tranken, liefen den Weibern nach, solange dazu Gelegenheit war – in entscheidenden Situationen aber konnte sich der Captain immer auf sie verlassen. Dies bei einem so bunten Haufen erreicht zu haben, zumal unter häufig extremen, bislang unbekannten Bedingungen, ist ein gutes Zeugnis für Cook, ein Erfolg seiner Menschenführung. Daß er dort, wo Strafe gefordert war, maßvoll blieb und Prügelexzesse sowie andere Härten gegenüber seinen Leuten vermied, war sicher nicht nur eine taktische Variante. Die „Meuterei auf der Bounty" ist auch nach zweihundert Jahren sprichwörtlich für die Unvermeidlichkeit, mit der sie eintreten mußte; eine „Meuterei auf der Endeavour" wäre kaum vorstellbar gewesen.

Die ursprünglich geplante Mannschaftsstärke von 70 wurde schließlich auf 85 erhöht, unter Einschluß von einem Dutzend Marinesoldaten samt Trommlern. Neun Privatleute gehörten ebenfalls dazu: der Astronom Green mit einem Diener und Joseph Banks, ein junger Edelmann, Mitglied der Royal Society, der auf eigene Kosten in Begleitung eines Stabes von Mitarbeitern an der Reise teilnahm; weiterhin der schwedische Botaniker Daniel Carl Solander, ein Schüler des großen Klassifikators Linné; die Zeichner Sidney Parkinson und Alexander Buchan; der Sekretär Hermann Diedrich Spöring, gleichfalls Schwede; ferner Diener, zwei Hunde und zahlreiche Gepäckstücke. Banks war vermögend, und das bildete wohl den Hauptgrund dafür, daß sich die Royal Society äußerst nachdrücklich bei der Admiralität um seine Teilnahme bemüht hatte. Allerdings reichlich spät, erst Anfang Juni, als jeder freie Raum an Bord eigentlich längst vergeben war und die Mitnahme der neu hinzugekommenen Reiseteilnehmer auf der *Endeavour* lediglich bei energischstem Zusammenrücken aller übrigen Männer an Bord zu bewerkstelligen war.

Die Admiralität ließ sich Zeit, bis die Sache entschieden wurde. Cook erhielt den Befehl zur Aufnahme und Verpflegung der Reisegesellschaft von Banks erst am 22. Juli, als die ersten aus der Gruppe bereits zu ihm an Bord kamen. Die Ausrüstung des Kanonendecks der *Endeavour* war zu diesem Zeitpunkt so gut wie abgeschlossen. Was nun kam, war eine Invasion der Bark durch Schmetterlingsnetze und Sammelkisten, Atlanten, Alben und Zeichenmappen. Das Schiff wurde zur Arche Noah dieses Jahrhunderts. Schließlich lebte man nicht nur in einer Zeit fast ständiger kriegerischer Verwicklungen, sondern ebenso in der Ära der Aufklärung, beschäftigte sich äußerst intensiv mit dem Sammeln und Ordnen naturwissenschaftlicher Erkenntnisse und versuchte überall in der gelehrten Welt mit ihrer Hilfe hinter die Geheimnisse der großen Weltordnung zu kommen. Dabei wollte man – dies war das erklärte Ziel der überwiegenden Mehrheit der Aufklärer – zeigen, daß Gott als Lenker der Geschicke der Welt überflüssig und also auch als ihr Schöpfer entbehrlich sei.

Joseph Banks, 25 Jahre alt, war kein atheistischer Streiter. Sein Interesse an der Natur und vor allem an der Welt der Pflanzen und der Botanik war von ursprünglicher, ja fast naiver Art. Er hatte keine Spezialausbildung in dieser Richtung genossen, war jedoch vermögend genug, sich seinen Neigungen ganz hingeben zu können. Durch Reisen in die Welt erweiterte er seinen Gesichtskreis. Aber seine Reiseziele waren mit denen der üblichen Bildungsreisen zu seiner Zeit nicht identisch. Was sollten ihm Rom, Neapel, Paris, Madrid? Ihn zog es in urwüchsige, abgelegene Gegenden. Die Insel Tahiti, die war nach seinem Geschmack, so wie später dann Island und Labrador. Als er selbst Präsident der Royal Society geworden war, trat er umsichtig für die Reisevorhaben anderer Forscher ein.

Cook und Banks – der Tagelöhnersohn und der Landedelmann, Erbe eines beträchtlichen Grundbesitzes in Lincolnshire – sollten in gemeinsamer Anstrengung einen wissenschaftlichen und politischen Auftrag erfüllen, wie es ihn in dieser Komplexität und mit diesem

Aufwand an Vorbereitung im materiellen Bereich und in der Logistik in der Geschichte der Entdeckungsreisen bisher nicht gegeben hatte.

War Banks Aufzug an Bord der *Endeavour* die effektvolle Show eines erfolggewohnten Lieblingskindes wissenschaftlicher Salons und Soiréen? Oder fand hier auf kaltem Wege Rache statt für das, was in Alexander Dalrymples Person der gesamten Wissenschaft angetan worden war? Die Wahrheit, so scheint es, liegt irgendwo in der Mitte zwischen diesen beiden Vermutungen. Denn weder war Cook ein „Kommißstiebel", noch hatten Banks und seine Begleiter das Monopol der wissenschaftlichen Ausrüstung gepachtet. Die astronomischen Instrumente zur Beobachtung der Venuspassage, das nautische Gerät, von Cook aufgrund seiner Erfahrung sorgfältig ausgewählt und zusammengestellt, das Instrumentarium zur Landvermessung und zum Zeichnen von exakten Karten – all das wog sehr wohl die wissenschaftliche Bibliothek und die Vorrichtungen zum Insektenfang, Fisch- und Korallennetze, Unterwasserschaugläser, Lösungsmittel und Konservierungsbehälter auf, über die Banks für seine Arbeiten verfügte.

Nun, da alles an Bord war, was mitwollte und mitsollte, verstärkte sich der Eindruck von der *Endeavour* als einer Arche Noah des Aufklärungszeitalters – von so unterschiedlicher Art waren die einzelnen Elemente und Details, die da versammelt wurden, und dienten doch letztlich einem einzigen Zweck.

Liest man die interessanten Tagebuchaufzeichnungen des auf dem letzten Abschnitt der Reise verstorbenen Malers und Graphikers Parkinson, so entsteht an mehreren Stellen der Eindruck, als sei diese Expedition ausschließlich ein Unternehmen seines Brotherren Joseph Banks und als habe dieser außer Zeichnern und einem Sekretär eben auch noch Domestiken mit der Dienststellung Kapitän, Leutnant, Master, Mate usw. mitgenommen. Die Instruktionen der Admiralität vom 30. Juli 1768 ließen allerdings keinen Zweifel aufkommen, wer an Bord das Sagen und wer zu gehorchen hatte. Sie stellten damit klar, welchen Zwecken die Reise diente.

Die Instruktionen für Cook bestanden aus zwei Teilen. Beide Teile waren geheim. Der erste, welcher Hinweise für die Zeit bis zur Abfahrt, für die Reise bis zur King-George III.-Insel und die Beobachtung der Venuspassage vor der Sonnenscheibe enthielt, verpflichtete den Kapitän ausdrücklich, mit den Eingeborenen auf Tahiti freundschaftliche Beziehungen zu pflegen. Allerdings, hieß es weiter, solle er wachsam sein und sich von den Insulanern nicht überrumpeln lassen, habe doch Kapitän Wallis berichtet, wie volkreich die Insel sei. Sollte sich eine Landung auf diesem Eiland als unmöglich erweisen, mußte versucht werden, die Venusbeobachtungen am 3. Juni 1769 an einem anderen Ort innerhalb eines vorgegebenen Pazifikgebietes zu tätigen. In jedem Fall habe nach Abschluß der Beobachtungen die Weiterreise zu erfolgen.

Um Kapitän Cook das Wiederauffinden von Tahiti zu erleichtern, wurden ihm in der Anlage zu dem Dokument Karten und Rißzeichnungen von Küstenansichten überreicht, die während der Wallis-Reise angefertigt worden waren. Die Hinfahrt hatte um Kap Hoorn zu erfolgen. Zwischenlandungen in Madeira zum Laden von Wein und – je nach Bedarf – an der Küste Brasiliens und auf den Falklandinseln zwecks Aufnahme von frischem Trinkwasser waren dem Kapitän erlaubt. Für die Rückreise blieb es ihm freigestellt, ob er den Weg wieder um Kap Hoorn oder aber, wenn es für Schiff und Mannschaft günstiger scheine, um das Kap der Guten Hoffnung herum wählen würde. Die Fahrt war also nicht von vornherein als Weltumsegelung geplant.

Diese interessante Information findet sich im zweiten Teil der Instruktionen, die Cook in einem gesondert versiegelten Umschlag übergeben worden waren. Das Dokument schreibt dem Leiter der Expedition vor, nach Abschluß der Beobachtungen auf Tahiti sein Hauptaugenmerk auf die Suche nach dem Südkontinent zu richten; dafür wurden zwei mögliche Varianten kombiniert. Zunächst sollte die *Endeavour* von Tahiti aus bis zum 40. Breitengrad in südlicher Richtung segeln und dann – in einer Toleranzbreite bis 35° südlicher Breite – auf westliche Kurse gehen, immer vorausgesetzt, sie stieße nicht vorher schon auf die Küste des Südkontinents oder fände sichere Anzeichen seiner Nähe. Wäre dies der Fall, so hätte das Land in unzweideutiger Weise für den König von Großbritannien in Besitz genommen zu werden – falls es bewohnt wäre, in Übereinstimmung mit den dortigen Eingeborenen. Informationen über Bodenbeschaffenheit und Bodenschätze sollten eingeholt, Sammlungen angelegt, um die Arten in Tier- und Pflanzenwelt zu dokumentieren, und die Küsten sorgfältig kartiert werden. Dies war der vollständige Katalog von Maßnahmen, die den letzten Kontinent für eine koloniale Erschließung durch Großbritannien vorbereiten sollten.

Gäbe es ihn jedoch nicht, stieße die *Endeavour* bei ihrer Fahrt nirgends auf die Küste des Südlandes, so hatte sie längs des 40. Breitenkreises bis zur Ostküste jenes Landes zu segeln, das 1642 von dem holländischen Seefahrer Abel Tasman entdeckt worden und heute als Neuseeland bekannt ist. Dort hätte Cook in ähnlicher Weise vorzugehen wie im Fall einer Entdeckung der Terra australis.

Gleichzeitig mit den Geheimhaltungsvorschriften wurde festgelegt, daß im Interesse einer einheitlichen Berichterstattung an Admiralität und Royal Society am Ende der Reise alle Aufzeichnungen und Tagebücher von Offizieren und Mannschaften konfisziert werden sollten, eine Maßnahme, die tatsächlich in sehr rigoroser Weise gehandhabt wurde und in deren Ergebnis selbst Cooks Reiseaufzeichnungen nur in Kombinationen mit Passagen aus Banks Tagebuch zum Druck gelangten, bearbeitet von einem Dritten – „mit den Worten eines anderen" also.

Dabei war es nicht weit her mit der Geheimhaltung, noch ehe die Reise überhaupt angetreten worden war. Die Zeitungen zeigten sich schon Mitte Juni bestens über den Stand der Dinge unterrichtet, priesen das, was sie wußten, mit Formeln an, die sich seither nicht wesentlich geändert zu haben scheinen: Wir sind informiert, daß ... Man erzählt sich von ... Wie wir aus glaubwürdiger Quelle erfahren haben ...

Selbst die Mystifikation, bei der bevorstehenden Unternehmung handle es sich um eine Suchexpedition nach der bisher in England nicht eingetroffenen *Swallow* unter Kapitän Carteret, wurde in den Nachrichtenspalten aufgegriffen. Es solle, so hieß es, zu einem Treffen mit dem überfälligen Segler auf der unlängst entdeckten Insel

George's Land kommen; von dort aus sei ein gemeinsamer Versuch zur Entdeckung des Südlichen Kontinents geplant.

Am 18. August meldete der *Gazetteer*: „Die Gentlemen, welche in wenigen Tagen nach George's Land unter Segel gehen sollen, jenem neu entdeckten Eiland im Pazifischen Ozean, werden dort vor allem die Absicht verfolgen, den Transit der Venus zu beobachten. Gleichfalls sollen, wie wir glaubwürdig unterrichtet sind, einige neue Entdeckungen in jenem weiten unbekannten Gebiet nahe der Breite vierzig in Angriff genommen werden."

Am Tag der Erteilung der Instruktionen war die *Endeavour* nach Plymouth gesegelt. Hier erhielt die Mannschaft zwei Monate Vorschuß auf die Heuer. Am 14. August 1768 kamen Banks, Solander und Green endgültig an Bord. Am 26. war es endlich so weit: Bei Wind aus Nordnordwest stach die *Endeavour* in See.

## Der Weg um Kap Hoorn

Am 5. September 1768 ließ Mrs. Elizabeth Cook in Mile End ihr viertes Kind, einen eben geborenen Knaben, auf den Namen Joseph taufen. Der Junge starb noch im selben Monat. – Der Vater hatte inzwischen bei wechselnden Winden den Golf von Biscaya befahren und nun die Höhe von Kap Finisterre erreicht. Am 13. Oktober machte Cook Station auf der Reede von Funchal auf Madeira. Bei einem Ankermanöver am nächsten Tag gab es den ersten Toten. Eine Trosse riß den Oberbootsmann Weir über Bord, trotz sofortiger Hilfsmaßnahmen ertrank er.

Banks und Solander, Gäste des britischen Konsuls auf der sonnigen portugiesischen Insel, begannen mit ihren botanischen Untersuchungen. Cook kümmerte sich indes um die alltäglichen Belange: Einen Matrosen und einen Seesoldaten verurteilte er, da sie ihre Ration an frischem Rindfleisch zurückgewiesen hatten, wegen Meuterei zu je zwölf Peitschenhieben. Offenbar war er entschlossen, von Anfang an keinen Zweifel darüber zu ermöglichen, daß er eine gesunde Ernährung an Bord auch mit drakonischen Maßnahmen durchsetzen würde. Denn sie war die wichtigste Vorbedingung für einen erfolgreichen Kampf gegen den Skorbut.

Madeira erlebten die Gäste aus England als eine Garteninsel. Bis in die Gipfellagen der Berge war das Land kultiviert, man bewunderte Orangenhaine und Obstgärten, vor allem aber ausgedehnte Weinberge, in denen um diese Zeit die Reben gelesen werden. Die *Endeavour* nahm 3032 Gallonen des Inselweines an Bord. Diese Bevorratung war Bestandteil der Cookschen Instruktionen. Einen anderen Einkauf auf dem Markt der Inselhauptstadt tätigte er jedoch in eigener Initiative: Zwiebeln, die er in solchen Mengen an Bord der *Endeavour* austeilen ließ, daß er wegen der dafür aufgewendeten Mittel später, bei der Abrechnung seiner Reisekosten, dem Marineverpflegungsamt gesondert Rede und Antwort zu stehen hatte.

Der Aufenthalt auf Madeira dauerte eine Woche. Er läßt eine offene Frage in der Berichterstattung zurück: Verlief er tatsächlich so friedlich und – bis auf den Tod von Master's mate Alexander Weir – ohne weitere Opfer, wie die Aufzeichnungen im Schiffstagebuch vermuten lassen? Oder hatte es tatsächlich jene Kanonade gegeben, von der Georg Forster in seinem Werk über die zweite Cook-Reise als von einer allgemein bekannten Tatsache spricht, die jedoch in den gedruckten Berichten (zur ersten Reise, von der hier die Rede ist) unterdrückt worden sei? Danach habe die *Endeavour* gemeinsam mit einer englischen Fregatte (welcher?) das portugiesische Fort Loo auf Madeira beschossen, angeblich in Erwiderung eines Affronts gegen die britische Flagge.

Sicher war Kolumbus, der seiner Mannschaft die wahre Zahl der seit Verlassen der Heimat zurückgelegten Meilen verschwiegen hatte, nicht der Entdecker der von ihm praktizierten doppelten Buchführung bei der Reiseberichterstattung auf See gewesen. Aber so weit muß man gar nicht gehen, eine solche Taktik auch hier zu vermuten, konstatieren sollte man vielmehr die Tatsache der Erwähnung eines solchen Zwischenfalls durch Georg Forster und sich begnügen mit der Feststellung, daß dieser – da er ja nicht Augenzeuge gewesen sein kann – schon seine Gründe gehabt haben wird, den eigenen Gewährsleuten Glauben zu schenken. Welche Gründe auch immer.

Die eigentliche Atlantiküberquerung schließlich verlief ohne Zwischenfall. Im Schub des Nordostpassats wurden am 24. September die Kanarischen Inseln passiert, einen Monat darauf der Äquator.

Hier wäre, wollte man der Reise den Anstrich einer damals bereits recht gewöhnlichen Fahrt in den südlichen Teil des Atlantiks geben, eine Schilderung des alten Brauchs der Äquatortaufe einzuschieben: mit dem Einschmieren und Balbieren, schließlich einen reinigenden Sturz von der Großrah ins Meer ... Interessant an der ganzen umständlichen und derben Prozedur scheint allein die Tatsache, daß keiner der weitgereisten Seeleute auf der *Endeavour* daran Anstoß nahm, den Kapitän unter jenen zu sehen, die zum erstenmal diese Linie überquerten und die sich daher der Taufe zu unterziehen hatten. Cook durfte sich – ebenso wie Banks und die anderen Gentlemen – mit Rum freikaufen. Es gehört zur Tradition von Cook-Biografien, an dieser Stelle darauf hinzuweisen, daß Banks auch für seine beiden Hunde das Lösegeld zahlen mußte.

Mit Erreichen der Zone des Südostpassats kündigte sich ebenso wie durch eine veränderte Meeresfauna die südliche Halbkugel als eine Welt voller Überraschungen an. Am 8. November, schon in Sicht der brasilianischen Küste, wurde der Kurs eines portugiesischen Fischerbootes gekreuzt. Banks erwarb zu Studienzwecken eine beträchtliche Menge nie geschauter Fischarten, von denen ein Teil dann zu den Köchen an Bord und schließlich in deren Tiegel und Pfannen gelangte.

Am 13. November war der Hafen von Rio de Janeiro erreicht. Hier nun kam es tatsächlich zu einer Konfrontation mit der portugiesischen Staatsautorität, freilich nicht zu einer bewaffneten. Unter Vizekönig Don Antonio Rolim de Moura, Conde de Azambuja, verwehrte diese – aus welchen Gründen auch immer – dem britischen Schiff zunächst den Lotsen und dann der Mannschaft den Landgang. Lediglich dem Kapitän sowie den Seeleuten, die Trinkwasser übernehmen und Einkäufe tätigen sollten, wurde später die Landung erlaubt.

Cook, verwirrt über diesen unfreundlichen Empfang, dachte gar nicht daran, die ihm persönlich eingeräumte „großzügige" Sondererlaubnis zu nutzen. Statt dessen ließ er sich auf einen verbissenen Schriftverkehr mit dem Vizekönig ein, um das, was er für sein Recht hielt, zu fordern. In ungewohnt schwülstiger Weise berief sich Cook in jenen Schriftstücken auf seinen Auftrag als Offizier Seiner Britannischen Majestät, auf Pflicht und Wissenschaft und Ehre, immer wieder aber auf „den König, meinen Herrn".

Als es dann doch zu einem Gespräch zwischen Cook und dem Conde de Azambuja kam, brachte dieses keine Klärung. Offenbar hielt der Vizekönig die *Endeavour* für ein Schmugglerschiff oder – schlimmer noch – es handelte sich um einen Coup von Piraten, die seine Stadt ausspionieren wollten. Ein Schiff, auf dem – wie der portugiesische Zolloffizier, der an Bord gewesen war, es ja mit eigenen Augen gesehen hatte – allerlei dubioses Gerät herumstand, selbst in der Kartenkammer, ein Schiff ohne schmissige Disziplin der Mannschaft und der Marinesoldaten, dafür aber mit zweifelhaften, offensichtlich verschlüsselten Zeichnungen, meist in der Gestalt von Fischen und Schmetterlingen, die gewiß Hafenanlagen und Postenpläne darstellten – ein solches Schiff war ganz sicher kein Schiff der Königlich Britischen Kriegsmarine. Dazu hatte ein portugiesischer Vizekönig eine viel zu hohe Meinung von britischen Kriegsschiffen. Schließlich war das Königreich Großbritannien nicht erst seit fünfzig Jahren Portugals wichtigster Verbündeter in Europa.

Eine Lösung für den Konflikt der Ansichten und Vermutungen gab es nicht. Erschwerend kam hinzu, daß Kapitän Cook sich strikt an das Schweigegebot seiner Instruktionen hielt und wenig über den wahren Zweck der Reise verlauten ließ, weder mündlich noch schriftlich. Das wenige allerdings, was er sagte, kam beim Vizekönig, Don Antonio, so an: Im kommenden südlichen Winter wird der Nordpolarstern über den Südpol hinwegziehen ...

Es bleibt eine dankenswerte Aufgabe, zu diesen Fragen einmal die Quellen portugiesischer Kolonialgeschichte zu durchforsten. Vielleicht sieht dann alles ganz anders aus.

An Bord blieben die Restriktionen in Kraft, wie sie seit der Landung bestanden.

Sidney Parkinson notierte in seinem Tagebuch: „Wir waren ungehalten über diese Nachrichten, da wir hier mit einem freundlichen Empfang und mit angenehmen Zerstreuungen an Land gerechnet hatten. Die Herren Banks und Solander schienen sehr betrübt über diese Enttäuschung. Aber trotz aller Vorsichtsmaßnahmen des Vizekönigs waren wir entschlossen, unsere Neugier, gewissermaßen, zu befriedigen. Da wir durch die Vermessung des Landes genügend Kenntnis von dem hier mündenden Fluß wie auch vom Hafen selbst hatten, stahlen wir uns häufig, von den Wachtposten unbemerkt, gegen Mitternacht aus dem Kabinenfenster und ließen uns an einem Tau in ein Boot hinab. Mit dem Gezeitenstrom davonfahrend, bis wir außer Hörweite waren, ruderten wir dann an einen einsamen Teil der Küste, wo wir landeten und Exkursionen in das Landesinnere unternahmen, wenngleich nicht so weit, wie wir es gewünscht hätten. Am Morgen dann kehrten wir zur Küste zurück. Meine Augen weideten sich an den angenehmen Aussichten, die sich überall meinem Blick erschlossen ..."

Solander, der sich – allerdings verkleidet – sogar in die Stadt gewagt hatte, erlebte dort die unter den Damen verbreitete Sitte, einen auf der Straße vorbeigehenden Herrn, so er ihnen gefiel, mit Blumen zu überschütten. Allerdings fand er dies, um es mit einem englischen Wort auszudrücken, *shocking*.

Anfang Dezember war alles an Bord, was für eine erfolgreiche Weiterführung der Reise benötigt wurde.

Mit einem Stoßseufzer notierte am 2. Dezember Joseph Banks in seinem Tagebuch: „An diesem Morgen haben wir, Gott sei Dank, endlich alles, was wir von diesen ungebildeten, unhöflichen Leuten haben wollten."

Wenige Tage darauf erfolgte die Abreise von Rio. Cook zog es vor, seine diplomatische Korrespondenz mit dem Vizekönig von Brasilien bis zur eindeutigen Klärung der anstehenden Sachfragen nicht weiterzuführen. Er, der Marineleutnant Seiner Britannischen Majestät, gab durch das Kommando zum Ankerlichten zu verstehen, daß er ohne weiteres auf eine endgültige Regelung der strittigen Fragen verzichten konnte.

Gab es schon zwischen den Vertretern zweier Nationen, die tatsächlich Verbündete waren, derartig schwerwiegende Mißverständnisse – wen sollte es wundern, daß es im Verkehr mit „wilden", europäischer Wertmessung hilflos gegenüberstehenden Bewohnern einsamer Inseln zu absurden Verdächtigungen und Anschuldigungen kam?

Cook war durch ein Schreiben des Präsidenten der Royal Society, Earl of Morton, das die Instruktionen der Admiralität ergänzen sollte, gehalten, „mit Respekt zu den Bewohnern der Länder, welche das Schiff berühren wird, äußerste Geduld und Vorsicht zu üben". Zwar bezog sich das humanistische Anliegen dieses Papiers vorrangig auf das Verhalten gegenüber den Bewohnern zu entdeckender Länder – aber es war in aller Allgemeingültigkeit formuliert. Beim Zusammentreffen mit dem Vertreter der portugiesischen Kolonialmacht am Zuckerhut hatten die daraus abzuleitenden Verhaltensmuster versagt.

Ganz sicher war nicht nur Kapitän Cook daran schuld. Zu ungewöhnlich für das Verständnis eines portugiesischen Kronbeamten waren Ausrüstung und Besatzung jenes Schiffes, das da unerwartet im Hafen seiner Residenz erschien. Denn – was hatten Philosophen und Sterndeuter auf einem mit acht Drehbassen und sechs Vierpfündern bestückten Kriegsschiff zu suchen? Um so schlimmer für sie, daß sie perfekte Dokumente zu ihrer Rechtfertigung vorweisen konnten: gut gefälschte Papiere waren immer schon der sicherste Hinweis darauf, wie faul eine Sache war.

So wurde die Arche Noah *Endeavour* zum Schiff ohne Recht auf einen Hafen. Aber war dies nicht ein selbstgewähltes Schicksal?

Indes, die Erlebnisse in Rio de Janeiro waren bald vergessen. Am 23. Dezember 1768, zwei Wochen nach dem Aufbruch aus der ungastlichen Hafenbucht, wurde eine Mondfinsternis beobachtet. Der Wachbetrieb und die Beschäftigung mit wissenschaftlichen Aufgaben nahm die Aufmerksamkeit aller in Anspruch. Es gab keine Zeit mehr für Dinge, die während der frustrierenden Liegezeit vor Rio de Janeiro zu Disziplinverstößen mit nachfolgender Bestrafung geführt hatten: Verweigerung des Einsatzes, Beschimpfung des diensthabenden Offiziers …

Bekanntgeworden sind nur jene Fälle, die Aufnahme ins Schiffstagebuch gefunden haben. Auch einen Versuch, von Bord zu desertieren, hatte es gegeben, und ein Mann war gar aus den Wanten ins Wasser gestürzt und ertrunken. Aber: Verweigerten noch immer Mitglieder der Besatzung die ihnen zugeteilte Frischkost, weil sie an Pökelfleisch und Schiffszwieback gewöhnt waren? Oder teilte der Captain selbst, mit der neunstriemigen Peitsche am Handgelenk, die von den Märkten der Stadt an Bord gebrachten Früchte an seine Leute aus? Darüber findet sich nichts.

Auf der Fahrt nach Süden wurde das Wetter rauher. Somit war ein jeder gefordert. Als der Weihnachtsabend eine meteorologische Verschnaufpause erkennen ließ, befahl der Captain, eine Sonderration Rum auszuteilen. Übereinstimmend berichten die Tagebücher, bald habe es keinen nüchternen Mann mehr an Bord gegeben.

Gegen Jahresende stiegen die Mittagstemperaturen nur noch knapp über 60° Fahrenheit. Warme Kleidung wurde ausgeteilt. Einmal mehr wechselten in diesen Tagen die Tierarten, die das Schiff begleiteten. Besonders auffällige und interessante Exemplare ließ Banks fangen und präparieren, so etwa einen Albatros von vierzehn Fuß Flügelspannweite.

Das neue Jahr 1769 begrüßte die kühnen Seefahrer mit einem heftigen Gewitter. Schwere See machte die nautischen Messungen überaus kompliziert, und doch wurde Cook in der Bestimmung der geographischen Länge von Tag zu Tag sicherer. Er verglich die nach einer ihm vertrauten Näherungsmethode ermittelten Werte mit denen, die Green unabhängig von ihm nach einem leicht abgewandelten Meßverfahren gefunden hatte, und konnte zufrieden sein.

Am 4. Januar, bei trockener, kalter Luft, ließ sich Cook von einer fernen Wolkenbank täuschen. Er hielt auf sie zu und meinte, Pepy's Island vor sich zu haben, eine Insel, die Südlandsucher früherer Zeiten entdeckt zu haben glaubten – oder dies vorgaben – und die bereits John Byron vergeblich wiederzufinden versucht hatte. „Irgendwo östlich der Falklandinseln im Südatlantik" – das war schon eine reichlich vage Angabe für eine Landposition.

Als der Captain der *Endeavour* seinen Irrtum erkannte, wußte er, daß er nun selbst in das Spannungsfeld der Suche nach der Terra australis geraten war.

Am 6. Januar beobachteten sie von Bord aus neben anderen Meeresvögeln die ersten Pinguine. Schließlich gab es Unstimmigkeiten hinsichtlich der Längenbestimmung. So wurden die Falklandinseln verfehlt. Aber entgegen der ursprünglichen Annahme – im Zusammenhang mit der „Wolkeninsel" Pepy's Island – führte der Kurs des Schiffes doch zwischen den Falklands und dem südamerikanischen Festland hindurch. Am 11. Januar kündigte sich mit dem Rauch der Wachfeuer seiner Bewohner, wie zu der Zeit, da das Land seinen europäischen Namen erhalten hatte, die Insel Feuerland an. Nun wurde es für Kapitän Cook, der die Stafette der Südlandsuche von seinen Vorgängern übernommen hatte, Ernst mit der Überprüfung eines jeden Details, jeder alten Beobachtung, jeder Vermutung.

Feuerland hatte lange Zeit als nördlicher Vorposten der Terra australis in dieser Gegend gegolten, ja, man hatte den Namen Magellanica, mit dem das Land südlich der Magellanstraße zuweilen bezeichnet wurde, oft genug synonym für den ganzen Südkontinent verwendet. Aber die erste englische Weltumseglung, unter Francis Drake 1577–1580 als erfolgreiche Kaperfahrt gegen den großen Rivalen Spanien durchgeführt, hatte keinen Nachweis für das Vorhandensein einer Küste irgendwo im Süden von Feuerland erbringen können. Und seitdem zu Beginn des 17. Jahrhunderts holländische Entdecker erstmals die dortigen Meeresgebiete befahren, die Stateninsel entdeckt und Kap Hoorn umschifft hatten, waren die geographischen Vorstellungen von der Ausdehnung des unbekannten südlichen Kontinents in dieser Weltgegend arg beschnitten worden. Nun galt lediglich noch die Stateninsel als möglicher Teil der Küste der Terra australis. Daß Abel Tasman seiner Entdeckung Neuseeland 1642 – da er auch sie für einen Teil des Südlandes hielt – gleichfalls den Namen Staten Landt gab, mag als Indiz für diese Auffassung dienen.

Cook suchte für die *Endeavour* einen sicheren Hafen auf Feuer-

Feuerland

land und fand ihn schließlich, Mitte Januar 1769, in einer Bucht, die er *Bay of Good Succes* (Bucht des guten Erfolges) nannte. Hier nahm das Schiff für fünf Tage Aufenthalt.

Die Bucht war für eine solche Rast vor dem Sturm auf Kap Hoorn hervorragend geeignet. Sie lag auf der feuerländischen Seite der Le-Maire-Straße, hatte überall guten Ankergrund und im Innern einen flachen Sandstrand. Am Ufer gab es frisches Wasser und Brennholz, dazu Wildgemüse und Kräuter gegen den Scharbock. Im Wasser tummelten sich einige Robben und Seelöwen, und schmackhafte Fische ergänzten in den Tagen, da die *Endeavour* hier vor Anker lag, den Speisezettel an Bord.

Es dauerte nicht lange, und am Ufer zeigten sich Eingeborene, untersetzte, kupferhäutige Gestalten. Einige der Indianer waren nackt, andere trugen Umhänge aus Fellen. Nun war die Neugier der Entdekker gefordert: Sie waren jetzt viereinhalb Monate unterwegs und trafen zum erstenmal, fast am Ende der Welt, auf „Wilde".

Captain Cook ließ sich gemeinsam mit den Naturforschern an Land rudern. Die Feuerländer, Männer wie Frauen, waren nicht ängstlich. Sie trugen einfachen Schmuck aus Muscheln und Knochen, ihre Haut wies rote und schwarze Farbmale auf. Offenbar hatten sie bereits Kontakt zu Europäern gehabt, denn ihre Pfeile trugen gläserne Spitzen; auch gaben sie zu verstehen, daß ihnen der Verwendungszweck der englischen Feuerwaffen nicht unbekannt war. Drei waren zutraulich genug, mit an Bord der *Endeavour* zu kommen.

Hier ging das gegenseitige Bestaunen weiter. Die Männer waren, wie alle Ureinwohner Amerikas, bartlos. Durch die Matrosen animiert, tranken sie von dem ihnen angebotenen Rum, zeigten aber, wie wenig ihnen das Brennen im Hals behagte.

Etwa 50 Feuerländer lebten in einem Hüttendorf hinter einem Hügel am südlichen Ufer der Bucht. Ihre Hauptbeschäftigungen bestanden im Fischfang und in der Jagd. Boote hatten sie allerdings nicht. Am Morgen des nächsten Tages, als die Seeleute mit Holzsammeln und Wasserholen beschäftigt waren und der Kapitän mit seinen Helfern die Vermessungsarbeiten zur genauen Aufnahme der Bucht begonnen hatte, machte Banks sich mit seinen Gehilfen Solander und Buchan, begleitet vom Schiffsarzt Monkhouse und Green sowie zwei Seemännern, die das Gepäck trugen, zu einer Exkursion ins Landesinnere auf. Es war ein sonniger Tag, und die Naturforscher hofften, bei ihrem Ausflug auch über das Leben der Feuerlandindianer nähere Aufschlüsse zu erhalten.

Aber es sollte anders kommen. Zunächst schritt die Gesellschaft, im dichten Wald botanisierend, zügig voran. Bald führte der Weg bergan, und schließlich sahen sich die Männer am Fuße schneebedeckter Berge. Nun wurde es kalt, denn für eine Wanderung im Schnee hatte sich mitten im Südsommer niemand ausgerüstet. Andererseits lockte es, die weiter oben am Berg wachsenden Pflanzen zu sammeln. Die beiden schwarzen Diener Banks, Richmond und Dorlton, waren mit von der Partie. Sie litten am meisten unter der Kälte. Als Banks sich zur Umkehr entschloß und Tempo vorlegte, um noch vor Anbruch der Nacht wieder an der Küste zu sein, verlor er den Weg. Es folgte ein aufwendiges Suchen, wohl auch – wie Parkinson es später zusammenfassend wiedergibt – durch einen allzu „freien Umgang mit der Brandy-Flasche". Schließlich mußte doch biwakiert werden. Die beiden Afrikaner, die abseits des Feuers irgendwo im Schnee liegengeblieben waren, wurden in der Morgendämmerung erfroren aufgefunden.

Nach Rückkehr der Überlebenden an Bord – sie hatten in einem nächtlichen Schneesturm nicht erkannt, daß sie schon in unmittelbarer Nähe des Ufers der Bay gewesen waren – brach die *Endeavour* bald auf. Cook hatte seine Vermessungsarbeiten beendet. Der traurige Zwischenfall sollte allen zur Lehre dienen.

Eine Umrundung von Kap Hoorn wird dem Seemann zu keiner Jahreszeit geschenkt. Und wenn er mit seinem Schiff aus östlicher Richtung kommt, trifft ihn die volle Wucht der kräftigen Dünung. James Cook hatte zusätzlich mit starkem Westwind und Nebel zu kämpfen, als er sich am 24. Januar 1769 der Südspitze Amerikas näherte. Die *Endeavour* meisterte dieses bisher schwierigste Stück ihrer Fahrt mit Bravour. Ja, als es schließlich bessere Sicht gab, näherte sich das Schiff sogar noch der Küste.

Cook wollte eine möglichst genaue Positionsbestimmung versuchen, die ihm – abgesehen von einem Fehler von $+1°$ bei der Längenangabe – auch gelungen war. Selbst diese Abweichung ist, betrachtet man die hohe geographische Breite, nur gering.

Cook hatte den Verlauf des entscheidenden Teils jener Fahrt um Kap Hoorn mit den inzwischen als klassisch geltenden Worten im Schiffsjournal niedergelegt: „Das Land sah einer Insel mit einem sehr hohen Hügel darauf nicht unähnlich. Dies hielt ich für Kap Hoorn, denn nachdem wir etwa 3 Meilen südwärts gesegelt waren, klarte das Wetter für etwa eine Viertelstunde auf, wodurch wir Sicht auf dieses Land bekamen. Wir segelten dann nach Westsüdwest, aber weder nach Süden noch westwärts konnten wir Land sehen, woraus zu schließen war, daß dies das Kap sein mußte. Aber ob es eine selbständige Insel, ein Teil des äußersten Südens der Hermite-Insel oder ein Teil von Feuerland ist, bin ich nicht festzulegen imstande.

Doch dies ist für die Schiffahrt von sehr geringer Konsequenz. Ich wünschte nur sicher zu sein, daß es das südlichste Land auf oder nahe bei Feuerland war, aber das dichte Nebelwetter und die westlichen Winde, die uns vom Land forttrieben, hinderten mich daran, meine Neugier in diesem Punkt zu befriedigen; aber aus der gemessenen Breite und den oben angeführten Gründen folgere ich, daß es so sein muß und daß es sich daher um Kap Hoorn handelt, und dieses liegt auf der Breite von 55°59′ Süd und der Länge 68°13′ westlich vom Greenwicher Meridian, was ein Mittelwert aus mehreren Beobachtungen der Sonne und des Mondes ist, getätigt am Tag, nachdem wir das Land verlassen hatten und in guter Übereinstimmung mit den Werten, die ich in der Le-Maire-Straße fand. Für die Entfernung beider Orte habe ich eine sehr genaue Bestimmungsmethode gefunden …"

Einmal mehr tritt uns in diesen Worten der ganze Cook entgegen in der knappen Bestimmtheit seiner logischen und überzeugend benutzten Argumente. Aber wieder sagt er so gut wie nichts von den Schwierigkeiten, unter denen er zu seinen Meßwerten kam, den Brechern an Deck, während er die Sonne anpeilte oder Mond und Sterne. Nur – schweigt er nicht auch zu den alltäglichen Heldentaten der Namenlosen, die ihr Quartier vor dem Mast im Mannschaftslogis hatten und bei Sturm und Wetter in die Wanten gingen? Die in der Rah, mit den Füßen auf unsicher schwankenden Fußperden, hoch über Deck mit dem Mast weit seitwärts pendelnd, jedes befohlene Kommando ausführten, damit der Kapitän kurz und knapp im Schiffstagebuch vermerken konnte: Wir segelten dann nach Westsüdwest.

Ganz anders als James Cook hatte die Umschiffung von Amerikas Südkap ein Mann an Bord der *Endeavour* erlebt, dessen Tagebuch schon mehrfach als vergleichendes Zeugnis erwähnt wurde: Sidney Parkinson, Zeichner im Dienste von Banks. Selbst die Längen- und Breitenangaben, die er in seinen Fahrtbericht aufnahm, wichen von denen ab, die James Cook angegeben hatte. Das erklärt sich recht einfach: Cook hatte, wie er selbst sagte, die geographischen Koordinaten von Kap Hoorn als Mittelwert aus mehreren Beobachtungen ermittelt, während Parkinson offenbar ein zufällig aufgegriffenes Wertepaar notierte. Das Tagebuch des Künstlers wird sich noch häufig als widerspruchsvolles Paralleldokument zu Cooks Berichtsvarianten anbieten.

Parkinson schreibt: „Am 25. sichteten wir Kap Hoorn aus einer Entfernung von 5 Meilen und umrundeten es, entgegen unseren Erwartungen, unter ebenso geringer Gefahr wie das Vorgebirge North Foreland an der Küste von Kent; die Himmel waren klar, der Wind mäßig, das Wetter freundlich, und so hatten wir, als wir uns der Küste auf weniger als eine Meile genähert hatten, einen deutlicheren Blick auf sie als möglicherweise jemals ein früherer Reisender auf diesem Ozean. Die Spitze des Kaps liegt sehr niedrig, und an seiner Südostecke gibt es mehrere Inseln, die von den Franzosen Isles d'Hermitage genannt werden; auch gibt es in der Nähe mehrere zerklüftete Felsen. Das Kap liegt auf 55° 48′ südlicher Breite und 67° 40′ westlicher Länge. Wir loteten den Grund in 55 Faden Tiefe und fanden dort runde Steine und zerbrochene Muscheln."

Der junge Marco Polo bei der ersten Audienz in der Sommerresidenz von Großchan Kublai, Cortés und seine Konquistadoren bei der Landung auf dem mittelamerikanischen Festland, der Kosak Jermak beim Überschreiten des Uralgebirges, Henry Hudson beim Tauschhandel mit Indianern auf der Insel Manhattan, Willem Barents, dessen Schiff bei Nowaja Semlja vom Eis eingeschlossen wird – und nun also Leutnant James Cook, Kapitän der *Endeavour*, wie er Kurs in die blaugraue Weite des Großen Ozeans nimmt ... Die Geschichte der geographischen Entdeckungen kennt viele Augenblicke, in denen sich jahrhundertelanges Mühen zu einem Moment verdichtet oder aber ein Augenblicksentschluß weitgreifende Folgen initiiert. Die Einfahrt Cooks in den Pazifischen Ozean ist ein solcher Augenblick, eines Polo, Cortés, Jermak, Hudson oder Barents würdig. Von Kolumbus, Balboa, Magellan war bereits die Rede. In diesem Meer wird der Landarbeitersohn aus der englischen Grafschaft Yorkshire seine Bestimmung finden, ebenso wie das Meer in ihm seinen Meister. Er wird seine Wasserfluren auf drei großen Reisen durchpflügen und bei seinem Tod auf Hawaii, im Herzen der pazifischen Welt, von den großen Geheimnissen dieses Ozeans wenig in seinem Kielwasser übriggelassen haben.

Cook erwies sich der Größe des Augenblicks würdig. Er befahl nicht etwa, wie es seine Instruktionen erlaubt hätten, sofortigen Kurs nach Nord, auf die Robinsoninsel Juan Fernández. Seine Mannschaft war ausgeruht und noch reichlich mit Frischkost versehen, hatte zudem bereits gute Erfahrungen mit der gesundheitsfördernden Wirkung von Zwiebeln und Sauerkraut machen können. Nicht, daß er auch in diesen Fällen die neunschwänzige Katze als schlagendes Argument benutzt hätte. Nein: Als er unter der Mannschaft Widerstand gegen den ungewohnten Faßkohl wahrnahm, ließ er ihn nur – als sei der Verzehr ein Privileg – seinen Offizieren und den Herren Wissenschaftlern servieren. So etwas spricht sich herum an Bord, und es dauerte nicht lange, da forderten die vor dem Mast fahrenden Männer die Beseitigung dieser Ungerechtigkeit. Was sofort gewährt wurde ...

Den Skorbut also brauchte er auch auf dem pazifischen Teil seiner Tahitifahrt nicht zu fürchten. Und so war er entschlossen, das Ziel nicht sofort anzusteuern, sondern vielmehr dort, wo er sich gerade befand – und das hieß: augenblicklich – mit der Lösung des zweiten Teils seiner Aufgabe zu beginnen: der Suche nach der Terra australis incognita. Ein Weg nach Tahiti fände sich noch immer, Zeit war ausreichend vorhanden.

Eine ausgeprägte Meeresströmung und der Wunsch, sich auf Juan Fernández mit skorbuthemmenden Kräutern und dem Fleisch der dort einst ausgesetzten, inzwischen verwilderten Ziegen zu versorgen, hatten frühere Bezwinger von Kap Hoorn wie auf einem Zwangsweg immer wieder nach Norden geführt. Dadurch hatten sie, was die möglichen Positionen des Südlandes anging, ein gewaltiges Gebiet von vornherein unberücksichtigt lassen müssen. Waren sie erst einmal auf der Insel – auf der einst das Urbild der literarischen Figur Robinson Crusoe gelebt hatte, nämlich ein schottischer Seemann namens Alexander Selkirk, der dort wegen Meuterei ausgesetzt worden war; und mit ihm wohl die Ziegen –, kamen sie, wenn sie Glück hatten, zu ihrem Frischfleisch. Von Juan Fernández aber ging es dann wegen der herrschenden Westwindtrift allenfalls unmittelbar am dreißigsten Breitenkreis weiter nach Westen über den Ozean, meist sogar noch weiter nördlich davon.

Kapitän Wallis hatte diesen ausgetretenen Pfad als erster verlassen. Er war, aus der Magellanstraße kommend, sofort auf einen Kurs gegangen, der ihn schneller in westliche Richtung führte, als es in so hohen Breiten jemals ein Seefahrer gewagt hatte. Da er sich von Carteret und der *Swallow* getrennt hatte, war er nicht mehr genötigt, Rücksicht auf das schwächere Schiff zu nehmen und konnte sich mit der *Dolphin* in den Kampf mit den Naturgewalten stürzen. Die waren stark im kalten Südpazifik, und als er 40° südlicher Breite erreicht hatte, das Gebiet der sprichwörtlichen „brüllenden Vierziger", wurde offenbar, daß er dem Wind stärker als beabsichtigt nach Norden weichen mußte. Land – jedenfalls von den Ausmaßen eines Kontinents – fand auch er nicht, lediglich einige Inselgruppen und Inseln, von denen Tahiti/King-George III.-Land wohl die wichtigste Entdeckung war.

James Cook ging, kaum daß er die „pazifische Bühne" betreten hatte, bei der Südlandsuche noch viel entschiedener vor als Wallis. Er segelte bis Ende Januar in südwestlicher Richtung, um die bestmögliche Ausgangsposition für die kommende Fahrt nach Westen zu haben. Dabei wurde ein erster Rekord hinsichtlich der erreichten südlichen Breite aufgestellt und der 60. Breitengrad überschritten. Wenn nun – was zu erwarten war – ähnliche Windverhältnisse vorherrschen würden wie Wallis sie angetroffen hatte, so wäre der Nordkurs der *Endeavour* im Vergleich zu dem seinerzeit von der *Dolphin* gesegelten doch deutlich mit einer Parallelverschiebung in westliche Richtung gerückt.

Von dem Areal des Pazifischen Ozeans, in welchem der Südkontinent vermutet werden mußte, konnte so in den nächsten Wochen ein bedeutendes Stück abgetrennt und als ausgeforscht verbucht werden. Die Journaleintragungen aus diesem Zeitabschnitt zeigen, wie sehr Cook ständig darauf bedacht war, seine Erfahrungen als praktisch nutzbare Segelanweisungen an spätere Seefahrer weiterzugeben. Das betrifft ebenso den Ratschlag, nach einer stürmischen Fahrt um Kap Hoorn von Osten her zunächst soweit wie möglich nach Süden zu segeln, in ein Gebiet, wo südöstliche und östliche Winde zu erwarten sind und mit ihnen ruhiges Wetter. Andererseits konnte er nun, da Kap Hoorn bei den meisten an Bord bald vergessen sein würde, in Ruhe abschätzen, daß der vergleichsweise glimpfliche Verlauf der Fahrt um das gefürchtete Kap, „ein Umstand, der vielleicht noch nie zuvor einem Schiff in diesem Seegebiet widerfahren ist", keine endgültige Entscheidung der alten Streitfrage *Kaproute* oder *Magellanstraße* bedeute. Allerdings, so notierte er an anderer Stelle, wolle er sich nicht zum Anwalt einer generellen Benutzung der Magellanstraße machen. Er hatte sie dann auch auf der zweiten Weltreise gemieden.

Mit seinen Segelanweisungen, das wird nicht nur an dieser Eintragung deutlich, wollte er – zusammen mit den daran geknüpften Überlegungen – eigene Erfahrungen weitergeben und Versuchsergebnisse mitteilen, die auch anderen Seefahrern Fragen beantworten helfen sollten, mit denen er selbst konfrontiert gewesen war. Eins jedoch konnten und sollten seine Hinweise nicht sein: ewig gültige Wahrheiten, Rezepte, die denjenigen, der sie buchstabengetreu ausführte und nutzte, des eigenen Denkens und eigenen Experimentierens enthob. In dieser Hinsicht war Cook ein treuer Sohn seiner Zeit der Aufklärung.


## Tahiti, das ist Otaheite

Das ruhige, zeitweise sogar schöne Wetter konnte nicht ewig dauern. Der Pazifik hatte sich nur seinem europäischen Erstbezwinger Magellan als friedlicher Ozean präsentiert; in dem seither vergangenen Vierteljahrtausend hatte er sich bei den Seefahrern der Alten Welt einen anderen Namen gemacht.

Mitte Februar 1769 kam Sturm auf, der aus wechselnden Richtungen – von Nordost bis Süd – dem Schiff schwer zu schaffen machte. Die *Endeavour* lief teilweise lediglich 7 Knoten, am 23. Februar be-

92

trug gar die Tagesleistung nur 13 Meilen. Im Vergleich zu ihren besten Werten von 130 und 140 Meilen, noch wenige Tage zuvor bei südwestlichen Winden erreicht, war das schon enttäuschend. Banks notierte, es sei „etwas Ungewöhnliches für Mrs. Endeavour".

Aber es sollten auch Tage kommen, in denen gar kein Wind ging, sich nichts bewegte und ein Boot ausgesetzt werden konnte zur Jagd auf Seevögel. Das nun wiederum war für die Roßbreiten nichts Besonderes, jene dem Passatwindgürtel vorgelagerte Zone ständigen Lufthochdrucks, in der die aus großen Höhen herabsinkende abgekühlte Äquatorluft auf der Wasseroberfläche keinen merkbaren Vortrieb erzeugt. Hat man die Roßbreiten hinter sich, ist der Wendekreis nicht mehr weit.

Im März herrschte vorwiegend freundliches Wetter. Cook nahm die Gelegenheit wahr, zu einem Dreiwachenrhythmus überzugehen, wodurch jeder Mann Ruhezeiten von acht und nicht wie bisher von nur vier Stunden erhielt. Der Passat ist der Freund des Seemanns.

Daß man wieder in tropischen Breiten war, zeigte auch die veränderte Vogelwelt. Land jedoch, wie man beim Anblick der Tiere hätte vermuten können, kam vorerst nicht in Sicht.

Man könnte einen Alltag auf See heraufzubeschwören versuchen, mit Wecken und Frühstück, Wachablösung, der Frühlage in der Kajüte des Kapitäns: der wachhabende Offizier, dazu Green, Cook selbst, möglicherweise auch Banks und Solander über den Kartentisch gebeugt. Eine Hand bewegt den Stechzirkel. Eine Stimme sagt: „Ich meine, wir sollten ..." Es ließen sich ganze Dialoge denken, in denen diese Stimme – wem nur gehörte sie? – ihren Part hatte, die Diskussion einer vom Kapitän vorgeschlagenen Kursänderung, die Auswertung des Wachrapports der eben zu Ende gegangenen Nacht. Man könnte sagen, es sei die Stimme von Kapitän Cook gewesen.

Oder an Deck, bei überkommender See, die Sonne hoch oben am blauen Pazifikhimmel. Das Schiff rollt, wieder taucht sein Bug ins Wasser, bis zum Ansatz des Klüverbaums. Eine Stimme, die gegen den Sturm anbrüllt: „Wenn das so weitergeht ..." Man hat die Stimme erst erkannt, als die Antwort bereits kommt: „Aye, aye, Captain!"

Oder Cook beim Revidieren der Mannschaftskombüse; beim Messen der Mittagshöhe, anschließend dann das Besteck. Cook beim Führen des Bordjournals, bei Eintragungen in ein später verlorengegangenes persönliches Tagebuch. Cook, wie er, von einem Midshipman gesichert, im Lichte der schmalen Mondsichel auf dem stark schlingernden Deck der *Endeavour* mit dem Quadranten hantiert. Oder, schließlich, im Licht einer hin und her schwankenden Hängelampe in seiner Kajüte, beim Berechnen des Etmals der *Endeavour*, der Marschleistung des Schiffes in den letzten 24 Stunden; genauer: Zeit von Mittag zu Mittag. Cook beim Löschen der Lampe und, endlich, in seiner Koje.

All das hatte es gegeben oder hätte es geben können, so oder anders ...

Von den weit mehr als tausend Tagen der Fahrt der *Endeavour* waren erst gut zweihundert vergangen, als es am 4. April 1769 zum erstenmal auf dem pazifischen Teil ihrer Reise „Land!" hieß. Hätte Cook Dalrymples Beteuerungen Glauben geschenkt, dann wäre er nun der Südlandeuphorie verfallen. Denn eigentlich lag die Ostküste der Terra australis incognita, so besagten es Zeugnisse und Berichte früherer Sucher nach dem Südkontinent, längst hinter ihnen.

Was sich vor ihnen aber knapp über den Fluten erhob, war kein Kontinent, es war vielmehr ein Atoll, mit Palmen am Strand. Cook taufte ihn auf den Namen *Lagunen-Insel*. Entdeckt hatte das Eiland Peter Briscoe, ein Diener von Banks, während der zweiten Wache.

Noch am selben Tag um die Mittagszeit wurde eine weitere flache Insel gesichtet, klein, rund, von niedrigem Wald und Büschen überzogen. Der Bewuchs verlieh dem Eiland aus der Ferne ein rauhflächiges Aussehen. Cook nannte es darauf hin *Thrum Cap Island* nach einem Kleidungsstück der Matrosen aus ähnlich rauhem, matt scheinendem Material. Für diesen Vergleich schien er eine Vorliebe zu haben; bereits auf Neufundland hatte er einer kleinen, küstennahen Insel diesen Namen gegeben, und auf Neuseeland sollte er ihn dann noch einmal verwenden. Die polynesischen Namen der beiden Inseln, Vahitahi und Aki Aki, erfuhren die Reisenden erst später.

Auch an den folgenden Tagen rissen die Entdeckungen nicht mehr ab. In zwei Fällen konnte Cook anhand der ihm vorliegenden Küstenrisse und verbalen Beschreibungen, welche die recht ungenauen Längenangaben ergänzten, die neu auftauchenden Inseln als bereits bekannt identifizieren: Die Insel Hao, von Cook wegen ihrer Form *Bogeninsel* (Bow Island) genannt, war bereits 1606 von Quirós entdeckt und damals San Pablo getauft worden. Nach mehreren deutlichen Einschnitten in der Inselflur, die einzelne Inselgruppen voneinander absetzten, folgte am 10. April das von Wallis beschriebene und Osnaburg genannte Mehetia. Diese Insel gehört bereits zu jener Gruppe, die Cook zu Ehren der Royal Society *Gesellschaftsinseln* nannte.

Am nächsten Tag um sechs Uhr früh wurden aus dem Topp des Großmastes wolkenverhangene hohe Berge gesichtet. Die *Endeavour* hielt direkt auf sie zu. Sie machte wenig Fahrt, lediglich ein Etmal von 18 Meilen. Bald gab es keinen Zweifel mehr: Die Insel, die da aus der See wuchs, war das größte Eiland des Archipels der Gesellschaftsinseln. Die Expedition hatte ihr Ziel erreicht: George's Island oder Tahiti, die Perle der Südsee.

Sidney Parkinson hat die letzten Stunden vor der Landung in seinem Tagebuch festgehalten: „Wir konnten uns dem Land nur wenig nähern. Aber viele der Indianer kamen uns in Kanus entgegen. Eins davon war doppelt; es war mit viel Schnitzwerk verziert. Die Indianer brachten Kokosnüsse und andere Früchte im Austausch für Nägel, Knöpfe und Glasperlen. Ihre Kanus sind in der Breite gerade so bemessen, daß sie weit genug für eine Person sind. Um sie vor dem Kentern zu bewahren, besitzen sie Ausleger, an denen Angelruten befestigt sind. Die Leute in den Kanus waren von blasser Hautfarbe, sie hatten ledrige Gesichter und langes, schwarzes Haar. Sie schienen gutmütig und nicht übertrieben begehrlich veranlagt. Für einen Knopf oder einen Nagel gaben sie uns ein paar Kokosnüsse oder einen Korb Äpfel."

Vieles ist in diesen kurzen Beobachtungen der ersten Stunde bereits enthalten: Auslegerboote der hellhäutigen Polynesier, die freundliche Aufgeschlossenheit der Insulaner – die der Ankömmling *Indianer* nennt im üblichen Sprachgebrauch seiner Zeit –, der Früchtereichtum der Insel. Andere Eindrücke – auch solche, mit deren Interpretation die Besucher aus Europa bald schon in Schwierigkeiten geraten sollten – würden in den nächsten Stunden und Tagen dazukommen.

Das allererste Zusammentreffen mit Polynesieren hatte es allerdings bereits vorher gegeben, nämlich beim Passieren von Thrum Cap Island. Hier hatte das scharfe Auge des Zeichners Parkinson folgendes gesehen und festgehalten: „Die Eingeborenen folgten uns, einige auf dem Riff, andere in Kanus. Offensichtlich waren sie begierig darauf, zu uns Kontakt zu bekommen. Aber obwohl wir ihnen zuwinkten, wagten sie sich nicht weit hinaus. Es schienen sehr kräftige Männer zu sein. Ihre Hautfarbe ist fast schwarz, sie haben kurze Haare und sind ziemlich nackt. In den Händen trugen sie lange Stöcke oder Lanzen. Einige wateten bis zum Hals ins Wasser, um uns besser bestaunen zu können, zeigten jedoch keinerlei feindliche Absicht. Ihre Kanus hatten Ausleger und Mattensegel. Als wir uns wieder von ihrem Land entfernten, folgte uns eins der Boote ..."

Das Zusammentreffen von Menschen an einem der entlegenen Gestade unserer Erde ist schon häufig – und dabei so unterschiedlich wie nur irgend denkbar – beschrieben worden. Zunächst fällt stets das Andersartige auf bei jenem, dem man begegnet: die Hautfarbe, die Sprache, das Niveau der Entwicklung seiner materiellen Kultur. Aber dieses Konstatieren der Unterschiede läuft sehr bald darauf hinaus, daß zum Erfassen der Gegensätzlichkeiten, zum Beschreiben des Andersseins Bekanntes herangezogen wird – ja, werden muß. Und dieser Vergleich mit den Normen des eigenen Lebens, die man leicht für allgemeingültig oder gar für gottgegeben zu halten geneigt ist, führt schließlich leicht zu Mißverständnissen und beim Versuch, diese aufzuklären und im Sinn eigener Weltsicht zu lösen, zum Einsatz der eigenen, für überlegen gehaltenen Machtmittel.

Noch viele Jahre danach würde sich die Geschichte dieser Landung in der Überlieferung der Bewohner Tahitis vielleicht so anhören:

Da kam aus Richtung des Sonnenaufgangs eins der Großkanus, wie sie auch vorher unsere Insel besucht hatten. Weit draußen vor der Bucht, die wir Matavai nennen seit immer schon, warfen die Fremden ihre gezackten Ankersteine ins Wasser und holten die Segel aus weißem Tuch ein, von denen ihre Masten so viele tragen. Freudig, mit Bananenblättern und grünen Zweigen als Zeichen friedvoller Absicht in den Händen, fuhren ihnen unsere Leute in Auslegerbooten entgegen. Immer wieder riefen sie laut Taio, Taio! – sie wollten den Ankömmlingen Freunde sein.

Die Zeichen der Freundschaft wurden angenommen, die Zweige und Blätter von den Fremden an den hölzernen Zäunen befestigt, mit denen sie ihre Kanus umfrieden. Auch unsere Kokosnüsse, Brotfrüchte und Fische nahmen sie gern, gaben uns bunte Perlen aus einem Stoff, den sie Glas nennen, dafür. Nur schien es zunächst, als wären sie keine Fleischesser, denn sie verschmähten die ihnen angebotenen Schweine. Daß ihnen aber in Wahrheit eins ihrer eisernen Beile als Gegengeschenk für ein solches Tier zu viel war (*zu teuer*, wie sie es ausdrücken), erfuhren unsere Leute erst später.

An Bord der Kanus, die von der Insel ablegten, war ein Greis namens Owhaw. Er hatte zu den Männern auf weiteren fremden Booten, die in den Jahren zuvor gekommen waren, ebenfalls gute Freundschaft gehalten. Jetzt erkannte er einige der Neuankömmlinge wieder: Sie waren schon einmal hiergewesen, allerdings mit einem anderen Häuptling und einem anderen Oberpriester. Sie nahmen Owhaw an Bord und bewirteten ihn gastfreundlich. Er erzählte später, sie hätten seltsame Kultgegenstände in ihren Bootshütten, glänzende Dinge, Figuren aus jenem Glas und kalten, glatten Stoffen, die so ähnlich waren wie das Eisen ihrer Beile, nämlich so hart und so scharf an den Kanten, schärfer als Haifischzähne. Sie wollten auf unserer Insel ein Heiligtum errichten zu Ehren des Morgengestirns; denn nach den Vorstellungen ihrer Zauberpriester sollte sich dieses binnen weniger Wochen nach ihrer Ankunft bei uns mit der Sonne zu einem einzigen Leuchten vereinigen. In diesem Heiligtum sollten all ihre Apparate aufgestellt werden. Und so blieben die Fremden weit länger, als alle anderen vor ihnen geblieben waren ...

Cook hatte mit der Passage von Plymouth nach Tahiti seine nautische Meisterschaft ebenso unter Beweis gestellt wie die Fähigkeit, eine Mannschaft zu führen und mit diplomatischem Geschick unerwartete Situationen zu bestehen. Während der achtmonatigen Reise hatte er fünf Mann verloren; vier durch Unfälle, einen durch Selbstmord, nachdem dieser einen Kameraden bestohlen hatte. Krankheit und insbesondere Skorbut hatten kein Opfer gefordert. Auf Tahiti, dem Zielort, war nicht mehr die Sorge um frische Kost vorrangig vor den übrigen Dingen an Bord. Nun war der Captain wieder als Organisator und als Diplomat gefordert, als Gastgeber und als wissenschaftlicher Beobachter.

Der erste Landgang, gemeinsam mit dem alten Owhaw, erfolgte in Begleitung von Banks und dessen Mitarbeitern sowie der Offiziere und des Schiffsarztes. Eine Abteilung Seesoldaten übernahm den Schutz des Unternehmens. Leutnant Gore war der wichtigste Gewährsmann; er wunderte sich zunächst, niemandem von denjenigen Inselbewohnern zu begegnen, die sich während des Aufenthalts mit der *Dolphin* Kapitän Wallis als Häuptling oder gar „König" vorgestellt hatten. Vielmehr tauchten bei den Festessen, zu denen die Engländer geladen wurden, neue Namen und neue Gesichter an der Spitze der Versammlungen auf. Dieser Umstand bereitete Cook anfänglich nicht wenig Mißbehagen, wußte er doch nicht, an wen er sich beim Realisieren seiner Absichten mit der Bitte um Unterstützung wenden sollte.

Hier hat man es mit einem der in der Entdeckungsgeschichte nicht seltenen Fälle zu tun, daß die eigenen Vorstellungen den Blick auf das trübten, was ungewohnt und beim ersten Hinsehen nicht oder nur schwer zu verstehen war. Die gesellschaftliche Hierarchie unter den Polynesiern Tahitis trug zu jener Zeit stark theokratische Züge. Sie beruhte auf der Arbeit der gewöhnlichen Fischer und Bauern, Früchtesammler, Steinträger, Haus- und Bootsbauer. Die Arbeitsteilung hatte ein so hohes Maß erreicht, daß einige Spezialisten sich eben ausschließlich mit dem Herstellen von Kleidung, Matten und Segeln, andere hingegen mit dem Tätowieren oder der Fertigung zeremonieller Gaben beschäftigten, ohne daß sie deshalb auf die Arbeitsergebnisse anderer Zweige hätten verzichten müssen. Leibeigenschaft oder gar Sklaverei, wie Cook sie – glaubt man seinem Schiffsjournal – bei einigen Handwerkergruppen beobachtet haben will, gab es in Wirklichkeit nicht. Die analoge Benutzung europäischer Feudalstrukturen zum Zwecke der Deutung des Lebens polynesischer Insulaner war unkorrekt. Vereinfachend durch Cook ist auch die Bezeichnung der *ariori*, einer mit kultischen Tänzen und sexuell akzentuierten Massenspielen beschäftigten Gruppe als „fahrende Schauspieler". Und so hat man sich vielleicht Cooks Ratlosigkeit bei seiner Suche nach den „Kapitänen" der Insel – den „Häuptlingen", mit denen Wallis verhandelt hatte – mit seinem Unverständnis der religiös-weltlichen Machtverhältnisse und ihren Ablösungsprinzipien zu erklären. Irgendwo hatte eben die Weltsicht des Tagelöhnersohns aus dem England Georges III. bei aller Universalität doch ihre Begrenzung.

James Cook vermerkt in seinem Journal: „Nach einem Gang von fünf Minuten erreichten wir die Stelle, wo die *Dolphin* Wasser genommen hatte. Als wir dort angekommen waren, begannen die Tahitier, den Boden zu reinigen, indem sie alle Pflanzen ausrissen. Dann warfen die Vornehmsten unter ihnen ihre grünen Zweige auf die Erde und luden uns durch Zeichen ein, dasselbe zu tun. Um die Feierlichkeit der Zeremonie zu erhöhen, ließ ich unsere Marinesoldaten eine Linie bilden, während wir unsere Zweige niederlegten. Die Schüchternheit der Tahitier wandelte sich nach und nach in Vertraulichkeit, als ich Glassachen und andere kleine Geschenke unter sie verteilen ließ. Wir kehrten auf einem Umwege durch die Wälder zurück, mit Kokosnüssen und Brotfrüchten behangen. Unter den Bäumen lagen Wohnungen, die nur aus einem Dach mit Stützen bestanden und weder Seitenwände noch irgendeine Einfriedung hatten. Nur eines gefiel mir nicht: daß wir auf dem ganzen Weg nur zwei Schweine und nicht ein einziges Stück Geflügel sahen.

Unsere Leute, die mit der *Dolphin* in Tahiti gewesen waren, sagten uns, daß wir noch keine Häuptlinge gesehen hätten. Zwei von ihnen erschienen am nächsten Tag in Kanus, und der eine wählte Herrn Banks, der andere mich zum Freund. Sie zeigten sich ihre Wahl dadurch an, daß sie sich eines großen Teils ihrer Kleider entledigten und uns damit bekleideten. Als wir an diesem Tage landeten, hatten sich die Einheimischen noch zahlreicher am Ufer versammelt. Sie begleiteten uns zu einem Hause, das sich durch seine große Länge auszeichnete und einem Häuptling Tutaha gehörte. Dieser Mann ließ Matten ausbreiten, auf denen wir Platz nahmen, und beschenkte uns mit zwei Hühnern. Das Taschentuch und die seidene, mit Spitzen besetzte Halsbinde, die ihm Herr Banks als Gegengeschenk gab, legte Tutaha auf der Stelle als Kleidungsstück an und stolzierte in diesem neuen Schmuck mit selbstgefälliger und zufriedener Miene.

Nach der Verabschiedung von diesem Häuptling beschäftigten wir uns mit den Frauen. Diese erwiesen uns Aufmerksamkeiten aller Art, und es hätte nur von uns abgehangen, ihre Gefälligkeit anzunehmen. Sie selbst schienen keinerlei Bedenken zu haben. Obgleich die Hütten von allen Seiten offen sind, deuteten sie oft auf die Matten, nahmen zuweilen darauf Platz und wollten uns zu sich ziehen. Es war ihnen offenbar gleichgültig, ob sie gesehen wurden ...“

Diesem ersten Landgang folgten bald weitere. Bereits am zweiten Sonntag gab Cook den Männern der Freiwache einen halben Tag Landurlaub. Für den Umgang mit Inselbewohnern hatte er jedoch einen Katalog von Regeln aufgestellt und seinen Leuten zur genauen Kenntnis gegeben. Vor allem sollte wilder Tauschhandel vermieden werden – zu wichtig war dem Captain der Erhalt aller an Bord vorhandenen „Zahlungsmittel“, um die Versorgung der *Endeavour* für die Weiterreise sicherzustellen. Eiserne Werkzeuge, Schiffsnägel und andere Metallerzeugnisse erfreuten sich bei den Tahitiern besonderer Wertschätzung, hatten sie für den Haus- und Bootsbau doch bisher nur Knochenmeißel, Steinhämmer und Steinäxte gehabt.

Banks und Solander waren bald die wichtigsten Handelsvermittler. Es sind lange Preislisten übermittelt, die einen Eindruck vom Schwanken der Relationen zwischen Kokosnüssen und Glasperlen, Nägeln und Brotfrüchten, Ferkeln und Bananen vermitteln. Aber auch durch Veräußerung von Liebesdiensten der Insulanerinnen wechselte dieses und jenes seine Besitzer, Kleidungsstücke und

100

Fort Venus auf Tahiti / Zeichnung von Cook

Werkzeuge vor allem. In den Fällen, die ihm bekannt wurden, hatte
Cook durch Auspeitschenlassen der Seeleute für die Einhaltung seiner Verhaltensregeln gesorgt.

Immer wieder verschwanden Sachen und Gegenstände ganz ohne
Gegenleistung von Bord. Das Wort Diebstahl war schnell dafür zur
Hand; doch die Vorstellungen von Eigentum und Geschenk, Wert
und Tauschgeschäft waren wohl zu unterschiedlich, um Mißverständ-
nisse gänzlich auszuschließen. Cook war ein strikter Gegner der un-
differenzierten Anwendung von Gewalt gegenüber Dieben unter den
Insulanern. Als in einem Fall eine Wache an Land überfallen und ihr
das Gewehr entrissen worden war, hatte der wachhabende Offizier
der Marinesoldaten kurzerhand befohlen, in die Menge zu feuern.
Dabei war der Dieb jener Waffe getötet worden, ohne daß dessen
Landsleute daraufhin feindlich gegen die Fremden reagiert hätten.
Cook verbot strikt, auf Diebe zu schießen. Er notierte: „In England
hängt man die Diebe, aber das war nach meiner Ansicht kein Grund,
sie auf Tahiti zu erschießen."

Seine Hauptaufmerksamkeit galt der Vorbereitung auf die Venuspassage. Was den Tahitiern wie der Bau eines Heiligtums vorkommen mußte, war die Errichtung von *Fort Venus*, eines umfriedeten Beobachtungsplatzes an Land. Für den Fall, daß Fort Venus am Tag des Vorbeigangs des Planeten vor der Sonnenscheibe aus unvorhersehbaren Gründen nicht erreichbar oder nicht benutzbar sein sollte, wurden Ausweichmannschaften zur Beobachtung des Ereignisses von anderen Inselplätzen aus zusammengestellt und entsprechend instruiert.

Nebenher lief die naturhistorische, sprachkundliche und ethnographische Erforschung der Insel und ihrer Bevölkerung unter Aufbietung aller der damaligen Wissenschaft bekannten Mittel und Methoden. Jeder Tag brachte Überraschungen. Sidney Parkinson hatte alle Hände voll zu tun, um das Gefundene zeichnerisch zu protokollieren. Sein Tagebuch hat das Interesse des Kapitäns an all diesen Dingen festgehalten und sei es an der Zubereitung von Hundefleisch nach Sitte der Insulaner: „Ich aß selbst ein wenig davon; es hatte den Geschmack von zähem Rindfleisch und einen strengen, unangenehmen Geruch; aber Captain Cook und die Herren Banks und Solander lobten es in den höchsten Tönen, es sei das süßeste Fleisch, daß sie je gekostet hätten. Aber das konnte den Rest unserer Leute nicht dazu bringen, es auch zu essen ...“

Das vielfältige Angebot sonstiger Kost auf Tahiti war sicher nicht dazu angetan, gerade Hundefleisch in Mode kommen zu lassen. Als die Briten von der Insel schieden, sollte es sich zeigen, daß die zu große Freigebigkeit der Tahitier zu akutem Nahrungsmangel und insbesondere dazu geführt hatte, die *Endeavour* mit allen benötigten Vorräten wirklich ausreichend zu versehen.

Auch den blutigen Zwischenfall bei dem Waffendiebstahl an Land hatte Parkinson kommentiert. Er fand es beklagenswert, daß solcherlei Brutalität von zivilisierten Menschen gegen „unbewaffnete, unwissende Indianer“ ausgeübt werde. Wie man sieht, stand Captain Cook mit seiner Reaktion nicht allein.

Ein anderes Mal war die wohlüberlegte Entschlossenheit des Expeditionsleiters gefragt, als am zweiten Mai das Verschwinden eines

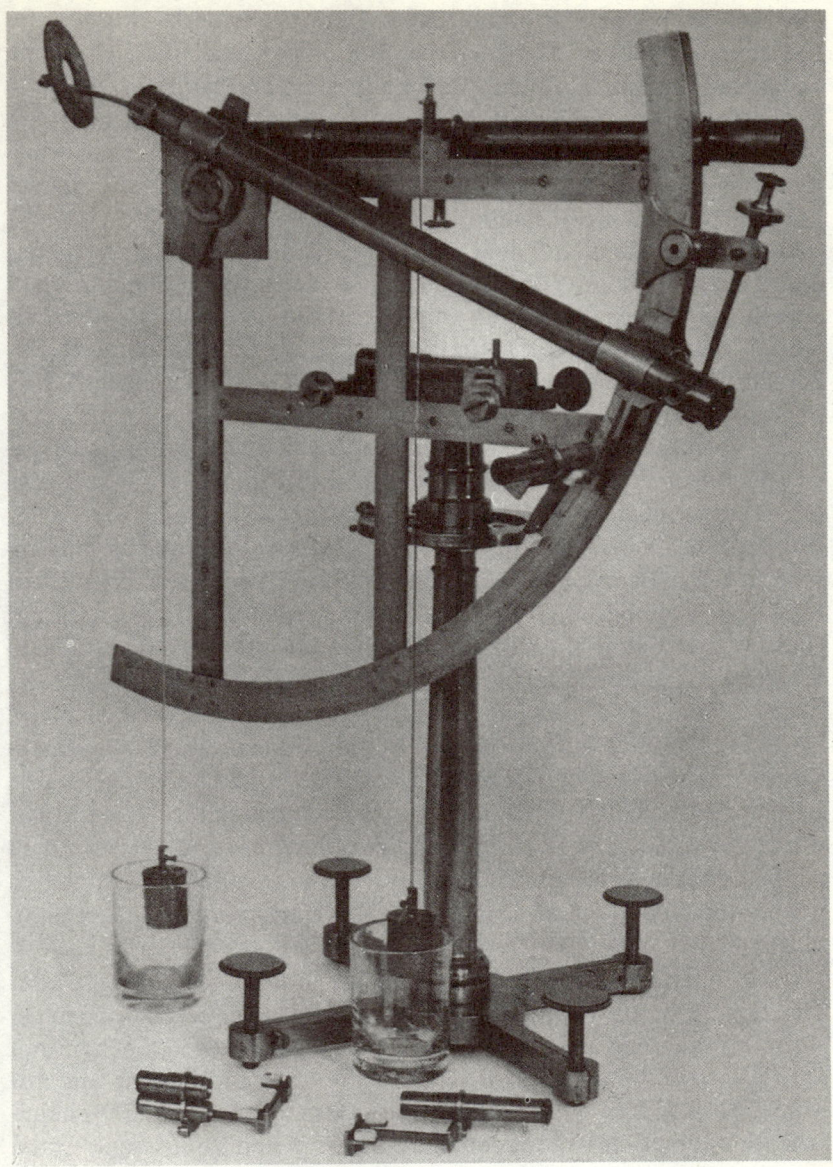

Astronomischer Quadrant der Cook-Zeit

überaus wichtigen astronomischen Gerätes bemerkt wurde: des Kreisquadranten zur Messung von Sternhöhen über dem Horizont. Der Quadrant war am Vortag an Land gebracht worden – noch in einer Holzkiste, aber bereits für die Beobachtungen fertig montiert. Von den mitgeführten Meßinstrumenten war dieses sicher das wichtigste, es repräsentierte sozusagen alle Hoffnungen auf eine präzise Messung des Passageverlaufs.

Cook wußte, was auf dem Spiele stand. Er verbündete sich mit dem Häuptlingssohn Tubarai und bezog ihn in die Suchmannschaft ein; für die Dauer der Aktion wurde Tutehah, der andere „king", als Geisel festgehalten. Cook hatte immer wieder zu dieser Methode, seiner Forderung nach Rückgabe entwendeter Gerätschaften oder Beiboote Nachdruck zu verleihen, Zuflucht genommen.

Der Quadrant wurde wiedergefunden, wenn auch lädiert und reparaturbedürftig. Nach einigen Tagen der Mißstimmung war das gute Verhältnis zwischen Entdeckern und Entdeckten wiederhergestellt, Handel und Liebe gediehen wie eh und je. Als das große astronomische Ereignis dann endlich herangerückt war, konnten alle mit dem Stand der Vorbereitungen zufrieden sein. Selbst die Hoffnungen auf gutes Wetter während der Beobachtungen erfüllten sich, trotz gegenteiliger Befürchtungen noch am Vortag.

Der Master der *Endeavour*, Molyneux, bescheinigt seinem Captain, er sei im Hinblick auf die letzten Vorbereitungen zur Passagebeobachtung gemeinsam mit dem Astronomen, Herrn Green, „ganz und gar damit beschäftigt, alle Dinge vollständig bereit zu haben. Mir wurde befohlen, die Beobachtung vorzubereiten und insbesondere ein bestimmtes Teleskop dafür zuzurüsten sowie alles in Ordnung zu halten und jede Hand an Bord zur Mithilfe am morgigen Tag freizustellen."

Das Ereignis selbst schildert Cook im Journal wie folgt: „Dieser Tag zeigte sich unserem Zweck so günstig, wie wir es nur wünschen konnten. Während des ganzen Tages war keine Wolke zu sehen und die Luft war so klar, daß wir jeden Vorteil hatten, den wir uns nur wünschen konnten, um das gesamte Geschehen auf der Sonnenscheibe während des Vorüberziehens des Planeten Venus beobachten

104

zu können. Sehr deutlich sahen wir eine Atmosphäre oder doch einen dunklen Schatten um den eigentlichen Planetenkörper, was einer genauen Bestimmung der Berührungszeiten mit dem Sonnenrand sehr hinderlich war, vor allem bei den beiden Messungen des Zeitpunktes für die inneren Berührungen. Die Herren Solander und Green stellten weitere, von mir und untereinander unabhängige Beobachtungen an, und die Ergebnisse unterscheiden sich bei der Bestimmung der Berührungszeiten weit mehr voneinander, als erwartet werden durfte."

Als dritte Stimme soll die des Zeichners Parkinson den Verlauf des 3. Juni 1769 dokumentieren, wenngleich für eine der auf einer kleinen Nachbarinsel eingesetzten Beobachtungsgruppen: „Am 3. Juni war es sehr klar. Die Astronomen hatten gute Gelegenheit, eine Beobachtung des Vorbeigangs der Venus anzustellen. Herr Banks ging mit einer Gruppe nach Eimayo. Andere stellten ihre Beobachtungen zur gleichen Zeit weiter östlich an. Herr Banks kam mit zwei Schweinen zurück, die er vom König von Eimayo bekommen hatte."

Das wenigstens war ein Ergebnis, das sich sehen lassen konnte.

Cook hatte die entscheidende Unzulänglichkeit der angestellten Beobachtungen in seiner Journaleintragung bereits berührt: Die Venus, im Fernrohr von durchaus mehr als nur punktförmiger Ausdehnung, hatte zu unscharfe Ränder, als daß deren Überschreiten des Sonnenrandes jeweils mit der nötigen Genauigkeit hätte festgestellt werden können. So zeigten sich denn die erzielten Ergebnisse als zu ungenau, um die in sie gesetzten Erwartungen auf Aussagen hinsichtlich der Entfernungen im Planetensystem zu erfüllen. Aber das war eine beim damaligen Stand der Instrumententechnik allgemeine Schwäche dieses Großmeßversuchs und nicht auf die britischen Beobachtungen auf Tahiti beschränkt.

Der Surveyer Cook hatte vielmehr ein weiteres Mal die in ihn gesetzten Hoffnungen erfüllt. Der Rahmen der ihm gegebenen Möglichkeiten war voll ausgeschöpft worden, mit der ihm eigenen Gewissenhaftigkeit und hartnäckigen, fast schon verbissen wirkenden Leidenschaft – der einzigen wohl, die er in seinem Leben gekannt hatte.

Nun konnte er den zweiten Teil seiner Instruktionen erfüllen.

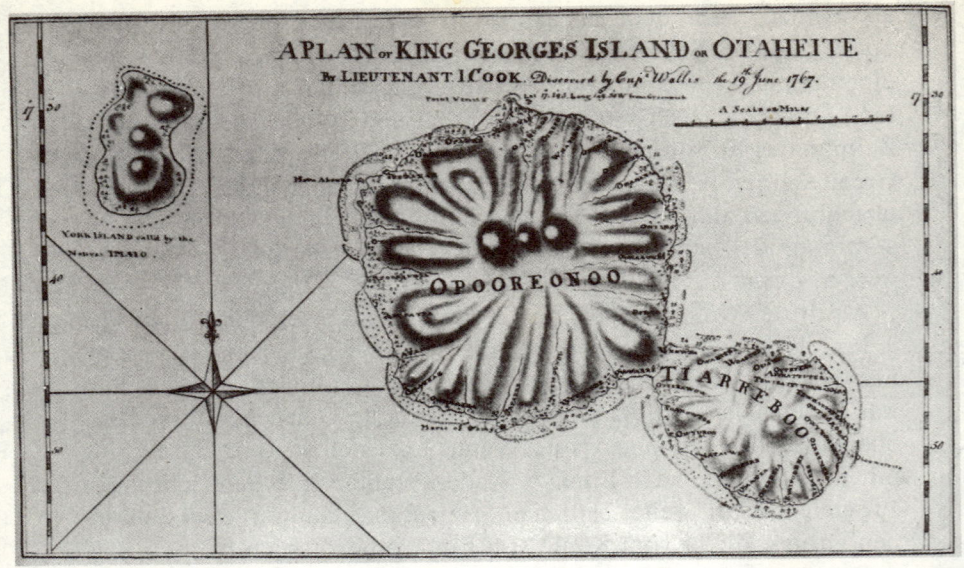

Cooks Karte von Tahiti

Während der fünf Wochen, die noch bis zur Abreise verbleiben sollten, widmete Cook sich vor allem seiner alten Liebe: der Landvermessung. Er erlebte Tahiti – das er stets mit dem polynesischen Namen Otaheite bezeichnete – als topographisches Gebilde: der Figur einer Acht nicht unähnlich, mit einem bergigen Kern beider Inselhälften, der sich auf dem (größeren) nördlichen Inselteil am Berg Orofena bis 2237 m über den Meeresspiegel erhebt. Fort Venus, unweit der Matavai Bay, lag auf dem allernördlichsten Landzipfel der Doppelinsel. Nun, da es Abschied zu nehmen galt, merkte Cook wohl, wie sehr ihm während der vergangenen drei Monate all dies vertraut geworden war. Und obwohl seine diesbezüglichen Äußerungen selten über ein Adjektiv, das Wohlwollen und manchmal sogar Zuneigung ausdrückte, hinausgingen, sind seine Texte ein Zeichen dafür, daß ein Teil seiner Distanz absichtliche innere Abschirmung ist.

106

Die letzte Sorge des Seemanns Cook vor der Abreise galt der Erneuerung der Stöcke der beiden Buganker, die durch die lange Liegezeit vom Bohrwurm zernagt worden waren. Dann hätte es losgehen können – wären nicht noch zwei Seeleute mit ihren Geliebten in die Berge desertiert. Der Kapitän war entschlossen – auch im Hinblick auf künftige Paradiessucher aus den Reihen seiner Mannschaft – ein Exempel eigener Festigkeit zu statuieren.

Webb und Gibson – so die Namen der beiden Ausreißer – hätten ihren Captain eigentlich kennen müssen. Da er nicht viel Zeit mit der Sache verlieren wollte, nahm Cook gleich ein halbes Dutzend Geiseln. Die Gefangenschaft dieser Häuptlinge war für die Insulaner wiederum Anlaß, den Schiffsarzt und einen Korporal der Marine bei der Suchaktion einzufangen und selbst festzusetzen. Webb gab daraufhin auf, er hatte Angst, später für das zur Rechenschaft gezogen zu werden, was diesen beiden im Gewahrsam der Insulaner möglicherweise angetan würde. Gibson kehrte bald danach ebenfalls an Bord zurück, wohl von den Tahitiern selbst bedrängt, die keinen Schatten auf dem insgesamt freundschaftlichen Besuch zurückbehalten wollten.

Was wäre gewesen, hätten die beiden nicht in dieser Weise überlegt und gehandelt? Wäre Cook dann so weit gegangen, die Affäre bis zur letzten Konsequenz durchzufechten? Kaum.

Auch dieses letzte Mal wurde also das herzliche Einvernehmen wiederhergestellt. Und als hätte es noch eines überzeugenden Beweises dafür bedurft, daß niemand niemandem etwas nachtrug, entschloß sich der Priester Tupaia, der bereits während des Wallis-Besuchs in sehr hohem Ansehen gestanden hatte, zur Mitreise auf der *Endeavour*. Mit einem Diener namens Taiata erschien er an Bord und wurde von Cook freundlich aufgenommen.

## Land der Maori

Der Captain befahl nicht sofort Südkurs, wie die Instruktion es vorschrieb. Erst wollte er weitere Gesellschaftsinseln aufsuchen – nicht ohne den Hintergedanken, dort die Proviantvorräte etwas aufstocken zu können.

Am 14. Juli 1769 kam Huaheine (Huahiné Nui) in Sicht, zwei Tage später war morgens bei leichtem Wind eine Annäherung an den Nordwestteil der Insel möglich. Bald stießen einige Kanus vom Land ab und schossen durch die Brandung auf die *Endeavour* zu. Von Tupaia aufgefordert, kamen die Insulaner an Bord, unter ihnen der „König" Ori. Zum Zeichen seines besonderen Wohlwollens bot er Cook – neben anderen, handfesteren Gastgeschenken – seinen Namen an und nannte sich selbst dafür im Austausch während der Zeit auf dem britischen Schiff Cookih. Ähnlich spaßige Namensverformungen notierte Parkinson auch schon auf Tahiti: Toote für Cook, Tolano für Solander, Opane für Banks, Treene für Green, Towara für Gore, Tate für Clerk und Patine für seinen eigenen Namen.

Cook konstatiert in seinem Reisebericht die äußere Ähnlichkeit dieser Bewohner mit den Tahitiern, stellt eine Übereinstimmung in Tracht, Sprache und Sitte fest und bemerkt dann doch einen Unterschied: daß sie nicht diebisch waren.

Mittags gelang die Landung in einem kleinen Hafen. Ferkel konnten eingetauscht werden, am nächsten Morgen größere Schweine.

Ob diese Insulaner zunächst auch glaubten, die Engländer äßen keine Schweine, allenfalls Ferkel, die schon für geringere Gegengeschenke zu haben waren?

Es folgten Besuche auf Ulietea (Yoolee-Etea) und weiteren Inseln des Archipels, jeweils mit einer förmlichen Zeremonie der Besitzergreifung für König George III. von Großbritannien: Flaggenhissen, Proklamationen, Salutschüsse. Das änderte vorerst freilich nichts am Leben der hiesigen Ozeanier. Heute gehören die Gesellschaftsinseln zum Überseeterritorium Französisch-Polynesien.

Die Anwesenheit seines polynesischen Passagiers kam Cook bei all diesen Anlandungen sehr zupaß. Denn trotz der vergleichenden Sprachstudien auf Tahiti und der reichhaltigen Vokabelverzeichnisse, die die Expeditionsteilnehmer während des vierteljährlichen Aufenthalts auf der Insel zusammengestellt hatten, waren die praktischen Sprachfähigkeiten der Engländer auf diesem Gebiet doch bescheiden geblieben. Wie weit aber der geographische Verständigungsradius der Muttersprache Tupaias tatsächlich reichte, sollte sich erst im weiteren Verlauf der Reise erweisen.

Cook nennt den Priester, der über genaue Kenntnisse der Lage von Inseln und Riffen in der weiteren Nachbarschaft seiner Heimat verfügte, einen „hervorragenden Mann" und lobt in seinem Reisebericht mehrfach die guten Dienste, die er ihnen während der Weiterfahrt leistete. Mitte August wurde auch diesen Eilanden Lebewohl gesagt; als letztes von ihnen versank Rurutu achteraus hinter der Kimm, eine hohe, dunkelgrüne Insel, rings von einer Korallenbank umgeben.

Nun hörte Cook nicht mehr auf Tupaias Ratschläge, der weiter westlich weiteres Land versprach. Das Wetter verschlechterte sich, und Cook wollte den Frühling der Südhalbkugel und den Südsommer so umfassend wie möglich zu einem ersten Vorstoß in hohe Breiten nutzen. Am 25. August feierte man an Bord den ersten Jahrestag des Reiseantritts mit einem großen Käse und einem Faß Porterbier. Um es mit Banks' Worten auszudrücken: Man lebte, wie Engländer zu leben gewohnt sind.

Den Instruktionen gemäß ging es bis 40°22′ südlicher Breite und – da von Westen her Sturmwogen anrollten – unter Vermeidung der schweren See direkt von vorn anschließend auf Nordwest-, bald doch auf westliche Kurse. Das Ziel der Reise bildete jetzt jene Küste, die Abel Tasman gegen Jahresende 1642 von Westen her erreicht und Staten Landt genannt hatte; der holländische Entdecker hatte einen Zusammenhang mit der gleichnamigen Insel östlich von Feuerland nicht von vornherein ausschließen wollen.

Auf der *Endeavour* schien das Südlandfieber während dieses Abschnitts der Fahrt weitverbreitet gewesen zu sein. Banks schreibt von „dem Kontinent, den zu suchen wir unterwegs sind". Und auch Parkinson vermerkt, der Kapitän suche „gemäß der ihm erteilten Befehle nach dem Kontinent". Aber von Cook selbst fehlt wieder einmal jegliche Äußerung dazu, ob er an die Existenz dessen glaubte, was er suchte, oder ob er nicht vielmehr seine Instruktionen abarbeitete, wie es einem Leutnant der Royal Navy am Ende des ersten Jahres nach seiner Bestallung zukam: stur und gewissenhaft, wenig angefochten von Anforderungen, die die Realität neu und unerwartet stellte.

Als dann am 6. Oktober um zwei Uhr nachmittags tatsächlich Land in Sicht kam, nahm er es eher gelassen auf. Nach dem Schiffsjungen Nicholas Young, der aus dem Topp als erster die Küste geschaut und gemeldet hatte, nannte er das äußerste *Kap Young Nick's Head.* Am folgenden Morgen lief die Bark in eine Bucht ein, der Kapitän ging mit einem Kommando Seesoldaten an Land und ergriff von dieser Küste für seinen König in aller Form Besitz. Da sich kein Bewohner zeigte, konnte er niemanden um Zustimmung oder gar um Erlaubnis fragen. Zweifellos eine in sich schlüssige Möglichkeit der Ereignisverkettung.

Allgemein überliefert – und somit belegt – ist jedoch eine andere Variante des Geschehenablaufs: Durch ungünstige Wetterbedingungen verzögerte sich die Landung um mehrere Tage. Als die *Endeavour* schließlich ankerte, waren in der Bucht Kanus, Häuser und zahlreiche Menschen zu sehen. Am Abend landete Cook gemeinsam mit Banks und Solander, nur durch die Mündung eines Flusses von der Siedlung getrennt. (Über die Tageszeit machen die Quellen unterschiedliche Angaben, aber das soll hier nicht ausgefochten werden angesichts der folgenden Geschehnisse, die ungeteilte Aufmerksamkeit verlangen.) Die Pinasse blieb in der Flußmündung zurück, als die Engländer über den Fluß gesetzt waren und auf die Eingeborenen zugingen. Diese ergriffen daraufhin die Flucht. Cook und die anderen Herren stiegen aufs Hochufer und schritten auf die am nächsten stehenden Hütten zu. Da sahen sie vier mit Lanzen bewaffnete Männer zu der Pinasse stürmen, die jene wahrscheinlich erobert hätten, wären die dort zurückgebliebenen Schiffsjungen nicht aufgrund warnender Rufe Cooks fortgerudert. (Oder kamen die warnenden Rufe von einem zweiten Boot der Engländer, auf der anderen Flußseite? Und ruderten womöglich die Schiffsjungen gar nicht, hätten dies nicht gekonnt, sondern ließen sich von der Strömung des Flusses treiben, die hier in der schmalen Mündung besonders intensiv war?)

Wie dem auch sei – Fakt ist, daß von englischer Seite geschossen

110

wurde und daß einer der vier Lanzenmänner tot liegenblieb, zur Überraschung seiner Gefährten, die Feuerwaffen nicht kannten.

Das nun, von wem immer erzählt, klingt wie ein Erlebnis aus blutiger Konquistadorenzeit. Und ebenso sollte hier der erste Tote nicht der einzige Tote bleiben. Gleich am kommenden Morgen wurde ein neuer Landungsversuch unternommen, diesmal in Begleitung einer Abteilung Seesoldaten. Tupaia kam mit ans Ufer, verhandelte als erster mit den dort versammelten Bewaffneten und – wurde von ihnen verstanden. Der Tahitier warnte die Briten vor den Absichten der Maori (so nannten die Insulaner sich; ihre Heimat Neuseeland markiert den südlichsten Punkt der Ausbreitung der austronesischen Sprachfamilie, zu denen die polynesischen Sprachen gehören). Diese Männer, sagte er, seien nicht Freunde der Engländer.

Zwanzig oder dreißig waren inzwischen über den Fluß geschwommen. Die üblichen Entdeckergeschenke – Glasperlen und eiserne Gerätschaften sowie Nägel – machten wenig Eindruck auf sie. Sie wollten vielmehr die Waffen der Weißen ertauschen, hatte man ihnen doch gestern deren Wirkung überzeugend demonstriert. Unmißverständlich griffen sie nach den Flinten. Ein Maori gab sich schließlich mit Greens Kurzschwert zufrieden. Er konnte es dem Astronomen entreißen und stürmte davon, die Beute triumphierend über dem Kopf schwingend. Da immer mehr Maorikrieger herüberschwammen, sah Cook sich genötigt, Banks mit Schrot auf den Dieb schießen zu lassen.

„Dieser Schuß machte wenig Eindruck, und die Lage wurde so gefährlich, daß nichts übrigblieb, als mit einer Kugel auf den Mann zu feuern. Ein allgemeiner Angriff, zu dem es zu kommen schien, wurde durch einige Schrotschüsse in den dichtesten Haufen abgewendet. Einige unserer Feinde waren verwundet, wie wir deutlich sahen, nachdem sie den Fluß durchschwommen hatten." Soweit Cook selbst.

Parkinson stellt einige Details dieses Zwischenfalls anders dar, spricht beispielsweise im Zusammenhang mit dem Zwischenfall um das Kurzschwert von drei Toten, vermerkt aber ausdrücklich: „Die anderen waren – zu unserer Überraschung – durch den Anblick ihrer Landsleute, die ihr Leben aushauchten, nicht im geringsten eingeschüchtert, obwohl diese sich in ihrem Blut wälzten." Auch hier, ganz eindeutig, die Pluralform. Einzige Sorge der Neuseeländer sei es gewesen, das Kurzschwert der Hand des Entwenders zu entwenden und den beiden anderen Toten die Waffen abzunehmen. „Dies vollbracht, entwichen sie unangefochten."

Die tatsächliche Anzahl der Toten bei diesem Zusammenstoß wird letztlich unerheblich sein, denn es sollten noch weitere folgen. Cook, möglicherweise enttäuscht von diesem Verlauf der Ereignisse, machte sich auf die Suche nach Süßwasser. Die Flußmündung war für die Bevorratung auf der *Endeavour* wegen eines zu hohen Salzgehalts des Wassers nicht zu gebrauchen.

Parkinson: „Nachdem wir in aller Form für unseren König Besitz von diesem Land ergriffen hatten, fuhren wir mit den Booten auf der Suche nach Trinkwasser die Bucht ab, schauten wohl auch nach Eingeborenen aus, die wir hätten festnehmen und nach weiteren Einzelheiten über diese Insel befragen können. Wir waren noch nicht weit gefahren, als wir ein Kanu bemerkten, aus dem aus nächster Nähe Steine auf uns geworfen wurden." Spätestens hier wird klar, daß Parkinson selbst gar nicht Mitglied dieser Bootsgruppe war, die Übersetzung ist da hinreichend ungenau, um beide Möglichkeiten mitzutragen, aber befragt man den Originaltext seiner Aufzeichnungen näher, so liest man dort: „Die Leute nahmen zu ihren Waffen Zuflucht. Der Captain, Dr. Solander und Mr. Banks feuerten auf sie und töteten und verwundeten mehrere von ihnen. Die Eingeborenen fochten verzweifelt mit ihren Paddeln, waren aber bald überwältigt. Ihr Kanu wurde konfisziert und drei von ihnen zu Gefangenen gemacht und an Bord genommen. Die anderen entkamen.

Die drei Gefangenen wurden am 11. Oktober 1769 wieder an Land gebracht ... Sie waren alle stark tätowiert."

Cook gab dieser Zwischenfall Gelegenheit, im Journal sein Verhalten einzuschätzen und – dies nun ganz und gar nicht mehr konquistadorenhaft – herbe Worte an die eigene Adresse zu richten: „Mit nichts ist mein Verhalten zu rechtfertigen, habe ich doch die Leute in diesem Boot angegriffen und getötet, ohne daß sie mir die geringste Rechtfertigung für ein solches Verhalten geliefert hätten.

Vielmehr waren sie völlig in Unkenntnis meiner Absichten, und hätte ich die leiseste Ahnung gehabt, daß sie Widerstand leisten würden, hätte ich nicht so genau auf sie geschaut. Aber wir hätten uns sonst entweder von ihnen die Köpfe einschlagen lassen sollen oder uns zurückziehen müssen und sie im Triumph davonfahren lassen, was sie natürlich ihrer Tapferkeit und unserer Zaghaftigkeit zugeschrieben hätten."

Und an anderer Stelle vermerkt Cook: „Mir ist klar, daß die meisten Menschen, die solche Dinge noch nicht selbst erfahren haben, mein Verhalten verurteilen werden."

Banks nennt diesen Tag gar den schrecklichsten seines Lebens und hofft, derartiges werde sich nie wiederholen, um künftige Gedanken zu verbittern.

Da Cook in dieser Bucht weder ausreichend Wasser noch Brennholz fand, verließ er sie. Ihren Namen *Poverty Bay* (Bucht der Armut) hat sie bis heute behalten. Auch zahlreiche andere Cooksche Namensgebungen an der Pazifikküste der Nordinsel Neuseelands erinnern an jenen ersten Besuch des Mannes aus Yorkshire. Obwohl er nur als Wiederentdecker kam, ist sein Verdienst um die bleibende Einbeziehung Neuseelands in das Bild von der Erde weit größer als das eines Abel Tasman. Cook ging es von Anfang an darum, genaue Kenntnisse von diesem Land zu erwerben – nicht nur hinsichtlich einer eventuellen Zugehörigkeit zu einem eventuell existierenden Südkontinent. Was die Herren Banks und Solander bei den immer wieder gegen die Eingeborenen ertrotzten Landgängen an Pflanzen und Tieren sammelten, aber auch die nachgewiesenen Eisenspuren im Bereich mehrerer Flußmündungen, die auf reiche Erzlagerstätten im bergigen Landesinnern schließen ließen – all das fügte sich gemeinsam mit den von Cook und Green gewonnenen Standortbestimmungen an den Küsten Neuseelands bald zu einem beeindruckend reichhaltigen Mosaik zusammen. Wäre Neuseeland der Südkontinent gewesen – oder doch wenigstens ein Teil davon –, so hätte Leutnant Cook seinen Auftrag zu dessen Erkundung nicht sorgfältiger ausführen können.

Tauschhandel mit einem Maori / Zeichnung eines Besatzungsmitglieds der Endeavour

Von allen Geheimnissen dieses Landes blieben seine Bewohner jedoch das erregendste. Immer forderte ihr Verhalten sofortiges Reagieren der Briten, bei einer drohenden Annäherung größerer Gruppen Bewaffneter gab es kein aufschiebendes Nachdenken. Und doch war manche Reaktion unangemessen, mancher Kartätschensalve fehlte die Berechtigung, manch tötende Flintenkugel war nicht aus Gründen unmittelbarer Selbstverteidigung abgeschossen worden. Zwar mußte Tupaia den Maori immer wieder erklären, nur Angreifer und Diebe würden bestraft – aber welchen Wert haben derartige Beteuerungen schon für jene, an die sie gerichtet sind? Und für wie ernst gemeint muß man die in den Berichten ständig wiederholte

114

Versicherung halten, die Indianer hätten Dinge wie Auspeitschen oder gar die Tötung ihrer Leute dann zustimmend hingenommen, sobald ihnen klar war, daß es sich um wohlverdiente Strafen für Diebstähle handelte?

Eine letzte derartige Affäre, an der Cook selbst nicht beteiligt gewesen war, sei hier im Wortlaut der Parkinsonschen Notiz wiedergegeben: „In einem der Kanus, die uns Fische brachten, war ein stattlicher junger Mann, von dem ich einige Sachen kaufte. Die Vielfältigkeit seiner Kleidungsstücke unterschied ihn von den anderen; sicher war er eine hochgestellte Person. Er verkaufte seine Kleidung eins nach dem anderen, schließlich war ihm nur noch ein Obergewand aus schwarz-weißem Hundefell geblieben. Einer der Leutnants wollte es haben und bot ihm dafür ein großes Stück Tuch, das er an einem Tau ins Heck des Kanus zu ihm herunterließ. Sobald der junge Mann es ergriffen hatte, paddelten seine Kameraden so schnell wie nur möglich davon. Sie schrien dabei und schwangen ihre Waffen, als hätten sie eine große Eroberung gemacht. Schon glaubten sie ihre Beute in Sicherheit, denn die Macht unserer Waffen war ihnen unbekannt. Da wurde vom Heck des Schiffes eine Muskete auf sie abgefeuert. Der junge Mann fiel sofort um, und es ist wahrscheinlich, daß er tödlich verletzt war. Jedenfalls sahen wir ihn sich nicht wieder erheben. Welche schwere Strafe für ein Vergehen, das vielleicht aus Unwissenheit geschah ..."

So vorgefallen am 9. November 1769, einem Tag, der Cook aus einem ganz anderen Grund denkwürdig werden sollte. Es ist nämlich das Datum eines astronomischen Ereignisses, das – obwohl bedeutend häufiger zu beobachten als die auf Tahiti verfolgte Venuspassage – für ihn von besonderem Interesse war: ein Vorbeigang des Planeten Merkur vor der Sonnenscheibe. Die genaue zeitliche Beobachtung dieses Vorgangs gestattete es vor allem, die geographische Länge des Beobachtungsortes zu bestimmen und dadurch eine Bezugsgröße für weitere Anschlußmessungen während der Reise in die Hand zu bekommen. Die Bucht wurde folglich *Mercury Bay* getauft.

Es darf nicht übersehen werden, daß die Sache mit dem Fellman-

„Die Art, wie sich feindliche Krieger in Neuseeland zum Kampf herausfordern" /
Zeichnung von S. Parkinson

tel sich zutrug, während Cook und Leutnant Hicks an Land waren,
um die Merkurpassage zu beobachten. Folglich war „einer der Leutnants", von dem Parkinson ohne Namensnennung spricht, als er
den Interessenten für das Kleidungsstück nennt, eindeutig John
Gore.

Cook hatte den Vorfall ausführlich im Schiffsjournal ausgewertet
und wie folgt kommentiert: „Ich muß einräumen, daß dieses Vorge-
hen nicht meine Zustimmung fand, hielt ich doch die Bestrafung für
ein wenig zu streng bei derlei Vergehen. Wir sind jetzt lange genug
mit diesen Leuten bekannt, um zu wissen, wie sie für geringfügige
Delikte zu züchtigen sind, ohne daß man ihnen das Leben nimmt."
Sein Rapport verschweigt auch nicht – wie dies Parkinsons Darstel-

lung tut –, daß Leutnant Gore selbst vom Heck der *Endeavour* aus den verhängnisvollen Musketenschuß abgegeben hatte. Und Cook spricht von einem gewebten Mantel und nicht von einem aus Hundefell, um den Leutnant Gore sich durch das Davonfahren des Kanus geprellt sah. Allerdings war in diesem Fall nicht Cook, sondern Parkinson Augenzeuge des Vorfalls. Cook hatte an Land nur den Schuß gehört.

Zu weiteren Konfrontationen in der Mercury Bay kam es nicht. Der Aufenthalt in der Bucht währte insgesamt elf Tage. Ein schwerer Nordoststurm hinderte die *Endeavour* an der Weiterfahrt. Cook nutzte die Zeit, um endlich genug Holz und Frischwasser an Bord zu nehmen, der Mannschaft Erholung zu gönnen und das Schiff gründlich säubern zu lassen. Das in der Bilge angesammelte Leck- und Kondenswasser wurde sorgfältig ausgepumpt, der Kielraum selbst mit Essig gereinigt und das Deck geschrubbt; Cook hielt – nicht zu Unrecht – die fauligen Ausdünstungen des Schiffes für ebenso skorbutfördernd wie unzweckmäßige Kost.

In den letzten Tagen stellte sich gar ein freundschaftlicher Verkehr mit den Eingeborenen her, die gleichfalls die Bucht nicht verlassen konnten; sie schätzten die hiesigen Fischgründe und Austernbänke. Etwas abseits lag einer der für die Maori charakteristischen befestigten Plätze, Pa genannt; durch Palisaden geschützt, oft auf ohnehin schwer zugänglichen Felsen gelegen, bildeten sie uneinnehmbare Fluchtburgen in der Nähe vieler Siedlungen. Auf häufige kriegerische Auseinandersetzungen zwischen den einzelnen Stämmen der Küstenbewohner ließen auch die martialischen Erscheinungen der Maorikrieger schließen, mit denen die Engländer hier wie anderswo auf Neuseeland zusammentrafen. Ihre Lanzen und Steinschwerter waren gefährliche Waffen. Daß es üblich war, im Kampf getötete Feinde zu verspeisen und insbesondere ihr Gehirn zu essen, um ihrer Kraft und Klugheit teilhaftig zu werden, gehörte zu denjenigen Entdeckungen, die den Herren über weitreichende Schiffsgeschütze und todbringende Musketen grausig und entsetzenerregend vorkamen.

Wie nun sahen die *Entdeckten* die Ankömmlinge?

In der Literatur wird ein uralter Häuptling oft zitiert, Te Horeta mit Namen, der achtzig Jahre nach Cook den zu jener Zeit schon fest auf Neuseeland etablierten englischen Siedlern erzählte, wie er als kleiner Junge die Ankunft der Fremden erlebt hatte.

Vor allem war selbstverständlich ihr Schiff, ein riesiges Wasserfahrzeug, wie nie zuvor eins die Wellen an dieser Küste gekreuzt hatte, Gegenstand der Verwunderung und des Staunens. Übernatürliche Kräfte schienen auch die Männer auf diesem Schiff zu haben: Sie hielten Stöcke, die sie von ihren Schultern nahmen, in Richtung auf ein Blatt oder auf einen Vogel, dann fuhren Blitz und Donner aus diesem Stock, und das Blatt – oder eben der Vogel – fiel tot zur Erde. Und wie sie paddelten: mit dem Rücken gegen das Ziel gewandt, ganz so, als könnten sie gar nach hinten sehen! Mit einem Wort – es mußten Dämonen sein. Das Maoriwort dafür, tupua, gebrauchte er immer aufs neue.

Te Horeta erinnerte sich an den Häuptling der tupua, einen schweigsamen Mann, dessen Worte aber die Eisenrohre auf dem Riesenkanu zum Brüllen brachten, wenn er einmal sprach. Er tätschelte den Kindern die Wangen und fuhr ihnen mit der Hand freundlich über die Köpfe. Ihm, Te Horeta, schenkte er einen Nagel, mit dem der Häuptling während seines ganzen langen Maori-Lebens allerlei nützliche Dinge getan hatte: beim Bootsbau das Hartholz gebohrt und Ratten geschlachtet und Menschenknochen zertrümmert, um an das Mark heranzukommen – bis er ihn eines Tages verloren hatte, als sein Kanu gekentert war.

Und an das, was er damals zum erstenmal in seinem Leben gegessen hatte, entsann er sich. Da die Insulaner nur zwei Säugetierarten kannten – Ratten und Fledermäuse, dazu als Haustier den Hund –, bot sich zum Vergleich des Geschmacks von Gepökeltem aus dem Schiffsvorrat einzig und allein Menschenfleisch an. Etwas anderes, das die Tupua ihnen zu essen gaben, war hart wie Bimsstein, schmeckte aber süß, wenn man es einige Zeit gekaut hatte: Schiffszwieback. Einer, der Muscheln und Blumen und Baumblüten und Steine sammelte, gab ihnen saftige Knollen, die sie aber nicht essen, sondern in der Erde vergraben sollten ...

Wie schon auf Tahiti beim Ausbringen von Senf- und Melonensamen gab es für die Anregung zum Kartoffelanbau auf Neuseeland nicht nur allgemeinzivilisatorische, sondern ganz konkrete pragmatische, britische Überlegungen. Generell sollten die Nahrungsvorräte, auf die spätere Weltumsegler beim Besuch der Inseln einmal zählen konnten, reichhaltiger vorhanden sein. Damals wurde auch die Idee von der Verpflanzung europäischer Haustiere in die Südsee geboren.

Die Geschichte des neuseeländischen Jungen Te Horeta liest sich wie eine Fortsetzung jenes in ganz Polynesien verbreiteten Mythos von den Abenteuern und Schicksalen des Kulturbringers Maui, der die Sonne einfing und den Menschen half, das Feuer zu nutzen.

Am 15. November 1769 setzte die *Endeavour* ihren Weg nach Norden fort. Die Bedingungen, unter denen sie segelten, waren sehr wechselvoll. Beim Umfahren der Nordspitze Neuseelands in der zweiten Dezemberhälfte herrschte schwerer Sturm; die See verlangte der Mannschaft alles ab, als das Schiff weit auf die offene See hinaustrieb. Nachdem wieder Land in Sicht und die gefährlichen Kaps umschifft waren, hatte Cook den Anschluß an die von Abel Tasman entdeckten und beschriebenen Landesteile hergestellt. Sein Ehrgeiz ging nun dahin, durch eine genaue kartographische Aufnahme der Küste Tasmans Angaben zu einem anschaulichen Gesamtbild mit den eigenen Beobachtungen und Ortsbestimmungen zu verdichten.

Die nächste entscheidende Entdeckung, die über Tasmans Erkenntnisse hinausging, war das Auffinden der heute *Cook-Straße* genannten Meerenge am Südende des Landes, dessen Küste er bisher verfolgt hatte. Ein tief ins Land schneidender Sund am gegenüberliegenden Ufer nahm das sturmgeprüfte Schiff zunächst auf. Cook nannte diese Bucht nach der britischen *Königin Charlotte* und nahm erneut eine offizielle Besitzergreifung vor – war doch von einem Hügel aus zu erahnen, daß sich dieses neue Land (die Südinsel Neuseelands) weithin streckte und den Mut seiner Entdecker lohnen würde. Zunächst aber galt es, das bisher verfolgte Vorhaben zu beenden und die Küste der Nordinsel vollständig aufzunehmen. Dies geschah in der ersten Februarhälfte 1770. Das Südkap der neuseeländischen Nordinsel erhielt den Namen von Cooks Förderer: *Cape Palliser.*

Die Zeit auf der *Eagle*, auf Neufundland, ja, selbst die Ausrüstung der *Endeavour* – wie lange lag das nun schon alles zurück.

Bei Cape Turnagain wurde der Punkt erreicht, den Cook nach seiner Landung in der Poverty Bay während seines ersten Vorstoßes nach Süden als extremste Landmarke besucht und vermessen hatte. Der Nachweis der Inselnatur dieses Teils von Neuseeland war damit vollendet. Es war nicht der Südkontinent, nicht die vielgerühmte Terra australis. Aber – war es nicht möglich, daß diese Insel, die soeben umschifft und in ihrem Küstenverlauf vermessen worden war, ein ausgedehntes Vorgebirge jenes verheißungsvollen Kontinents darstellte? Was auch immer sich südlich des Queen Charlotte Sound finden mochte – in jedem Fall lag dort das nächste Tätigkeitsfeld für die Expedition, war sie doch aufgebrochen, das Südland zu suchen und vor allen anderen Mitbewerbern zu erkunden. Dies, schien es, war noch immer der sicherste Weg, den Traumkontinent – wenn er überhaupt existierte – für die Krone Britanniens zu gewinnen und seine Reichtümer britischem Kapital dienstbar zu machen.

Es ist nicht uninteressant, an dieser Stelle erneut an die Konkurrenzsituation zu erinnern, in die Cook mit seiner Unternehmung gestellt war. Während der Zeit, die er in den Küstengewässern Neuseelands zubrachte, wäre es beinahe zum Zusammentreffen mit einem französischen Schiff gekommen, das sich mit ähnlichem Auftrag wie die *Endeavour* in dieser Weltgegend aufhielt. Die *Saint Jean Baptiste* unter dem Kommando des Kapitäns Jean François de Surville war im Juni 1769 von Ostindien her aufgebrochen, zu einer Zeit also, als Cooks Aufenthalt auf Tahiti mit der Passagebeobachtung einen wichtigen Teil der Aufgabenstellung abschloß. Nach stürmischer Fahrt vom Archipel der Sundainseln in südlicher Richtung war aber kein gelobtes Land in Sicht gekommen. Und wiewohl die französische Expedition mehrfach Inseln angelaufen hatte – so die Salomonen –, litt die Mannschaft erheblich unter Skorbut, es gab Verluste und einen hohen Krankenstand. Da schien das von Tasman vermessene Kap Maria van Diemen an der nördlichen Spitze von Staten Landt/ Neuseeland die einzige Rettung zu sein, um den geplagten Männern auf der *Saint Jean Baptiste* Erholung zu bringen.

120

Eben jener Sturm, der Mitte Dezember 1769 die *Endeavour* bei der Umschiffung Nordneuseelands arg behindert und die Bark weit auf den Pazifik hinausgetrieben hatte, war mit Survilles Segler freundlicher umgegangen. Als er am 16. Dezember North Cape umfuhr, kämpfte die *Endeavour* etwa 50 Seemeilen weiter draußen ...

Cook hatte das Unternehmen Survilles – da es weniger wissenschaftlich ambitioniert, sondern von einer Handelsgesellschaft ausgesandt worden war – nie recht für voll genommen. In seiner Berichterstattung läßt er bei der Erwähnung der Südseefahrten anderer Staaten zwar solchen französischen Expeditionen wie der des Mathematikers Bougainville volle Gerechtigkeit widerfahren, verschanzt sich aber bei Surville, ihm sei noch kein ausführlicher Bericht über das Unternehmen bekannt. So nimmt Cook die Route der *Saint Jean Baptiste* auch nur mit dem Hinweis in zusammenfassende Karten auf, bei der markierten Route handele es sich „angeblich" um den von Monsieur Surville 1769 zurückgelegten Weg. Über das Beinahe-Rendezvous vor der Nordspitze Neuseelands kein Wort.

Dabei gehört nicht viel Phantasie dazu, sich ein solches Zusammentreffen tatsächlich vorzustellen. Hatten derartige Begegnungen doch allenthalben an fernen Ufern stattgefunden, nicht nur zwischen französischen und britischen Schiffen auf Südlandsuche. Aber gerade der Kampf dieser beiden Mächte um Vorherrschaft auf den Weltmeeren machte derartige Treffen selbst dann, wenn sie überhaupt nicht real waren, beispielsweise durch einen Sturm verhindert wurden – besonders pikant. Erst die napoleonischen Kriege entschieden diesen Kampf endgültig und unwiderruflich zugunsten Englands; das trug nicht unwesentlich dazu bei, britische maritime Geschichtssicht zur vorherrschenden zu machen, auch in der geographischen Entdeckungsgeschichte. So erklärt sich die fortdauernde Unterbewertung der Ergebnisse manch französischer Fahrt.

Die Umschiffung der zweiten, der südlichen Inseln Neuseelands erbrachte geographisch keine Sensation. Die Kartierung wurde mit hinreichender Genauigkeit fortgesetzt, sooft wie irgend möglich durch Messungen von Landerhebungen ergänzt. Im Süden Neuseelands stieß die *Endeavour* großzügig über Stewart Island hinaus ins Unbekannte vor, um jedes Vorhandensein weiteren Landes in dieser Richtung einwandfrei auszuschließen. Allerdings wurde dadurch die Inselnatur von Stewart Island übersehen, Cooks Neuseelandkarte zeigt es als Südkap der Doppelinsel. Trotzdem stellt diese bemerkenswerte Karte das vor Cooks Aufenthalt nur äußerst vage bekannte Neuseeland mit einer kartographischen Genauigkeit dar, wie sie selbst für einzelne Abschnitte der amerikanischen Atlantikküste damals noch nicht gegeben war. Das Werk ist damit neben Cooks Neufundlandkarte eine ebenbürtige Dokumentation seehydrographischen und geographischen Wissens von der Gestalt einer Insel, ihren Buchten und Meeresarmen. Der Master surveyer hatte ein neues Meisterwerk vorgelegt. Die Kenntnisnahme des Landesinnern blieb allerdings späteren Reisenden und den seit 1814 dort siedelnden britischen Kolonisten vorbehalten.

Nach den Venusbeobachtungen auf Tahiti war mit der Umsegelung Neuseelands ein zweiter wichtiger Programmpunkt der *Endeavour*-Expedition erfüllt. Hinsichtlich der dritten Position seiner Aufgabenstellung konnte Cook bereits zu diesem Zeitpunkt folgende Aussage treffen: „Und was den Südkontinent betrifft, so kann ich nicht glauben, daß so etwas existiert." Die hohen, polnahen Breiten nahm er von diesem Schluß allerdings ausdrücklich aus.

Nachdem er die Instruktionen mit soviel Bravour und Umsicht erfüllt hatte, blieb die Entscheidung zu fällen, ob die Heimfahrt zurück um Kap Hoorn oder aber rund um die Erde über das Kap der Guten Hoffnung angetreten werden sollte. Ohne daß die Segelanweisungen ihn daraufhin festgelegt hätten, beriet Cook sich mit seinen Offizieren. Einerseits hätte ein Kurs quer durch den Südpazifik endgültig Klarheit über Existenz oder Nichtexistenz kontinentaler Landmassen in diesen hohen Breiten erbracht; andererseits war die Jahreszeit schon so weit fortgeschritten, daß die Fahrt durch den stürmischen, eisigen Südwinter ungeahnte Risiken für Schiff und Besatzung bereithalten konnte.

So entschied sich der Kapitän im Abwägen der Varianten mit seinen Leutnants schließlich für einen Heimatkurs, den er wie folgt im

Schiffsjournal festhielt: „Nach dem Verlassen dieser Küste westwärts steuern, bis wir auf die Ostküste von Neuholland stoßen, dann der Richtung dieses Ufers nordwärts folgen – oder wohin immer es sich wenden mag –, bis wir seinen nördlichsten Punkt erreichen. Sollte sich dies als unmöglich erweisen, sollte versucht werden, die Länder oder Inseln zu erreichen, die Quirós entdeckt hat."

## In der Falle

Die selbstgestellte neue Aufgabe zeigt Cook auf der Höhe entdeckerischer Entschlußkraft. Geometrisch logisch und geographisch unantastbar, unter Berücksichtigung sämtlicher bisheriger Entdeckungen, wurde hier durch den Kapitän der *Endeavour* ein Kurs festgelegt, der mit weit größerer Sicherheit Neues aufzufinden versprach als eine aus lauter Verzweiflung weitergeführte Jagd nach dem Südkontinent. Denn im Gegensatz zu den Küsten im Norden, Westen und Süden der Landmasse, die damals Neuholland genannt wurde und heute – in Erinnerung an den inzwischen „verschwundenen" Südkontinent – Australien heißt, waren deren östliche Ufer bislang noch nie von europäischen Seefahrern besucht worden. Existieren aber mußten diese Gestade – irgendwo zwischen den „Ländern oder Inseln, die Quirós entdeckt hat" im Norden und einem Land, das Abel Tasman auf seiner denkwürdigen Reise im extremen Südosten Neuhollands gefunden hatte.

Bei klarem Wetter verließ die *Endeavour* am Nachmittag des 31. März 1770 mit frischem achterlichem Südost bei Cape Farewell die Gestade Neuseelands. Gegen Monatsmitte mehrten sich die Anzeichen für das Nahen von Land, und am 19. April kam bei Cape Everard die australische Ostküste in Sicht. Daß Cook ausgerechnet hier auf Land stieß, wo der Küstenverlauf einen fast rechtwinkligen Knick aufweist, hatte dazu beigetragen, die Ungewißheit über die wahre Beziehung des von Tasman seinerzeit hier entdeckten Landzipfels zum australischen Festland zunächst weiterbestehen zu lassen. Erst 1798 sollte durch eine Umseglung der Insel Tasmanien fest-

gestellt werden, daß dieses Land mit dem Festland nicht zusammen-
hängt.

Cook konzentrierte seine Aufmerksamkeit sofort auf die in nördlicher Richtung fortlaufende Küste. Er begann, sie von See her aufzunehmen. Das Ufer war zunächst sandig, später jedoch bewaldet; als
am Mittag des 27. April in der Nähe des heutigen Bulli Point unter
Cooks Leitung ein erster Landungsversuch in einem Beiboot unternommen wurde, scheiterte dieser an der heftigen Brandung.

Der von fern gewonnene Eindruck, es handele sich um ein eher
fruchtbares Land, widersprach entschieden den bisher von Portugiesen wie Niederländern verbreiteten Beobachtungen an den zumeist
wüstenartigen, wenig einladenden Küsten im Westen und Süden
Neuhollands. Der Eindruck sollte sich noch verstärken, als am folgenden Tag in einer freundlichen Bucht die erste Landung glückte.
Und wenn „entdecken" vor allem heißt, eine Weltgegend unwiderruflich in das Bild von der Erde und in den Nutzungsbereich der Entdecker aufzunehmen, so war diese Landung in der Botany Bay der
für den australischen Kontinent entscheidende Augenblick der Erschließung. Von nun an geriet nicht mehr in Vergessenheit oder
wurde unberücksichtigt gelassen, was an den Küsten Neuhollands erkundet wurde. Und es sollten nur noch 18 Jahre vergehen bis zur Begründung der ersten britischen Sträflingskolonie ganz in der Nähe –
beim heutigen Sydney. Für die australischen Ureinwohner war die
Stunde der Verdrängung von ihrer angestammten Erde, der physi-
schen Vernichtung und – für die Überlebenden – des Verlustes ihrer
ethnischen Identität gekommen.

In der stillen Bucht, in der die *Endeavour* soeben gelandet war,
standen einige Hütten der Ureinwohner. Parkinson hat das erste Zusammentreffen beschrieben – einem traurigen Ritus ähnelnd, bei
dem die einen das Recht und die anderen die Kanonen hatten.

„Bei unserer Annäherung an die Küste traten zwei Männer aus den
Behausungen und hielten auf uns zu. Ihr Verhalten drückte Mißver-
gnügen aus. Sie waren bewaffnet und bedrohten uns, zeigten feindliche Absichten und schrien. Wir machten Zeichen, daß sie sich beru-
higen sollten, und warfen ihnen einigen Tand zu. Aber sie hielten

124

sich fern und deuteten uns an, daß wir uns besser nicht an Land wagen sollen. Wir wollten sie mit einem Schrotschuß aus einer unserer Büchsen schrecken. Aber selbst das war umsonst. Einer verzog sich sofort in seine Hütte und kam mit einem ovalen Schild und einem Holzschwert zurück. Der Schild war in der Mitte weiß gestrichen, er hatte zwei Löcher, damit man durchschauen konnte. Sie drangen weiter vor und sammelten Steine auf. Damit warfen sie nach uns. Als wir gelandet waren, schleuderten sie ihre Lanzen. Eine fiel mir zwischen die Füße. Unsere Leute feuerten noch einmal und verwundeten einen der beiden. Daraufhin schrien sie nach Verstärkung: Hala, hala …"

Dies wenigstens war anders als auf Neuseeland: Tupaia verstand die Sprache der Australier nicht mehr. Sie waren nackt, sehr dunkel, mit stark gekräuseltem Haar und kräftigem Bartwuchs. Selbst als die Engländer in eine der von ihnen verlassenen Hütten Nägel, Glasperlen und einige Kleidungsstücke legten, nahmen sie bei der Rückkehr zum Fischfang nichts von diesen Dingen.

Erquicklicher als diese Episode der Landung war die Kenntnisnahme der üppigen Landesnatur, vor allem des Fischreichtums und der artenreichen Pflanzenwelt. Cook hatte es verstanden, den Schwerpunkt seines Berichts hier vor allem auf diese unerwartet erfreulichen Umstände zu legen; die Benennung der Bucht machte im Journal eine Wandlung von *Botanist Harbour* über *Botanist Bay* bis zum endgültigen *Botany Bay* durch. Als genug frisches Wasser und selbst Heu für die zum Proviant gehörenden Schafe an Bord genommen worden war, wurde am 6. Mai die Weiterfahrt angetreten.

Noch am selben Tag wurde die Einfahrt zum späteren Sydney – Port Jackson – passiert, ebensowenig Beachtung fand vier Tage darauf eine andere Hafeneinfahrt: die zum heutigen Newcastle.

An Bord stellte sich so etwas wie eine neue Alltäglichkeit angesichts des Ungeschauten ein. Der Bordbetrieb, die kartographischen Vermessungen, das Ausweichen vor plötzlich im Meer auftauchender Gischt, die Nächte vor Anker. Parkinson hatte – dies weiß man in solcher Exaktheit nur von dem Herrn und Meister Banks; der Zeichner selbst spricht lediglich sehr allgemein vom Arbeitsanfall auf seinem Tisch – seit der Abfahrt von Botany Bay innerhalb von zwei Wochen 94 Skizzen von Vögeln und Pflanzen angefertigt. Neues kam hinzu, Meeresbewohner vor allem wurden gründlich untersucht. Am 23. Mai folgte ein weiterer Landgang Cooks.

In der Nacht zuvor, während das Schiff draußen vor Anker lag, hatte ein Unbekannter Cooks Diener Richard Orton, der betrunken in seiner Koje schlief, mit einem Messer die Kleider am Rücken aufgefetzt und schließlich auch noch beide Ohren abgeschnitten. Dies jedenfalls berichtete Parkinson, Cook sprach lediglich von „Teilen seiner beiden Ohren", nahm sich im übrigen den Vorgang so sehr zu Herzen, daß er ihn genauestens untersuchte. Wer hätte Orton böse sein sollen? Und – aus welchem Grund? Oder war das nur das übliche Maß trunkener Streiche an Bord und war der Captain gefordert, dagegen einzuschreiten? Es blieb bei Vermutungen. Jedenfalls konnte Cook den Vorgang in zwei Einzelabläufe zerlegen, meinte aber, beide wären vom selben Täter ausgeführt worden, hatte auch einen Verdacht. Den mußte er fallenlassen, vergaß indes die Sache darüber nicht.

„Eine böswillige Person (oder Personen) an Bord machten sich den Umstand zunutze, das Mr. Orton betrunken war und schnitt (schnitten) ihm all seine Kleider vom Rücken. Nicht zufrieden damit, drangen sie (hier nun keine Singularvariante – O.E.) in seine Kabine ein und schnitten Teile seiner beiden Ohren ab, während er schlafend in seinem Bett lag." Später dann versicherte Cook, er werde nichts unversucht lassen, die Übeltäter zu fassen, „denn ich sehe derartige Vorgänge für höchst gefährlich während einer solchen Reise an, und dies ist wohl der schwerste Schimpf, der meiner Autorität auf diesem Schiff angetan werden konnte. Denn stets war ich bereit, jede Beschwerde, die gegen irgendwen an Bord vorgebracht wurde, anzuhören und die Sache in Ordnung zu bringen".

Der Verdacht, den er hatte, hatte einen Namen: James Maria Magra, Midshipman. Er hatte – gleichfalls betrunken – mehrfach Drohungen gegen Orton geäußert; sogar Morddrohungen. Cook unterläßt jedoch nicht, zu vermerken, dies sei ihm nur vom Hörensagen bekannt. Und er unterstreicht, daß die Tatsache, Magra sei Seekadett

126

gewesen, ihn nicht vom Verdacht habe ausnehmen können. Also ließ er ihn festsetzen – allerdings nicht lange, wie man bald sehen wird. Die Zweitätertheorie (genauer gesagt: die Möglichkeit, daß Kleideraufschlitzen und Ohrenabschneiden von zwei nacheinander und unabhängig voneinander handelnden Tätern – oder gar Tätergruppen – ausgeführt wurde) hatte Cook auch später nicht aus den Augen verloren. In Batavia sollte Parkinson in sein Tagebuch schreiben: „Der Captain und die Offiziere setzten eine Belohnung von 15 Guineen aus für jeden, der zur Entdeckung der Person – oder der Personen – beitragen würde, die Orton die Ohren abschnitten. Und fünfzehn Gallonen Arrak demjenigen, der sich – oder andere – als Täter entdeckte für das Aufschneiden seiner Kleider." Als wenig später ein Midshipman – es war nicht Magra – spurlos von Bord verschwand und in der brodelnden Hafenstadt Batavia untertauchte, nahm jedermann an, dies sei der Ohrenabschneider (und Kleideraufschlitzer) gewesen.

Die Landung vom 23. Mai brachte neue Tiere zum Präparieren und Zeichnen, darunter einen trappenähnlichen Vogel, dem die Bucht, in welcher die Landung erfolgte, ihren Namen *Bustard Bay* verdankt. Eingeborene, die abseits das Ausschiffen beobachteten, liefen davon, sobald die Gruppe unter Cooks Führung sich näherte. Zwei Tage darauf wurde der südliche Wendekreis überfahren. Nun nahm die Zahl der vorgelagerten Inseln auf einmal beträchtlich zu. Was nicht zu sehen war – und was Cook auch nicht ahnen konnte –, war, daß das Große Barriereriff, ein im Südosten Australiens der Küste weit vorgelagertes Korallenhindernis gefährlichen Ausmaßes, ebenfalls näherkam, sich der Küste bald schon in wenigen Meilen Abstand vorlagern würde und somit der *Endeavour* als heimtückisches Hindernis dicht unter der Oberfläche des Wassers erwuchs. Dabei hätte man wähnen können, bald schon „die Länder oder Inseln zu erreichen, die Quirós entdeckt hat".

Aber der Weg dorthin sollte noch äußerst beschwerlich werden.

Im Britischen Museum zu London befinden sich zwei handgezeichnete Karten, die der englische König Heinrich VIII. von einem französischen Hydrographen Jean Roze (oder Rose, auch Rotz) geschenkt erhielt. Es wäre müßig, sich hier auf das Spiel mit den Möglichkeiten einzulassen und zu erörtern, aus welchem Grunde die 1542 gefertigten Karten dem berühmten Vater der berühmten Königin Elizabeth geschenkt wurden und ob ihr Autor tatsächlich Franzose war oder – wie manche vermuten – ein Flame. Stammte er, wie anzunehmen nicht unberechtigt ist, aus der Stadt Dieppe am Ärmelkanal, so stellt sich leicht eine Verbindung her zwischen dem Wissen, das er in seinen Karten verwendet hatte, und der damals in jener Stadt tätigen Schule für Navigation und Hydrographie.

Die beiden Karten zeigen Südostasien und – als Anhängsel – eine nach Süden zu unbegrenzte Landmasse, deren nördlichste Teile im Umriß der australischen Cape York-Halbinsel unverwechselbar ähnlich sind. Einige Kartentexte sind in portugiesischer Sprache abgefaßt, sicher ein Hinweis darauf, daß die Quellen für hier dokumentiertes Wissen um die Geographie jener Weltgegend in den Berichten von Seefahrern dieser Nation zu suchen sind. Beide Karten weisen als Südostflanke der genannten Halbinsel einen weitläufigen Küstenstrich auf, dem Inseln und – punktiert – Riffe vorgelagert sind. Eins der Exemplare trägt an dieser Stelle gar die warnende Aufschrift: „Gefährliche Küsten."

Es muß mit einiger Sicherheit angenommen werden, daß Cook dieses Kartenmaterial nicht kannte. Sonst hätte er sich am Abend jenes 10. Juni 1770 nicht so sorglos mit seinen Leutnants sowie Banks und den Herren aus dessen Begleitung an die Tafel begeben. Da er die Vorzüge einer leichten Brise und hellen Mondlichts nicht ungenutzt lassen wollte, um sich den von Quirós befahrenen Breiten noch schneller zu nähern, hatte er auch nach Sonnenuntergang Weiterfahrt befohlen, wenngleich mit verminderter Segelfläche. Ein Mann lotete ständig die Tiefe des Fahrwassers, und das Schiff war in bestem manövrierfähigem Zustand.

Seit dem Untergang der Tropensonne um sechs Uhr abends bis etwa gegen neun Uhr hatte die Wassertiefe von 14 auf 21 Faden zugenommen. Dann fiel sie plötzlich auf 12, 10, ja sogar 8 Faden. Das Meer war absolut still. Aber selbst eine Kursänderung auf das Land zu, die Cook als erste Reaktion auf die Meldung befahl, brachte das Schiff nicht in tieferes Wasser.

Kurz vor zehn Uhr wurden dann doch wieder 20 Faden und mehr Wassertiefe gemeldet. Der Captain beruhigte sich, zumal die anderen Gentlemen sich zu Bett begaben. Im ruhigen Mondlicht glitt die Bark dahin, es war ein Nachtsegelwetter, wie es im Buche steht. Wenige Minuten vor elf Uhr dann die nächste Messung: 17 Faden ... Und ehe der Mann am Lot erneut das Blei werfen konnte, gab es einen scharfen Ruck. Die *Endeavour* war auf ein Korallenriff gelaufen. Und das bei Flut!

Nun wurde mit Booten ringsum die Tiefe gemessen. Cook ließ Anker ausbringen, um das Schiff festzulegen und Beschädigungen soweit wie möglich auszuschließen. Trotz dieser Anstrengungen war aus dem Kielraum ein schauriges Scharren zu hören.

Bald saß das Schiff fest und senkte und hob sich nicht mehr mit den Wellen. Alle Segel wurden geborgen, verzichtbarer Ballast ging über Bord: die sechs Kanonen und ihre Lafetten, steinerner und Eisenballast; insgesamt wurde die Bark wohl um 50 Tonnen geleichtert. Aber es half nichts. Bei der nächsten Flut, gegen Mittag des 11. Juni, war die *Endeavour* noch immer nicht flottzubekommen. Nun lag alle Hoffnung bei dem alten Seemannsglauben, die Flut zur Nachtzeit sei höher als die Flut am Tage.

Glücklicherweise war die See ruhig geworden. Aber beim Einsetzen der neuen Flut drangen durch das Leck doch beträchtliche Mengen Wasser. Von den vier Pumpen war eine verrottet und nicht zu benutzen, die drei anderen arbeiteten pausenlos ... Jedermann an Bord mußte sich an die Schwengel stellen und beim Pumpen mithalten, immer eine kraftzehrende Viertelstunde lang. Das betraf auch Banks und die anderen Gentlemen; es ging um das Überleben aller.

Nach dreiundzwanzig bangen Stunden, endlich, war die Bark wieder flott. Und in letzter Minute hätte ein Mißverständnis bei der Übergabe des Senkbleis beinahe doch noch die Katastrophe herbeigeführt. Das Leck konnte mit einer Packung aus Werg, Wolle und Schafsmist als Pfropfen notdürftig abgedichtet werden. Dabei zeigte es sich, daß die Wasseraufnahme bedeutender und heftiger gewesen

wäre, hätte das Schiff nicht einen Korallenblock abgebrochen und –
in dem Leck steckend – mitgerissen.

Auch sonst hätte auf dieser Station von Cooks Leben manches anders kommen können. So wundert sich Banks in seiner genauen
Schilderung des Hergangs, daß es kein Fluchen und kein Aufbegeh-
ren unter den Seeleuten gab; er hatte angenommen, solch kritische
Situationen führten mit Sicherheit zu Meuterei und Plünderung. An
diesem Tag ließ Cook James Magra frei …

Seit dem Abdichten des Lecks reichte die Leistung einer Pumpe.
Nachdem die *Endeavour* aus der unmittelbaren Gefahrenzone her-
ausmanövriert worden war, konnte sie vor Anker gehen und abwar-
ten, welche Ergebnisse die ausgesandten Boote von der Suche nach
einem sicheren Hafenplatz vor der Küste brachten. Nun wollte der
Captain ganz sichergehen. Als eine zum Landen günstige Stelle gefunden war, rückte er stückweise vor, ankerte wieder, sobald die Wassertiefe unsicher schien. Das letzte Stück eines schmalen Fahrwassers in den natürlichen Hafen markierte er selbst. So dauerte es noch
bis zum 16. Juni, ehe die *Endeavour* – diesmal absichtlich – an der
Küste auf Grund gesetzt wurde.

Wen sollte es wundern, daß Cook unter dieser Anspannung die
Wiedereinsetzung von Midshipman Magra zunächst im Journal zu
registrieren vergaß und erst später, als Randbemerkung, hinzufügte.
Die Begründung für diesen Akt der Gerechtigkeit verdient es trotzdem, hier erwähnt zu werden: „Ich fand ihn nicht der Verbrechen
schuldig, die ihm zur Last gelegt wurden."

Das Leck erwies sich als reparabel. Eine genaue Prüfung des auf die
Seite gelegten Schiffsrumpfes bestätigte noch einmal die Vorzüge
eines Catseglers in solch unvorhergesehener, aber einzukalkulieren-
der Situation. Gleichzeitig stellte es sich als hohes Risiko heraus,
eine derartig lange Reise ins Unbekannte mit nur einem einzigen
Schiff angetreten zu haben. Schon Kolumbus war mit drei Karavel-
len – zu seinem und seiner Leute Glück – auf der *Santa Maria* gesegelt, denn ausgerechnet das Flaggschiff ging Weihnachten 1492 vor
Hispaniola/Haïti verloren.

Reparatur der Endeavour

„Nun wollte es unser Herrgott, daß sich um Mitternacht alle schlafen legten", heißt es im Schiffstagebuch des genuesischen Entdeckers, „denn sie hatten bemerkt, daß der Admiral (d. h. Kolumbus selbst – O.E.) sich zur Ruhe begab, und sahen, daß es völlig windstill war und das Meer glatt wie ein Teller; das Steuer verblieb in der Hand eines Schiffsjungen, und die Strömungen trieben das Schiff auf eine der Sandbänke. Da es Nacht war, knirschte es so laut, daß man es eine gute Meile weit gehört hätte; und dabei fuhr das Schiff so sanft auf, daß man es kaum spürte."

Es ist müßig, die Parallelen und die signifikanten Unterschiede zwischen den beiden in der Entdeckungsgeschichte so bedeutend gewordenen Grundberührungen aufzuzeigen. Aber man sollte es zur Kenntnis nehmen, daß Kolumbus trotz des Schiffbruchs der *Santa Maria* nach Spanien zurückgekehrt war und von der Erfüllung seines Auftrags berichten konnte, den Weg nach dem östlichen „Indien" – wie er meinte – auf einer Fahrt gen Westen gefunden zu haben.

Was wäre gewesen, wenn …? Wer wäre Amerikas Entdecker geworden, hätte Kolumbus nicht die Heimreise antreten können?

Und: Wenn Cook tatsächlich hier, am Großen Barriereriff, gescheitert, gestrandet und – seiner Kanonen und wohl auch des beim Bergen vom Wrack der *Endeavour* naßgewordenen Pulvers verlustig – in zehrenden Kämpfen mit den Australiern schließlich unterlegen wäre, seine Besatzung endgültig aufgerieben, er selbst vielleicht getötet.

Oder: Wenn die Mannschaft tatsächlich gemeutert, die Offiziere getötet und den Captain – beispielsweise – an die Wilden gegen Känguruhfleisch eingetauscht hätte? Der Platz, an dem die *Endeavour* schließlich zur Seite gekippt und instand gesetzt werden konnte, war jedenfalls für einen freundschaftlichen Verkehr mit den Ureinwohnern dieser Gegend prädestiniert. Wie aber wäre es Cook in Gefangenschaft der Australier ergangen?

Die Spekulationen, die hier Platz haben, wären schwer zu bremsen. Darum soll vielmehr die Einschätzung der Situation, wie sie Sidney Parkinson seinem Tagebuch am Tag des Auflaufens der *Endeavour* anvertraut hat, gegeben werden: „Wir waren zu diesem Zeitpunkt viele tausend Meilen von unserem Heimatland entfernt, das wir vor fast zwei Jahren verlassen hatten. Waren an einer barbarischen Küste, wo wir, wenn das Schiff tatsächlich zum Wrack geworden und wir trotzdem den Gefahren der See entronnen wären, in die Hände äußerst raubgieriger Wilder hätten fallen müssen. Erregt und überrascht wie wir waren, versuchten wir jede sich bietende passende Methode, um von der Schwelle der Zerstörung fortzukommen."

Die Landung, die schließlich glückte, war ein unbestreitbarer Erfolg dieser Versuche. Diese beschreibt Parkinson folgendermaßen: „Als wir in der Bucht ankamen, legten wir das Schiff auf eine schroffe Uferbank, auswärts einer Flußmündung. An der Küste bauten wir Zelte auf, entluden die *Endeavour* und brachten alle notwendige Ladung sowie unsere Vorräte in die Zelte. Auch unsere Kranken fanden hier Unterkunft."

Am schnellsten von allen Zeltbewohnern genas Tupaia, bei dem sich Anzeichen von Skorbut bemerkbar gemacht hatten. Die vielen schmackhaften Fische, die es in der Mündung des *Endeavour River* genannten Flusses zu fangen gab, brachten ihn bald wieder auf die Beine.

Inzwischen waren die Vorbereitungen für die Arbeit der Zimmer-

Känguruh / Skizze von S. Parkinson

leute abgeschlossen, Nägel und Bolzen der benötigten Abmessungen geschmiedet. Für Banks begann eine ergiebige Zeit der Jagd auf

Pflanzen und Tiere. Zunächst schien es, als gäbe es an Land kein Wild, das lohnte, für den Verzehr erlegt zu werden. Aber dann wurde mehrfach ein mausgraues, weite Sprünge vollführendes Tier mit einem langen Schwanz beobachtet, das einem Windhund nicht unähnlich schien, vor allem hinsichtlich der Körpermaße und seiner Schnelligkeit. Immer wieder entkam es – nicht nur den Blicken, sondern auch den schon drohend erhobenen Büchsenläufen. Dann jedoch gelang es dem passionierten Jäger Gore, insgesamt zwei dieser seltsamen Springer zu erlegen. Noch nie hatte ein früherer Besucher anderer Küsten Neuhollands ein solch merkwürdiges Tier beschrieben. Das Mündungsgebiet des Endeavour River war der Ort der Entdeckung des Känguruhs. Sein Fleisch fand allgemeinen Anklang.

Auch andere Vertreter der sehr eigenständigen australischen Tierwelt wurden hier zum erstenmal beobachtet und gezeichnet, präpariert oder anderweitig für die Wissenschaft dokumentiert: Dingos, Flederhunde, buntschillernde Vögel. Tauben und Fische bereicherten den täglichen Speisezettel. Hinzu kamen Palmkohl und andere Wildfrüchte und die Wasserbrotwurzel Taro, soweit es die schmackhaften Blätter der Pflanze betraf, die Wurzel selbst war den meisten zu scharf. „Wenige außer mir konnten sie essen", bekennt Cook in diesem Zusammenhang freimütig. Aber – hätte er je etwas verschmäht oder unterlassen, wovon er sich einen Wissensgewinn versprach? Er war mit dem Gaumen ebensosehr ein Entdecker wie mit all seinen anderen Sinnen oder mit Kartenbesteck und Schiffskompaß.

Vor allem aber trug er durch kartographische Sorgfalt bei der Aufnahme des Landes am Endeavour River – oft nach Bootsfahrten flußauf – zu dem umfassenden Bild bei, das bis zum Ende der Zwangspause von dieser Gegend gewonnen wurde. Zur möglichst exakten Bestimmung der geographischen Länge wurde der Austritt des Jupitermondes Jo aus dem Planetenschatten beobachtet. Dieses Ereignis trat zu bekannter, d. h. für den Nullmeridian vorausberechneter, Zeit ein, so daß man daraus die wahre Ortszeit und also die geographische Länge finden konnte. Und so war der Nothafen an der australischen Ostküste nicht länger irgendein schnell benannter Fleck an jenem gefahrvollen Ufer. Die Angabe der geographischen Koordinaten – die Breite war ohnehin gemessen worden – bezog ihn ein in das wachsende Bild von der Erde, zu dessen Vollständigkeit der Tagelöhnersohn James Cook aus Marton in Yorkshire als Captain in der Königlich Britischen Marine so entscheidend beigetragen hatte.

Immer wieder gilt es, den Entdecker Cook selbst zu entdecken. Zum Beispiel während der Reparaturarbeiten an der *Endeavour*, die gut vorankamen. Auf einen Punkt legte Cook besonderen Wert, wie er in seinen Aufzeichnungen vermerkt: „Sobald eine der Erfrischungen, die wir uns verschaffen konnten, eine Aufteilung gestattete, veranlaßte ich generell, daß sie in gleichen Gewichtsteilen unter der gesamten Besatzung verteilt wurde. Die geringste Person auf dem Schiff hatte einen gleichen Anteil wie ich selbst zu bekommen oder wie jeder andere an Bord. Und diese Methode sollte jeder Befehlshaber eines Schiffes auf solch einer Reise ständig beachten."

Ein Credo? Mehr: Ratschlag und Aufforderung für andere. Dringend und absolut formuliert, wie später die Hinweise zur Vermeidung von Skorbut.

Oder Leutnant Cook, wie er abermals Wilden entgegentrat. Es sollte drei Wochen dauern, ehe es zu diesem Treffen kam. Parkinsons Darstellung macht es nacherlebbar:

„Sie kamen in einem Kanu näher und landeten bei uns. Legten die Lanzen nieder und kamen uns mit freundschaftlichen Gesten entgegen. Aber sie waren zunächst sehr verlegen, von uns und den Dingen um uns nahmen sie nur wenig Notiz. Auch schienen sie sich keiner Gefahr bewußt. Wir machten ihnen einige Geschenke, die sie zwar annahmen, aber nicht sonderlich beachteten. Auch schienen sie sich nicht darüber zu freuen. Erst als unsere Leute nur noch zu dritt waren, wurden sie freier und ungezwungener. Sie machten Zeichen, und die Unseren legten Teile der Kleidung ab. Sie zeigten sich sehr erstaunt und schienen keine Ahnung zu haben, wozu diese Sachen gut sein sollten. Auch drückten sie nicht den Wunsch aus, solche zu besitzen. Ein Hemd, das wir ihnen gaben, wurde später, zu Lumpen zerrissen, gefunden."

Das gegenseitige Nichtverstehenkönnen führte schließlich zu einem Zusammenstoß, glücklicherweise ohne ernstere Folgen. Ein Australier entzündete eine Handvoll trockenen Grases an dem englischen Wachtfeuer und steckte im Nu das Grasland, die Büsche, die wenigen Bäume in Brand. Dies war eine neuerliche Entdeckung auf Cooks Konto: die der gefürchteten australischen Buschbrände.

„Zum Glück waren die meisten unserer Sachen (so der Pulvervorrat und die Zelte) schon wieder an Bord geschafft, so daß sie nicht vom Feuer verzehrt wurden. Wir schossen auf einen von ihnen, als er mit einem brennenden Grasbüschel einen Hügel hinauflief. Der Schrotschuß verwundete ihn. Einige von ihnen kamen danach zu uns, und wir machten Frieden. Sie leben vor allem von Fisch. Abfälle davon bemerkten wir allenthalben an ihren Feuerstellen. Sie selbst entzünden die Flamme, indem sie ein Stück Holz in einem Loch eines anderen Stückes schnell hin- und herdrehen, bis es zu brennen beginnt."

Als alles an Bord klar zur Abreise war, hatte der Monsun gewechselt und hielt das Schiff weitere zwei Wochen fest. Die Zeit wurde mit sorgfältiger Ausschau nach einem sicheren Fahrwasser genutzt. Der Blick von einem Hügel an Land, den Cook vorher bereits für Vermessungszwecke genutzt hatte, die Erkundung mit Booten und etwas Glück beim Nachlassen des Südostwindes, der das Schiff in der Bucht hielt, waren die wichtigsten Voraussetzungen für den erfolgreichen Aufbruch in den ersten Augusttagen. Eine Pinasse ruderte voraus und half, den Weg durch das Riff zu finden.

Die *Endeavour* war der Falle noch einmal glücklich entkommen; nun wollte Cook nichts riskieren, was ihn erneut in Bedrängnis bringen könnte. Trotzdem fuhr er nur ungern außerhalb des Riffs nach Norden weiter. „Zu meinem großen Bedauern war ich gezwungen, diese bis zu ihrem nördlichen Ende unerforschte Küste zu verlassen", notierte er. Nachts wurde wieder regelmäßig geankert und sorgfältig das Profil des Meeresgrundes verfolgt. Gefährliche Augenblicke gab es freilich auch jetzt zu bestehen, nicht umsonst nannte er eine der engen Durchfahrten im nördlichsten Teil des Riffs nach der göttlichen Vorsehung *Providential Channel*. Und mit großen Buchstaben hatte Cook quer über alle Riffe und Untiefen nördlich der Mündung des Endeavour River geschrieben: *Labyrinth*.

Nun aber, nachdem die Rückkehr hinter das Riff gelungen war, hieß es, mit dem Gewirr aus Korallenbänken und gefährlich scharfen Klippen, die lediglich bei Ebbe trockenfielen, fertigzuwerden. Cook hielt die *Endeavour* nahe dem Festland, wollte offensichtlich Neuhollands Nordspitze nicht verfehlen. Sonst wäre er gezwungen gewesen, Neuguinea insgesamt umsegeln zu müssen. Es ist interessant, daß Cook diese Alternative für seine Heimfahrt nirgends erwähnt oder sie als Möglichkeit diskutiert.

Am Morgen des 21. August 1770 sah er freies Fahrwasser vor sich. Er hielt auf das nördlichste mit Neuholland verbundene Land zu und nannte es *Cape York*. Die Boote voraus, wurde ein Weg nach Westen gesucht und gefunden. Um vier Uhr nachmittags ankerte die *Endeavour* vor der Küste einer kleinen Insel. Der Captain landete in Begleitung von Banks und Solander.

Es gab nach Norden zu kein Festland mehr. Bei Sonnenuntergang nahm Cook mit einer letzten Flaggenhissung an dieser Küste den gesamten Landstrich bis hinab auf 38° s. Br., wo er von Neuseeland her zuerst auf das australische Ostufer gestoßen war, für seinen König in Besitz und nannte ihn *Neusüdwales*. Der südliche der beiden australischen Bundesstaaten, die Zugang zur Ostküste des kleinsten Kontinents haben, trägt diesen Namen noch immer.

„An der Westseite Neuhollands kann ich keine weiteren Entdeckungen machen; der Ruhm gebührt bereits den holländischen Seefahrern." Diese Feststellung Cooks im Augenblick des Triumphes charakterisiert seinen Ehrgeiz als selbstbewußt, aber nicht überheblich oder gar ungerecht.

Nach der Umseglung von Kap Hoorn und der Sturmfahrt um Neuseelands Nordspitze war ihm mit der Passage durch die Endeavour Strait eine weitere große navigatorische Tat gelungen. Hinter dieser Tatsache verblaßt die Frage, ob Cook von Torres' Entdeckung gewußt habe; Dalrymple hat es immer wieder behauptet und sich dabei auf seine Veröffentlichungen und auf die an Banks weitergegebenen zusätzlichen Informationen berufen. Cook selbst hat den Sachverhalt, daß „Neuholland und Neuguinea zwei getrennte Länder oder Inseln" sind, lediglich als „bis zu diesem Tage zwischen den Geographen strittig" bezeichnet. Und an anderer Stelle: „Wir haben dies jetzt völlig außer Frage gestellt. Aber wie ich annehme, war es schon vorher bekannt – wenngleich nicht der Öffentlichkeit. Ich beanspruche kein anderes Verdienst als das, einen zweifelhaften Punkt geklärt zu haben."

## London via Batavia Kapstadt

Der nun folgende Reiseabschnitt ist deutlich als Heimfahrt erkennbar, der allerdings noch schwere Prüfungen mit sich bringen sollte.

Am 28. August 1770, zwei Jahre und zwei Tage nach dem Aufbruch von Plymouth, kam flaches Küstenland an der Südwestecke Neuguineas in Sicht. Die *Endeavour* fuhr bereits wieder unter Vollzeug und ohne ein Boot vorauszuschicken. Aber neuerlich mahnten sprunghafte Änderungen der Wassertiefe zur Vorsicht.

In den ersten Septembertagen erfolgte eine kurze Landung auf Neuguinea, ein letztes Mal auch ein Zusammenstoß mit Küstenbewohnern, die die Fremden mit Rauch und brennendem Zunder aus langen Bambusrohren anbliesen; die Briten fühlten sich – wie sollte es anders sein – bedroht und antworteten aus den eigenen Feuerrohren. Dann war, schon wenige Tage später, der Herrschaftsbereich der Niederländischen Ostindien-Kompanie erreicht.

Diese Gesellschaft hatte seit ihrer Gründung im Jahre 1602 Zug um Zug das Erbe der Portugiesen in Ostindien angetreten und diese Seemacht, die sich einst die zu entdeckende Welt mit Spanien geteilt hatte, bald aus den wichtigsten Positionen zwischen Ceylon/Sri Lanka und den Molukken verdrängt. Die Niederlande – meist wurde der Name der einen Provinz Holland für das Ganze gebraucht – verdankten ihre Entwicklung als Kolonialmacht vor allem dem schnellen Heranreifen kapitalistischer Produktionsverhältnisse unter den Bedingungen der eben den Spaniern abgetrotzten politischen Freiheit und Unabhängigkeit.

So war es nur folgerichtig, daß die Mijnheers in Hinterindien und vor allem auf den Sundainseln und den Molukken bald vom reinen Gewürzhandel abkamen und den Anbau der in Europa sosehr begehrten Spezereien selbst organisierten. Das hieß auch, daß sie ihn dort, wo zu große Mengen – beispielsweise an Nelken – anfielen, unterbanden und die Bäume rodeten. Das Monopol gestattete ihnen, die Preise nach Gutdünken zu diktieren, denn schließlich waren ja weder Nägelein (Gewürznelken) noch Muskatnüsse oder Pfeffer nach dem Verständnis der Gewaltigen in der Kompanie in erster Linie Geschmacksveredeler, sondern vor allem dazu da, die schwindelerregenden Profite der Ostindien-Kompanie weiter in die Höhe zu treiben.

Ostindien-Gesellschaften gab es zunächst in mehreren europäischen Seehandelsstaaten, so seit 1616 in Dänemark und seit 1664, von Colbert begründet, in Frankreich. Die im Jahre 1600 von Königin Elisabeth I. mit umfassenden Handelsprivilegien ausgestattete britische Eastindia-Company wurde schließlich neben den Holländern zum bedeutendsten Unternehmen im europäischen Indienhandel. Und da sich die Kaufleute von der Themse nach anfänglichen Versuchen, den Mitbewerbern aus den Niederlanden das Geschäft auf den Molukken streitig zu machen, mit blutigen Köpfen dem indischen Festland zugewandt hatten, brachten ihre Bemühungen dort sehr bald den gewünschten Erfolg und die Company wurde zum Begründer der britischen Kolonialherrschaft über Indien. Nach dem Siebenjährigen Krieg war die französische Konkurrenz in Ostindien faktisch ausgeschaltet, der französische Territorialbesitz auf Pondicherry und wenige andere Hafenplätze beschränkt. 1770 wurde die französische Indiengesellschaft aufgelöst.

Für die Engländer war die Abgrenzung gegen die Holländer klar: Diese beschränkten ihre Kolonialansprüche auf Inselindien, also die großen und kleinen Sundainseln, wo sie allerdings nach Kolonialherrenart mit uneingeschränkter Willkür und Grausamkeit schalteten und walteten. Blut, Schweiß und Tränen der Inselbewohner wurden im Umweg über die Realisierung der Plantagenprodukte auf dem europäischen Markt zu klingender Münze für die Profiteure des Gewürzgeschäfts.

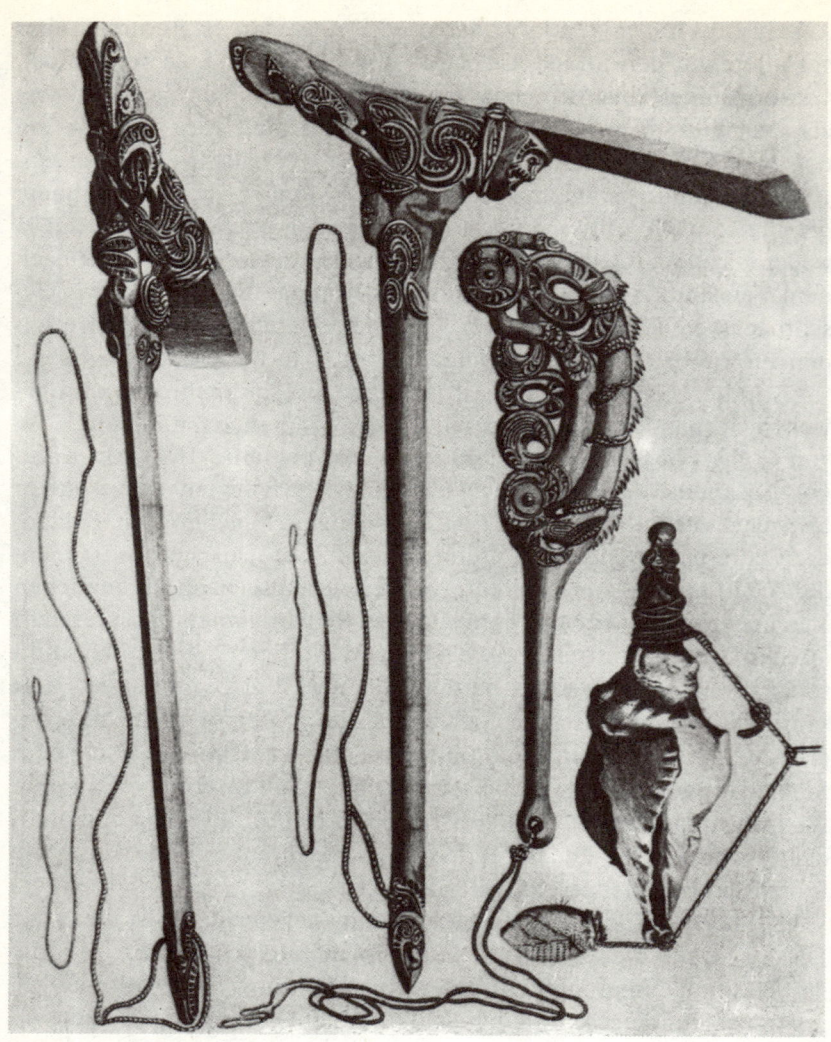

Waffen melanesischer Krieger

Der Zustand der *Endeavour* verlangte dringend nach Abhilfe, sollte das Schiff die noch vor ihm liegende halbe Erdumrundung durchstehen. Cook war entschlossen, in Batavia eine umfassende Werftreparatur vornehmen zu lassen, scheute jedoch vor einer verfrühten Landung im niederländischen Einflußbereich zurück.

„Ich wußte, daß die Holländer alle anderen Europäer, die auf diese Inseln geraten, mit einem eifersüchtigen Auge ansehen, und unsere Not war nicht so groß, daß sie mich gezwungen hätte, einen Ort aufzusuchen, wo ich möglicherweise mit wenig Nachsicht behandelt worden wäre", liest man in Cooks Schiffstagebuch. Die schlechten Erfahrungen mit den Portugiesen in Rio de Janeiro mögen der Grund zu dieser vorsichtigen Haltung gewesen sein.

Also segelte die *Endeavour* an Timor und den ihm vorgelagerten Inseln vorbei. Erst als am 17. September eine auf keiner Karte verzeichnete Insel in Sicht kam, gewannen die Befürworter einer Landung an Bord die Oberhand. Kokospalmen und weidende Viehherden versprachen eine Auffrischung der Vorräte.

Ging dem Entschluß zum Besuch der Insel eine Auseinandersetzung zwischen Kapitän und Offizieren voraus? Oder kalkulierte Cook scharf seine Möglichkeiten, ohne Skorbutopfer bis nach Batavia zu gelangen, und entschloß sich erst dann zur Landung? Oder war er gar von Entdeckerehrgeiz getrieben, wollte vor allem das unbekannte Eiland identifizieren und kartographisch aufnehmen, stellte er dafür alle Bedenken hinsichtlich möglicher Drangsalierungen durch die Niederländer zurück?

Wir wissen es nicht. Jedenfalls wurde Leutnant Gore ans Ufer entsandt und kehrte bald schon mit hoffnungsvoller Nachricht zurück: Der Radscha der Insel – sie hieß Sawu – sei zum Verkauf von Vorräten bereit, bedürfe dazu jedoch noch der Zustimmung des niederländischen Faktors. Als die beiden Herren schließlich zum Gegenbesuch an Bord erschienen, wurde man handelseinig. Nicht ohne Genugtuung vermerkt Parkinson in seinem Tagebuch: „Nach vielen Tricks von ihrer Seite gelang es uns, reichlich Geflügel, acht junge Ochsen, mehrere Ziegen und Schweine sowie eine größere Last Sirup und einige Früchte günstig einzukaufen."

Offenbar gehörte der Zeichner zu denjenigen Engländern, die an Land gehen durften, um die Waren zu übernehmen. Er war es auch, der mit einer eher unschuldigen Frage nach dem Anbau von Gewürzen auf dieser Insel den bereits abgeschlossenen Handel in Gefahr brachte, vermutete der Leiter der niederländischen Faktorei in der Befriedigung dieser Neugier doch den eigentlichen Zweck des unerwarteten britischen Besuchs. Und dagegen, ausspioniert zu werden, war man seitens der Pfeffersäcke allemal überempfindlich. In Parkinsons eigener Darstellung liest sich dieser Zwischenfall, der die Proviantübernahme wesentlich verzögerte, nicht weiter verfänglich: „Da man uns nicht erlaubte, das Land und die Landesprodukte einer näheren Prüfung zu unterziehen, indem wir ständig unter strenger Bewachung der Holländer blieben, machte ich mir einen Spaß daraus, von den Eingeborenen der Insel soviel als irgend möglich über ihre Sprache zu erfahren, und stellte gar ein umfangreiches Wörterverzeichnis zusammen."

Nach neuen Verhandlungen, neuerlichem Traktiertwerden mit süßem Palmwein und vielen beschwichtigenden Worten gelang es Cook schließlich, die Sache zu einem guten Ende zu bringen. Dabei fielen vor allem für Banks Aufzeichnungen eine ganze Reihe unbeabsichtigt preisgegebener Informationen über die Natur, das Wirtschaftsleben und die Bewohner von Sawu ab. Als die *Endeavour* am 21. September die Anker lichtete, konnten die Engländer das Eiland als Neuentdeckung für sich verbuchen.

Am 1. Oktober kam Java in Sicht. Noch war es weit bis zum westlichen Ende der langgestreckten Insel und zur Sundastraße, durch die der Weg nach Batavia führte.

Die „Perle der östlichen Meere" bildete das Zentrum der niederländischen Herrschaft über Inselindien. Der Hafen von Batavia war gleichzeitig eine wichtige Drehscheibe im südostasiatischen Handel: Schiffe aus China brachten nicht nur Tee, Porzellan und Rohseide, mit den Dschunken kamen Kaufleute, die sich in der Stadt niederlassen und ihr Glück versuchen wollten; aus Manila fuhren spanische Segler hierher, kauften für Gold und Silber aus Mexiko Zimt und andere Gewürze ein; und selbst englische Indienfahrer machten häufig einen Abstecher nach Batavia, verkauften vor allem Waffen und Wein und erwarben im Gegenzug den auf Java gebrauten Arrak, einen scharfsüßen Schnaps aus Reisdestillat oder Zuckerrohrsirup. Den Gewürzexport behielten sich die Holländer selbst vor.

So wimmelte es in Batavia nicht nur von fremden Seeleuten, sondern auch die ortsansässige Bevölkerung war buntgemischt; neben Javanern, Malaien, Chinesen und Indern gab es arabische Kaufleute, Portugiesen und eben – aber lediglich zu einem Fünftel der Europäer – Holländer. Den Krämergeist dieser Leute hat ein Zeitgenosse Cooks, der französische Aufklärer und Enzyklopädist Guillaume Thomas François Raynal, sehr treffend charakterisiert: „Erfährt man vom Tod eines Mitbürgers, dem es gestern noch gut ging, so wird nie Überraschung erkennbar, handelt es sich doch beim Sterben um ein wenig bemerkenswertes Ereignis. Ein Geizhals mag allenfalls anmerken, der Verblichene habe ihm immerhin nichts geschuldet. Oder aber er sagt, nun müsse er sich durch die Erben auszahlen lassen."

Ja, der Tod war tatsächlich wohlfeil im geschäftstüchtigen Batavia. Die Stadt – das heutige Jakarta, die Hauptstadt Indonesiens – war nach dem Vorbild Amsterdams und anderer niederländischer Städte von zahlreichen Grachten durchzogen, Kanälen, auf denen die von den Seeschiffen auf Leichterfahrzeuge umgeladenen Lasten bis zu den Handelskontoren und Stapelplätzen transportiert werden konnten. Diese Kanäle waren die Brutstätten unzähliger Insekten und verbreiteten darüber hinaus einen fürchterlichen Gestank, denn in der tropischen Hitze faulten in ihrem stehenden Wasser Abfall und Unrat. So war der Glanz der „Perle der östlichen Meere" nicht ungetrübt: Batavia war weithin gefürchtet wegen der dort grassierenden Tropenkrankheiten.

Als die *Endeavour* den Hafen erreichte, konnte ihr Kapitän mit Recht stolz darauf sein, im bisherigen Verlauf der Reise keinen einzigen Mann durch Skorbut und andere Plagen längerer Seereisen verloren zu haben. Nun aber schlug das tropische Fieber zu: Während das Schiff auf die Werft kam, gab es bereits die ersten Malariafälle. Cook tat alles, was in seiner Macht stand, um ein Ausbreiten der

Krankheiten zu verhindern, ließ keine Reinlichkeitsmaßnahme aus und sorgte dafür, daß jeder, der an Bord abkömmlich war, ein einigermaßen gesundes Quartier an Land erhielt. Unter den ersten Kranken waren Banks und Solander, der Schiffsarzt Monkhouse und die beiden Polynesier. Monkhouse starb als einer der ersten.

Sollte der Tod des Arztes ein schlimmes Vorzeichen sein? Fast schien es so, denn nun häuften sich die Todesfälle unter den Seeleuten. Auch Tupaia und sein junger Begleiter Taiata starben unter schrecklichen Qualen. Ein einziger Mann der Besatzung schien ein wirksames Gegenmittel gegen das Fieber gefunden zu haben: der 75 Jahre alte Segelmacher Ravenhill. Cook sagte von ihm, er sei während des ganzen Aufenthalts in Batavia nie nüchtern genug gewesen, um von sich sagen zu können, er habe das Sumpffieber oder er habe es nicht.

Das Schiff war stärker in Mitleidenschaft gezogen, als Cook ursprünglich angenommen hatte. Er mußte eine Anleihe aufnehmen, um die Reparaturen bezahlen zu können. Gegen eine andere Gefahr, die in Batavia auf die Expedition lauerte, hatte der Captain rechtzeitig seine Vorkehrungen getroffen: Um ein vorzeitiges Bekanntwerden der bisherigen Forschungsergebnisse zu verhindern, sammelte er alle Tagebücher der Offiziere ein und verpflichtete jedermann zum Stillschweigen. Auch den Hafenbehörden gegenüber gab er nur an, aus England zu kommen und nach Europa zurückkehren zu wollen. Einem holländischen Kapitän vertraute er allerdings – an die Britische Admiralität in London adressiert – eine Kopie seines Schiffstagebuches an, dazu Karten der Südsee, Neuseelands und der australischen Ostküste. Eine weitere Nachricht ging an die Royal Society. Cooks Mitteilung, er habe die ihm übertragenen Aufgaben erfüllt, wurde ergänzt durch einen ersten Bericht Greens über den zeitlichen Ablauf der Venuspassage, wie er sich den Beobachtern auf Tahiti dargestellt hatte.

„Obwohl die Entdeckungen während dieser Reise nicht groß waren, so schmeichle ich mir doch, daß sie geeignet sind, die Aufmerksamkeit Eurer Lordschaften zu verdienen. Und obwohl es mir nicht gelang, den so viel diskutierten südlichen Kontinent (der vielleicht gar

144

nicht existiert) zu entdecken, was ich von Herzen gewünscht hatte, bin ich doch zuversichtlich, daß mir das Mißlingen dieser Entdeckung nicht zur Last gelegt werden kann – weder ganz noch teilweise."

Dieser Auszug aus Cooks Bericht an die Admiralität läßt erkennen, daß Cook bereits zu einem relativ frühen Zeitpunkt seiner Entdeckerkarriere die Rolle erahnte, die er im Spektrum der glanzvollen Namen von Marco Polo und Kolumbus bis hin zu den eigenen Zeitgenossen zu spielen haben würde: der Entdecker der Unentdeckbarkeiten zu sein. Denn dies macht – ein solches Fazit soll bereits hier angedeutet werden – den Glanz des Namens James Cook unter den Entdeckern aus: Er hat die Nichtexistenz eines riesenhaften Südkontinents, die er nach seiner ersten Pazifikfahrt nur vermuten konnte, schließlich auf seiner zweiten Weltreise bewiesen! Damit leistete er einen würdigen Beitrag zum Zeitgeist der Aufklärung. Das Experiment und sein exaktes, nicht wegdiskutierbares Ergebnis waren zur alleinigen Methode bei der Beantwortung schwieriger Fragen geworden – in der Geographie und in den Naturwissenschaften. Man fragte nicht mehr, wie einst die Scholastiker und auch Humanisten und andere Renaissancephilosophen: Was sagten die alten Griechen zu dieser oder zu jener Frage? Vielmehr hatte man seit Galilei und Newton gelernt, sich die Antworten bei der Natur selbst zu holen.

Interessant sind die Lesarten von Cooks Briefen an die Seelords in London. In seinem erhalten gebliebenen Entwurf hatte es noch geheißen: „Ich halte dafür, daß diese Reise für ebenso großartig und vollendet angesehen werden kann – wenn nicht gar für mehr – wie jede andere, die zuvor mit dem gleichen Ziel in die Südsee unternommen worden ist." In der Fassung, die dann nach London abging, war der Einschub „wenn nicht gar für mehr" weggelassen; er mag Cook überzogen und prahlerisch geklungen haben, und das war er im Verkehr mit seinen obersten Vorgesetzten ganz sicher nicht.

Von der Vollendung eines der Vorgängerunternehmen ihrer Südseereise erfuhren die Leute auf der *Endeavour* in Batavia: Die *Swallow* unter Kapitän Carteret war hier vorbeigekommen. Das Schiff hatte die Reise glücklos und unter starken Verlusten an Mannschaft und Material bis nach London fortgesetzt, wußte der Kapitän eines Teeseglers der Eastindia-Company zu berichten, der in Batavia lag. Für Cook selbst war das Schicksal der *Swallow* Drohung und Herausforderung zugleich: Zwar hatte er die Strapazen bei der Überquerung des Pazifiks mit Schiff und Mannschaft weit besser überstanden als Carteret, hatte am Großen Barriereriff einen Schiffbruch gerade noch abwenden können und hoffte nun, auch mit dem Fieber fertig zu werden und das Schiff nach der gründlichen Reparatur wieder voll fordern zu können.

Am zweiten Weihnachtstag segelte das „Hospitalschiff", wie Cook die *Endeavour* zu diesem Zeitpunkt sarkastisch nannte, von Batavia mit günstigem Monsun. Am 5. Januar 1771 war die Insel Panaitan ausgangs der Sunda-Straße erreicht, wo erneut Früchte, Wasser und frisches Fleisch übernommen wurden. Mitte Januar fuhren sie hinaus auf den Indischen Ozean, mit Kurs auf das Kap der Guten Hoffnung an Afrikas Südspitze.

Gute Hoffnungen hatten sie nötig, die Leute auf der *Endeavour*. Neben Malaria und anderen Fiebererkrankungen war nach Ende der Werftliegezeit unter der Mannschaft auch ein gefährlicher Durchfall aufgetreten, der bald schon die ersten Opfer forderte. Cook suchte der Ruhr beizukommen, indem er – selbst von der Krankheit geschwächt – auf strikte Einhaltung seiner Anordnungen achtete, welche die Einhaltung von Hygiene und Sauberkeit an Bord betrafen. Aber dann kam der Zeitpunkt, zu dem nicht mehr genug Hände vorhanden waren, um Deck und Unterkünfte mit Essig zu scheuern. Selbst die Deckswachen zur Durchführung der notwendigsten Segelmanöver mußten auf vier Mann beschränkt werden. Zum Glück für die Expedition verlangten Wellen und Wind der *Endeavour* in diesen Tagen nicht allzuviel ab.

Cooks Aufzeichnungen über jene Zeit sind äußerst spärlich; daß er jedoch Wetterangaben und Kurse nie ganz zu notieren unterließ, charakterisiert ihn treffend. Vollständiger als alle anderen Dokumente sind die Totenlisten: der Astronom Green steht darauf und der Segelmacher Ravenhill, dem der Schnaps in Batavia offenbar nicht wirklich geholfen hatte; aber auch jener Chronist dieser Reise,

146

dessen Tagebuchblätter häufig als Gegendarstellung zu Cooks offiziellen Niederschriften erscheinen und dadurch den Geschehensmöglichkeiten an Bord und den Landungsplätzen überraschend authentische Vielfalt verleihen: der Maler und Zeichner Sidney Parkinson.

Als das Schiff am 15. März 1771 endlich in der Tafelbucht Anker wirft, sind 30 Mann weniger an Bord als bei der Ankunft in Batavia.

Was wäre, hätte Cook selbst zu den Toten gehört?

Sicher – für die Weiterfahrt hätten sich ernste Schwierigkeiten ergeben, starben doch der Master der Bark, Robert Molineux, und Leutnant Hicks. Aber es ist nicht anzunehmen, das Schiff hätte wegen der Verluste – selbst im Fall eines hier einmal behaupteten Todes des Kapitäns während der Überfahrt – etwa die Heimat nicht wieder erreicht (für Hicks fand sich ein würdiger Nachfolger, Charles Clerke, bislang Master's mate, der dann auch die beiden nächsten Cook-Weltreisen noch mitmachen sollte). Ebenso wäre die Bedeutung der Reise für die Erforschung der Südsee durch einen solchen Tod von James Cook nicht gemindert worden. Die Ergebnisse von Banks naturwissenschaftlichen Studien und die Dokumentation der Venuspassage geben dem Unternehmen ohnehin eine herausragende Bedeutung, die neben jener besteht, welche die Expedition in Cooks Leben spielt: die erste Weltreise eines seefahrenden Entdeckers, dessen Fähigkeiten durch diese eine Reise allein nicht erschöpfend auszuloten waren.

Sicher gilt auch dies: An einen Südkontinent würde selbst ohne Cooks Zutun heute niemand mehr glauben. Die Suche nach der vermuteten Terra australis wurde zu jener Zeit so intensiv betrieben, daß andere Forscher wenig später hätten zu ähnlich gesicherten Ergebnissen gelangen müssen.

Über die Insel St. Helena wurde jener Teil des Atlantik erreicht, in dem bei einem zu erwartenden Ausbruch von Feindseligkeiten der britischen Krone mit Spanien der segelmüden *Endeavour* neue ernste Gefahr drohte. Cook versuchte zunächst, unter dem Schutz eines Geleitzuges weiter nach Norden zu segeln, konnte dann aber nicht mithalten und vertraute weiter allein auf sein Glück. Und das ließ ihn diesmal auch nicht im Stich: Am 12. Juli 1771 erreichte Cook mit seiner am Kap durch portugiesische Seeleute verstärkten Mannschaft den Hafen von London.

Sofort erstattete er in der Admiralität ersten Bericht. Das wissenschaftliche und nautische Belegmaterial sowie die Karten bestanden diese zunächst flüchtige Prüfung zur vollen Zufriedenheit beider Seiten, die Ergebnisse der Reise wurden ebenso gutgeheißen wie die Beförderung von Charles Clerke zum Leutnant nach dem Tode von Hicks.

Der breiten Öffentlichkeit allerdings stellte sich die eben zu Ende gegangene Expedition vor allem als Erfolg des reisenden Naturforschers Joseph Banks dar. Von dessen Erfolgen berichteten die Zeitungen in großer Aufmachung, von Entdeckungen, die ihm allein zugeschrieben wurden. In dem Vorschlag, Neusüdwales möge als britische Kolonie den Namen *Banksia* tragen, gipfelte der Kult um den weltmännischen Adligen. Er wurde mehrfach bei Hofe empfangen, er lud die Noblesse zu sich ein, um seine Sammlungen zu präsentieren. Er, Joseph Banks, durfte gar sehr bald den Wunsch nach einer neuen Expedition in die Südsee äußern.

Cook war inzwischen – da die *Endeavour* nach ihrer Instandsetzung im Frachtdienst nach den Falklandinseln eingesetzt werden sollte – ein Kapitän ohne Schiff, damit beschäftigt, die Ergebnisse seiner Reise in Berichten niederzulegen; diese betrafen die Beobachtung der Venuspassage ebenso wie die Eignung der vom Verpflegungsamt der Admiralität der *Endeavour* mit auf den Weg gegebenen Antiskorbut-Nahrungsmittel. Bei all diesen Ausarbeitungen konnte er sich auf seine ausführlichen Notizen während der Reise stützen. Einen umfassenden Reisebericht im eigentlichen Wortsinn hat er jedoch über die *Endeavour*-Fahrt nie verfaßt. Die Admiralität legte diese Aufgabe in die Hände eines Journalisten, John Hawkesworth, der beauftragt wurde, die Reise im Rahmen eines dreibändigen Werkes neben den Weltumseglungen von Byron, Wallis und Carteret abzuhandeln.

Hawkesworth standen zur Erledigung seines Auftrages die bereits in Batavia unter Verschluß genommenen Tagebücher aller Reiseteilnehmer, Cooks Schiffsjournal, das Logbuch sowie Banks' Aufzeichnungen zur Verfügung. Lediglich einem einzigen Mitreisenden – vermutlich war es der Midshipman J. M. Magra – gelang die anonyme Herausgabe seines Fahrtberichts, ohne daß die interessanten Details der Willkür des Kompilators zum Opfer gefallen wären. Um Sidney Parkinsons Notizen entspann sich ein langer Rechtsstreit zwischen einem Bruder des verstorbenen Malers und Banks, in dessen Diensten Parkinson gestanden hatte. Erst nach dem Tod des Bruders wurde Parkinsons Tagebuch 1781 veröffentlicht – ausführlich bearbeitet, aber doch nicht in dem Maße entstellt, wie es bei der starken Raffung durch Hawkesworth unausbleiblich gewesen wäre.

Nicht zuletzt Cook selbst war sehr verärgert über die Handhabung des Berichtsmonopols durch den zum „offiziellen Chronisten" der Reise ernannten Zeitungsmann, der die Fahrt selbst gar nicht erlebt hatte. Dieser Ärger klingt noch Jahre später an, wenn Cook – es sei erinnert an die Einleitung zum Bericht über seine zweite Weltfahrt – hervorhebt, so etwas mache er „besser in meinen eigenen Worten als in denen eines anderen".

Hawkesworth ging es vor allem um eine günstige Vermarktung des Copyrights für diese drei Bände. Er fand schließlich einen Verleger, der ihm mehr dafür zahlte, als die vier Kapitäne während der Reisen an barer Zahlung erhalten hatten. Nicht zuletzt durch jüngst zu Ende gegangene Südseeunternehmungen anderer Staaten – etwa Frankreichs mit der Weltumseglung des Mathematikers und Marineoffiziers Louis Antoine de Bougainville – war das Interesse der Öffentlichkeit an vergleichbaren Publikationen geschärft, auch in England. So wurde nicht nur Bougainvilles Buch ein verlegerischer Welterfolg, sondern ebenso das vielgeschmähte Werk des geschäftstüchtigen John Hawkesworth. Cook sollte dies eine Lehre sein.

# Am Südpolarkreis

## Zweite Weltreise (1772–1775)

### *Fahrtziel Südland?*

Erster Seelord war seit Januar 1771 John Montagu, Earl of Sandwich. Er war ein enger Freund und Vertrauter von Banks, ein Umstand, der ihn auch zum Förderer Cooks werden ließ. Als es dann zum Bruch zwischen Banks und Cook kam, hatte Sandwich sich bereits durch eigene Anschauung von der Tüchtigkeit des Seemannes überzeugen können, so daß aus dem Zerwürfnis kein Anlaß für ein Ende von Cooks Karriere wurde. Man muß dies berücksichtigen, will man die scheinbare Selbstverständlichkeit erhellen, mit der Cook das Kommando über die zweite, von Banks angeregte Südlandexpedition erhielt. Und man muß wissen, daß Hugh Palliser, einst Kapitän der *Eagle* und durch die gemeinsame Zeit auf Neufundland mit Cooks Begabungen vertraut, seit dem Vorjahr als Chef des Navy Board fungierte, jener Behörde, welche die Anschaffung, Ausrüstung und Bevorratung aller Schiffe der Königlichen Marine zur Aufgabe hatte. Als besonders glücklichen Umstand darf man hinzurechnen, daß zwischen Palliser und Sandwich ein Vertrauensverhältnis bestand.

Einen Monat nach Rückkehr der *Endeavour* von ihrer Dreijahresfahrt rund um die Erde wurde Cook durch die Vermittlung von Sandwich von König George III. empfangen. Die Audienz dauerte etwa eine Stunde; der Kapitän erläuterte Karten und Einzelheiten des Reiseablaufs, im Gegenzug erhielt er vom König seine Bestallung zum *Commander*. Als Schiff bekam er die *Scorpion* zugewiesen, die an einer großangelegten Neuvermessung der englischen Küsten beteiligt gewesen war. Die neue Position Cooks sollte wohl vor allem seine Bezüge rechtfertigen.

Earl of Sandwich / Gemälde von Gainsborouth

Inzwischen waren die Pläne der Admiralität zur Fortführung der Südlandsuche schon sehr weit gediehen – Pläne, an deren Ausarbeitung Commander James Cook sehr direkt Anteil nahm. Nur ein Monat war nach dem Empfang durch den König vergangen, da schrieb er stolz und selbstbewußt an seinen väterlichen Freund, den Reeder John Walker in Whitby: „Man denkt an eine weitere Reise, mit zwei Schiffen, und falls sie stattfindet, so glaube ich, mit dem Kommando darüber betraut zu werden."

Ja, zwei Schiffe sollten es diesmal sein, denn der Zwischenfall am Großen Barriereriff hatte die Gefahr deutlich werden lassen, in welcher die Besatzung eines Einzelschiffes ständig schwebte. Und es sollte wieder der Typ, ein Kohlen-Cat sein, der sich in Gestalt der *Endeavour* so vorzüglich bewährt hatte.

Diesmal war Cook an der Auswahl direkt beteiligt. Am 25. September 1771 wurde das Navy Board durch die Admiralität angewiesen, für die Verwendung in entlegenen Regionen zwei geeignete Schiffe von je etwa 400 Tonnen zu erwerben. Bereits Anfang November konnten zwei Segler gekauft werden, die erst vor gut einem Jahr in Whitby gebaut worden waren. Das größere Schiff erhielt den Namen *Resolution*, das kleinere wurde *Adventure* genannt.

Ebenso zügig wie die materiellen Vorbereitungen auf die neue Reise kamen die konzeptionellen Überlegungen voran. Sehr bald zeigte es sich, daß Banks eher an die Existenz eines Südlandes zu glauben bereit war als Cook, der das Vorhandensein von Land rund um den Südpol lediglich in sehr hohen Breiten nicht ausschließen wollte. Immerhin hatten die Eisberge, denen die *Endeavour* im August und September 1769 begegnet war, aus gefrorenem Süßwasser bestanden ...

Wenn nötig, würde die Fahrt diesmal also bis hinunter zum Pol gehen, um die Frage nach dem Vorhandensein eines Südlandes endgültig zu klären – oder doch, wie Cook es später bescheidener ausdrückte, „so weit, wie es für Menschen möglich ist". Banks allerdings frohlockte bereits in einem Brief an einen französischen Freund: „O wie großartig würde es sein, meinen Absatz auf den Pol zu setzen und mich in einer Sekunde um 360 Längengrade zu drehen!"

152

Aber nicht wegen solcherart Differenzen sollte es für beide unmöglich werden, die Reise gemeinsam anzutreten.

Mitte Dezember beantragte Cook beim Sekretär der Admiralität drei Wochen Urlaub, um – wie er schrieb – in seinem heimatlichen Yorkshire einiges zu erledigen und bei dieser Gelegenheit seinen alten Vater zu sehen. Cooks Mutter war bereits 1765 gestorben. Es ist zu vermuten, daß der 77jährige Vater aus Ayton zu seiner Tochter Margaret ziehen wollte, der Frau eines Fischers an der nahen Küste, und daß sein Sohn ihm dabei behilflich war. Auf dieser Reise wurde Cook-Sohn von seiner Frau Elizabeth begleitet, die auf diese Weise erstmals ihre angeheiratete Verwandtschaft in Yorkshire kennenlernte.

Zur Jahreswende schloß sich dem kurzen Besuch in Ayton ein Abstecher nach Whitby an. Im Hause Walkers gab es ein herzliches Wiedersehen nach so langen Jahren – nicht nur mit dem Reeder, sondern auch mit dessen inzwischen betagter Haushälterin – jawohl, jener, die dem studierfreudigen Knaben einst manch zusätzliche Kerze spendiert hatte, während er seine Mathematikaufgaben löste. Nun war er etwas geworden, die Uniform, die er trug, zeigte es jedermann. Die ganze Stadt sprach von seiner glücklichen Segelfahrt um die Welt und davon, daß er bei dieser Gelegenheit einem Kohlenschiff aus Whitby zu Berühmtheit und Ehre verholfen hatte.

Erzählte man in der Hafenstadt auch schon von dem neuen Projekt? Wie weit ging damals das Geheimhaltungsbedürfnis? Gab es entsprechende Vorschriften, an die sowohl Commander Cook als auch die nicht der Navy angehörenden Gesprächspartner gebunden waren? Hatte man bei solch aufwendigen Vorhaben wie einer geplanten Weltumsegelung Angst vor spanischen, französischen, holländischen Spionen?

Oder redete man überhaupt nur von der bevorstehenden zweiten Weltreise, in aller Breite und vor aller Ohren, weil sowieso die ganze Welt davon wußte, hatte der kürzlich erfolgte Ankauf der Cat-Schiffe doch allgemeines Aufsehen erregt?

In den ersten Januartagen des Jahres 1772 fuhr Cook zurück an die Themse. Hier lagen die beiden Schiffe noch immer im Dock, die *Adventure* in Woolwich, Cooks *Resolution* in Deptford. Auf Betreiben von Banks wurden umfangreiche Erweiterungen der achterlichen Decksaufbauten vorgenommen, er plante, außer Solander einen Mitarbeiterstab von 15 Leuten mitzunehmen. Sosehr kann man sich daran gewöhnen, überall Hof zu halten! Die Räumlichkeiten auf dem Quarterdeck der *Resolution* sollten nach Banks Willen bequem für die wissenschaftliche Arbeit sein und vor allem repräsentativ, der Bedeutung seiner Person und der des Unternehmens gemäß.

Cook hatte nur einem Teil der Umbauwünsche zugestimmt. Bald sah er durch deren Realisierung den ursprünglich auf März 1772 festgelegten Reisetermin gefährdet. Er nutzte die Zeit zur Konkretisierung der Instruktionen und zur Vervollkommnung der mitzuführenden Apparaturen.

Neben der Südlandsuche gab es eine Reihe anderer Probleme, welche die seefahrenden Nationen um jene Zeit stark beschäftigten. Dazu gehörte neben der Überwindung des Skorbuts die exakte Messung der geographischen Länge. In Großbritannien gab es eine Behörde, die alle Bemühungen zur verbesserten Längenmessung koordinierte – das Board of Longitude. Es stellte Cook für seine zweite Reise verbesserte Chronometer zweier Instrumentenbauer zur Verfügung, von denen eins in Greenwich exakt auf die Zeit am Nullmeridian eingestellt wurde. Was den Skorbut betraf, so wurde die Zahl der mitgegebenen und während der Reise zu erprobenden vitaminreichen Nahrungsmittel über Sauerkraut und Malzextrakt hinaus bedeutend erweitert, u. a. um die Mohrrübenmarmelade eines Berliner Fabrikanten.

Als selbst der April ins Land gegangen war, ohne daß die Abreise hätte erfolgen können, wurde man auch in der Admiralität ungeduldig. Sandwich beehrte die *Resolution* am Umbauplatz mit seinem Besuch. Mitte Mai kam es endlich an den Tag: Das Schiff war zu topplastig, man vermochte kein Segel zu setzen, ohne Gefahr zu laufen, alsbald zu kentern.

Sofort begann ein intensives Spiel hinter den Kulissen, bei dem Cook mit Hilfe von Navy Board und Admiralität Sieger blieb. Die

*Resolution* kam auf die Werft nach Sheerness, wo die unnötigen Decksaufbauten wieder entfernt, die Zahl der Kanonen verringert und die Masten gekürzt wurden. Als Banks das Ergebnis dieser Nacharbeit sah, bekam er einen Tobsuchtsanfall und befahl einem Diener, all seine bereits an Bord befindlichen Effekten sofort an Land zu bringen.

Banks Entscheidung war endgültig. Außer den vom Board of Longitude direkt ernannten Expeditionsastronomen William Wales und William Bayly sowie dem Zeichner und Landschaftsmaler William Hodges gab es nun niemanden mehr im Kreise der Reiseteilnehmer, der die Belange der beobachtenden und beschreibenden Wissenschaften vertreten hätte. Banks hatte sich jedoch verrechnet, wenn er seinen Rücktritt von Bord als erpresserischen Schachzug im Gerangel um mehr Kajütenraum gemeint haben sollte. Die Stelle des Expeditionswissenschaftlers wurde neu ausgeschrieben. Schon bald fand sich ein geeigneter Kandidat: der deutsche Naturforscher Johann Reinhold Forster. Er wurde begleitet von seinem Sohn Georg, der zwei Jahrzehnte später als Mainzer Jakobiner in die revolutionäre Entwicklung seiner Zeit aktiv eingreifen sollte.

Die beiden Forster, ursprünglich in der Nähe von Danzig beheimatet, waren auf Anregung von Alexander Dalrymple nach England gekommen. Sie erhofften sich durch dessen Beziehungen eine Anstellung bei der Ostindien-Company, sahen sich jedoch in ihren Hoffnungen getäuscht, da Dalrymple inzwischen den Dienst bei dieser Gesellschaft quittiert hatte. Als Übersetzer und Herausgeber hatten sie sich in Kreisen englischer Wissenschaftler inzwischen einen Namen gemacht, der durch ihre Teilnahme an der Cook-Expedition schließlich in ganz Europa gerühmt werden sollte.

Die *Resolution* hatte insgesamt 112 Mann an Bord, die *Adventure* unter Kapitän Tobias Furneaux 81. Beide Schiffe waren für eine Reisedauer von zwei Jahren bevorratet. Am 13. Juli 1772 war es endlich soweit: Ein Jahr nach der Rückkehr mit der *Endeavour* stach Cook von Plymouth aus endgültig in See. Unter Offizieren wie Mannschaften seiner Expedition waren nicht wenige, die bereits seine erste Weltfahrt mitgemacht hatten. Besonders erwähnenswert scheint der

| RESOLUTION. | | | ADVENTURE. | |
|---|---|---|---|---|
| Officers and Men. | N° | Officers Names. | N° | Officers Names. |
| Captain | 1 | James Cook | 1 | Tobias Furneaux. |
| Lieutenants | 3 | Robert P. Cooper | 2 | Joseph Shank. |
| | | Charles Clerke | | Arthur Kempe. |
| | | Richard Pickersgill | | |
| Master | 1 | Joseph Gilbert | 1 | Peter Fannin. |
| Boatswain | 1 | James Gray | 1 | Edward Johns. |
| Carpenter | 1 | James Wallis | 1 | William Offord. |
| Gunner | 1 | Robert Anderson | 1 | Andrew Gloag. |
| Surgeon | 1 | James Patten | 1 | Thomas Andrews. |
| Master's Mates | 3 | | 2 | |
| Midshipmen | 6 | | 4 | |
| Surgeon's Mates | 2 | | 2 | |
| Captain's Clerk | 1 | | 1 | |
| Master at Arms | 1 | | 1 | |
| Corporal | 1 | | | |
| Armourer | 1 | | 1 | |
| Ditto Mate | 1 | | 1 | |
| Sail Maker | 1 | | 1 | |
| Ditto Mate | 1 | | 1 | |
| Boatswain's Mates | 3 | | 2 | |
| Carpenter's Ditto | 3 | | 2 | |
| Gunner's Ditto | 2 | | 1 | |
| Carpenter's Crew | 4 | | 4 | |
| Cook | 1 | | 1 | |
| Ditto Mate | 1 | | | |
| Quarter Masters | 6 | | 4 | |
| Able Seamen | 45 | | 33 | |
| | | Marines. | | |
| Lieutenant | 1 | John Edgcumbe | 1 | James Scott. |
| Serjeant | 1 | | 1 | |
| Corporals | 2 | | 1 | |
| Drummer | 1 | | 1 | |
| Private | 15 | | 8 | |
| Total | 112 | | 81 | |

Mannschaftsliste aus Cooks Reisebericht

Fall des Marinesoldaten Gibson, der auf Tahiti zu desertieren versucht hatte und der Cook nun in fast unterwürfiger Weise zugetan war. Er hatte es inzwischen bei den Marines bis zum Korporal gebracht.

Das erste Ziel hieß wieder Madeira. Der nächste Hafen, der angelaufen wurde, war Kapstadt. Im Gegensatz zur *Endeavour*-Fahrt sollte diesmal die Erde in östlicher Richtung umsegelt werden, und zwar in möglichst hoher geographischer Breite. Dies war für Cook persönlich und für die gesamte Seefahrt eine Premiere: Alle vorherigen Weltumsegler hatten von Europa aus den Weg zunächst um Kap Hoorn oder durch die Magellanstraße genommen.

„Ob der unerforschte Teil der südlichen Halbkugel nur eine gewaltige Wassermenge sei oder ob er einen weiteren Kontinent enthalte, wie die spekulative Geographie nahezulegen schien – das war eine Frage, die lange die Aufmerksamkeit auf sich zog, nicht nur die gelehrter Männer, sondern auch der meisten Seemächte in Europa." Mit diesen Worten beginnt Cook seinen 1777 gedruckten Reisebericht, und fährt dann fort: „Um all diesen Meinungsverschiedenheiten über einen so merkwürdigen und wichtigen Gegenstand ein Ende zu setzen, ordnete Seine Majestät an, diese Reise zu unternehmen ..."

Jetzt galt es, in Befolgung der Instruktionen soweit wie möglich nach Süden vorzustoßen und dabei jedes Anzeichen von nahem Land sorgfältig zu beachten. Das erste Ziel bestand darin, eine Entdeckung zu überprüfen, die 1739 dem Franzosen Lozier Bouvet gelungen war; er hatte dem Land den Namen Kap Circumcision gegeben und es für ein Vorgebirge des Südkontinents gehalten, der hier weit in den südlichen Atlantik hineinreichen sollte.

Der Abschied von Kapstadt am 22. November 1772, unmittelbar vor dem Höhepunkt des Südsommers, war zugleich der Abschied von der Zivilisation. Cook selbst hatte ihn – neben der Erfüllung seiner Verpflichtungen zur Bevorratung mit Frischwasser und Frischkost – dazu genutzt, seinen Frieden mit Sir Joseph Banks zu machen. In einem kurzen Brief hatte er ihm geschrieben: „Einige widrige Um-

Captain Cook / Medaillon von W. Wedgwood

stände während des letzten Teils der Ausrüstung der *Resolution* schufen, so habe ich Grund anzunehmen, eine gewisse Abkühlung zwischen Ihnen und mir. Aber doch ist es mir gänzlich unvorstellbar, unter jedweden Umständen die Korrespondenz mit einem Manne abzubrechen, dem ich so vielfach verpflichtet bin." Als Pfand für seine Freundschaft bietet Cook Banks in diesem Brief eine Information an, die er in Kapstadt erhalten hat: Der Franzose Kerguelen hatte kürzlich bei 48° südlicher Breite Land entdeckt und die Sache sofort zu einem „französischen Südland" aufgeblasen. Einen zweiten Brief hatte Cook an Walker in Whitby geschrieben – und vermutlich auch einen dritten, adressiert an Mrs. Elizabeth Cook, Mile End.

Natürlich hatten weder Kerguelen noch sein Landsmann Bouvet das Südland gefunden, sondern lediglich kleine, weltentlegene Inseln. Die Eilande tragen heute die Namen ihrer Entdecker. Zwar kannte Cook die Koordinaten der Bouvet-Insel, aber er wußte um die Unzuverlässigkeit dieser Angaben, vor allem hinsichtlich der Länge. So verlief denn die Suche nach Kap Circumcision auch erfolglos. Das Eiland war ohnehin nur eine Station auf dem Weg von Kapstadt nach Süden.

Die geographische Breite, bei der Cook nach der Bouvet-Insel Ausschau hielt, entspricht (auf der anderen Halbkugel) derjenigen der Insel Usedom in der Odermündung. Dieser Vergleich ist insofern interessant, als er die klimatischen Besonderheiten Mitteleuropas unter dem Einfluß des Golfstroms anschaulich werden läßt. Zwar fand Cook nicht die von Bouvet seinerzeit beobachteten Eisfelder, aber er hatte doch mit zunehmender Kälte zu kämpfen. Kaum war die Suche nach dem ominösen Kap aufgegeben, ließ er an die Mannschaft der *Resolution* warme Kleidung austeilen.

Der Kurs des Schiffes ging jetzt noch weiter nach Süden: ins Eis. Nicht nur als ernstzunehmendes Hindernis trat es den kühnen Seefahrern entgegen, sondern vor allem als unerwartete Quelle zur Auffrischung der Trinkwasservorräte. Zur Überraschung aller bestanden die kleinen und großen Eisberge, denen das Schiff begegnete, tatsächlich aus Süßwasser. War dies allein nicht schon ein Hinweis darauf, daß an ihrem Entstehungsort Land existieren mußte? Oder –

diese Frage wurde ernsthaft erörtert, es gab unterschiedliche Meinungen – gefror das Meerwasser etwa, indem es das Salz sozusagen abstieß? Messungen der Wassertemperatur in der Tiefe sollten eine Klärung bringen. Sie hatten jedoch lediglich einen interessanten Wert als Ergebnis: in 100 Faden Tiefe ermittelte Cook eine Wassertemperatur von 32° Fahrenheit, was dem Gefrierpunkt des Süßwassers entspricht.

Vor dem Eis mußten die Schiffe bei diesem Vorstoß nach Süden häufig genug in östliche Richtung ausweichen. Ihr Ziel aber verloren sie dabei nicht aus den Augen, und am 17. Januar 1773 war eine wichtige Zwischenetappe geschafft: Erstmals in der Geschichte der geographischen Entdeckungen wurde der südliche Polarkreis erreicht. Das Mittagsbesteck an diesem Sonntag ergab 66°36′30″ südlicher Breite.

„Das Wetter wurde nun leidlich klar, so daß wir mehrere Meilen weit um uns schauen konnten", schreibt Cook. „Und doch hatten wir seit dem Morgen nur einen Eisberg gesehen, sonst nichts. Erst gegen vier Uhr nachmittags, während wir weiter nach Süden fuhren, trafen wir auf mehr Eis und fanden schließlich die ganze See damit bedeckt, von Südost bis Südwest."

Noch am selben Tag waren die Schiffe zur Umkehr gezwungen. Bei 67°15′ war das Packeis so dicht, daß jeder weitere Vorstoß oder der Versuch, die Eisfelder zu umsegeln, mit erheblichen Gefahren verbunden war. Der Entschluß zum Abdrehen wurde an einer Stelle gefaßt, die – aber das wußte Cook natürlich nicht – nur 75 Seemeilen vom antarktischen Festland entfernt war.

Mit nordöstlichen Kursen ging es nun in den Indischen Ozean. Die zweite Hälfte des Südsommers hatte begonnen. Nebel und regnerisches Wetter erschwerten immer wieder die Sicht, doch es war Cooks erklärtes Ziel, den südlichen Indik so sorgfältig wie möglich nach dem kürzlich von Kerguelen entdeckten Land abzusuchen.

Vermochte er über diese Entdeckung in Kapstadt mehr zu erfahren, als er Banks in seinem Brief mitgeteilt hatte? Kannte er insbesondere eine Angabe zur geographischen Länge – so ungenau sie auch sein mochte? Vieles spricht dafür. Warum hat er diese Angaben dann für sich behalten und sie nicht dem Manne mitgeteilt, dem vielfach verpflichtet zu sein er in aller Form ausdrücklich bekräftigte?

Vom 1. bis zum 8. Februar hielt Cook sich in der Nähe des 48. Breitengrades auf, wo er Kerguelens Südland vermuten mußte. Eis war nun nicht mehr zu sehen, das Logbuch vermerkt dies erleichtert. Immerhin befand man sich in einer geographischen Breite, die auf der Nordhalbkugel etwa jener der Bretagne entspricht; vor der bretonischen Küste würde eisfreies Wasser – und das mitten im Sommer – niemanden in Erstaunen versetzen.

Die Sicht wurde zunehmend schlechter, und schließlich veranlaßte Cook, die Suche einzustellen. Zwar legten einige Seevögel, die seine Leute beobachten konnten, die Vermutung nahe, in nicht allzu großer Entfernung sei tatsächlich Land, aber im Verlaufe des 8. Februar mußte die *Resolution* plötzlich nach etwas ganz anderem suchen: Ihr Schwesterschiff *Adventure* antwortete nicht mehr auf die stündlich abgefeuerten Kanonenschüsse, mit denen man sich bisher verständigt hatte. Für den Fall einer Trennung war mit Kapitän Furneaux vereinbart worden, zunächst drei Tage an der Stelle zu kreuzen, wo die Schiffe letzten Sichtkontakt miteinander gehabt hatten. Wo das allerdings gewesen sein mochte, war nun, bei dichtem Nebel und Nieselregen, schwer zu sagen. Also trat Variante zwei in Kraft, ein Treffen auf Neuseeland, und zwar am Queen Charlotte Sound.

Bis zum folgenden Tag, mit kurzen Schlägen segelnd, feuerte die *Resolution* in Abständen von einer halben Stunde. Als sich am Nachmittag des 9. Februar die Sicht entscheidend verbesserte, war die *Adventure* nirgends auszumachen. Und doch wartete Cook noch einen weiteren Tag, ließ halbstündlich schießen und nachts Lichtsignale geben.

Die neue Situation belebte die alten Befürchtungen wieder: Sollte die Mannschaft der *Resolution* aus irgendeinem Grunde ihres Schiffes verlustig gehen, so wäre das der Untergang der Expedition. Aber die Trennung hatte ebenso ihre gute Seite für das Ergebnis der Reise: Beide Schiffe segelten voneinander unabhängige Kurse; die Möglichkeit, Land zu entdecken, war dadurch gewachsen. Es sollte sich zei-

161

Die Resolution / Aquarell von H. Roberts

gen, daß Kapitän Furneaux auf dem direktesten Wege zu dem Rendezvous-Punkt segelte. Er brauchte genau einen Monat dafür. Cook hingegen setzte alles daran, die bisherige Suchtaktik auch allein fortzusetzen und durch eine weitflächige Aufklärung die Südlandvermutung in möglichst großen Ozeanarealen zu überprüfen.

Für die Männer auf der *Resolution* kam erst am 25. März Neuseeland in Sicht. Mit jener weitflächigen Aufklärung verband Cook die Übernahme der Erfahrungen anderer Entdecker. Dort, wo einmal ein Schiff die südlichen Meere durchkreuzt hatte, konnte kein Land liegen, auch die Terra australis incognita nicht. Und wo ein Seefahrer einmal Land gefunden hatte, mußte dies wiedergefunden, seine tatsächliche Ausdehnung festgestellt und dann erst mit kühlem Kopf entschieden werden, ob es zum Südland gehören könnte. Cook war zu nüchtern, als daß ihm Fehleinschätzungen wie Quirós oder nun seinem Zeitgenossen Kerguelen hätten passieren können. Ein Inselchen für einen Kontinent zu halten – nein, so etwas tat ein James Cook nicht.

In dieser Nüchternheit liegt wohl einer der Gründe für Cooks wirkliche Größe. Denn Gelegenheit, die Bedeutung einer eigenen Entdeckung bloß deshalb zu übertreiben, weil es die eigene war, hätte er in den zehn Jahren seines Entdeckerlebens genug gehabt. Allein, er behielt stets einen kühlen Kopf und einen wachen Verstand, in dem Gebilde aus der phantastischen Geographie nur so lange Platz hatten, wie es um den Nachweis ihrer Existenz oder Nichtexistenz ging. Den Blick auf das Geschaute verstellten sie Cook niemals, und sie vergrößerten auch nicht ins Absurde, was er mit eigenen Augen gesehen hatte. Ausschließlich einem solchen Manne konnte der Nachweis gelingen, daß der Südkontinent eine Schimäre war.

Als die Suche nach Kerguelen-Land abgeschlossen und die *Resolution* allein geblieben war, steuerte Cook sie in südöstliche Richtung. Nach wenigen Tagen gab es wieder Schneeschauer. Pinguine und Seehunde wurden gesichtet. Die Nachtwachen konnten Polarlichter beobachten, eine Erscheinung, die bisher nur von der nördlichen Erdhalbkugel bekannt war.

Am 17. Februar wäre es in allzu enger Nachbarschaft mit einem riesigen Eisberg fast zur Katastrophe gekommen. Cook verschweigt in seinem Reisebericht die Gefährlichkeit des Zwischenfalls, deutet durch nichts an, daß es überhaupt einen Zwischenfall gegeben hatte bei der Eisübernahme zur Gewinnung von Trinkwasser. Die Höhe des Eisberges gibt er mit „mindestens 200 Fuß" an. Auch das Logbuch meldet für den Vortag lediglich: „Eine Eisinsel in Sicht" und am 17. selbst: „Eis übernommen".

Der Captain war jedoch nicht allein an Bord, und er war nicht alleiniger Zeuge. Den Vorgang ganz anders gesehen hatte beispielsweise der 3. Leutnant, Richard Pickersgill. In einem unvollendet gebliebenen Tagebuch, das sich jetzt im National Maritime Museum in Greenwich befindet, hatte er ihn folgendermaßen dargestellt: „Wir hielten auf eine große Eisinsel zu, um uns mit Wasser zu versorgen. Da wir ihr aber zu nahe kamen, gerieten wir in ihre Abdeckung und das Schiff glitt sehr schnell auf die Insel zu. In aller Hast setzten wir ein Boot aus, aber all unsere Anstrengungen waren umsonst. In dieser Situation erwarteten wir jeden Augenblick den fatalen Stoß, aber die Vorsehung griff gütig zu unseren Gunsten ein, und das Schiff fuhr ohne unser Zutun davon – in einem Moment, da wir dies am wenigsten erwarteten, denn der Bug des Schiffes war kaum frei von dieser riesigen Eismasse, als etwa 10 oder 15 Tonnen Eis davon abplatzten und in die See stürzten. Das Eis zersprang in kleine Brocken und driftete von der Insel fort, und wir konnten die Stücke in unser Boot aufnehmen, wie wir es schon an anderen Tagen gemacht hatten, um Trinkwasser zu gewinnen."

Nahm Cook den Zwischenfall nicht für ernst, wie er in der Darstellung des Leutnants erscheinen muß? Oder nahm er ihn nur deshalb nicht in seinen Reisebericht auf, weil er das beinahe eingetretene Unglück verdrängt hatte? Oder schönt er, um eigene Unvorsichtigkeit zu verbergen? Oder – auch dies wäre denkbar – ist die Version Leutnant Pickersgills eine Übertreibung?

Wer war Leutnant Pickersgill?

Ein notorischer Trinker, behaupteten zahlreiche Mitreisende, die ihn gut kannten (und es gab sogar einige, die ihn sehr gut kannten,

denn er war schon auf der *Endeavour* und zuvor auf der *Dolphin* mit-
gefahren, beide Male als Masters Mate). „Liebt seinen Grog" war
noch das mindeste, was von ihm als dem Freund geistiger Getränke
behauptet wurde – das Urteil stammt von dem dreizehnjährigen Seekadetten John Elliott, allerdings mit dem Zusatz: „Ein guter Offizier
und Astronom". Johann Reinhold Forster, der sich selbst häufig mit
Cook anlegte und an Bord als mürrisch und rechthaberisch galt, lobte
Pickersgill gelegentlich deshalb, weil dieser freundlich und um andere besorgt war, so daß er eher das Mißfallen des Kapitäns in Kauf
nahm als irgendein Unrecht zu akzeptieren, das jener einem Dritten
angetan hatte; Forster spielte damit auf Cooks harsche Behandlung
der Leutnante und Midshipmen an.

Cook selbst hatte Pickersgill oft und gern für diplomatische Mis-
sionen an Land verwendet, bei denen Fingerspitzengefühl und Takt
gefragt waren; das betraf sowohl Verhandlungen mit den Eingeborenen der besuchten Küstenstriche als auch mit den Vertretern der europäischen Konkurrenzmächte. Cook wußte gleichfalls Pickersgills
ruhige Hand bei der Handhabung der Meß- und Beobachtungsinstru-
mente zu schätzen – ein Umstand, mit dem die Alkoholikerthese
nicht konform geht ...

Wer also war Pickersgill wirklich? Darf man seiner Erzählung vom
Schiff und dem Eisberg glauben, bei der er, da er offenbar mit in
dem ausgebrachten Boot saß, zu den wenigen Überlebenden des Un-
terganges der *Resolution* gehört hätte, zunächst jedenfalls?

Pickersgill stammte aus Yorkshire wie sein Commander. Er war
zwei Jahrzehnte jünger als Cook. Er wurde tatsächlich wegen Trun-
kenheit in Unehren aus der Navy ausgestoßen, nachdem ein auf drei
Jahre geplantes Unternehmen zur Erkundung von Möglichkeiten
einer Nordwestpassage und zur Sicherung britischer Walfanginteres-
sen in der Davisstraße, an dem er als Kapitän einer bewaffneten
Brigg 1776 beteiligt gewesen war, fehlschlug. Nun – es hat immer be-
trunkene Kapitäne gegeben; im konkreten Fall aber scheint der gele-
gentliche Griff zur Flasche eher als Vorwand für eine persönliche Abrechnung hergehalten zu haben. Denn Pickersgill – sicher kein einfacher Mensch und auch kein bequemer Befehlshaber – hatte einen

A

V O Y A G E

TOWARDS THE

S O U T H   P O L E,

AND

R O U N D   T H E   W O R L D.

PERFORMED IN

His Majesty's Ships the RESOLUTION and ADVENTURE,
In the Years 1772, 1773, 1774, and 1775.

WRITTEN

By JAMES COOK, Commander of the RESOLUTION.

In which is included,

CAPTAIN FURNEAUX's NARRATIVE of his
Proceedings in the ADVENTURE during the Separation of the Ships.

IN TWO VOLUMES.

Illustrated with MAPS and CHARTS, and a VARIETY of PORTRAITS of
PERSONS and VIEWS of PLACES, drawn during the Voyage by
Mr. HODGES, and engraved by the most eminent Masters.

V O L.   II.

THE SECOND EDITION.

L O N D O N:
Printed for W. STRAHAN; and T. CADELL in the Strand.
MDCCLXXVII.

Titelblatt des Berichtes über Cooks zweite Weltreise

Neider an Bord: den ehemaligen Kapitän seiner Brigg, der die Reise jetzt als einfacher Vermessungsmann mitmachen mußte; von ihm stammte jene Anzeige. In dem Prozeß vor dem Seegericht konnten die Vorwürfe nur zum Teil erhärtet werden, doch das genügte, Pickersgill wurde ausgestoßen. Man war schließlich im Krieg mit den amerikanischen Freistaaten.

Sollte hier etwa weniger Recht gesprochen als vielmehr ein wirksames Exempel statuiert werden?

Was Pickersgill nach dem Bruch seiner Karriere getan hat, ist nicht vollständig bekannt; ebenso über Art und Zeit seines Todes weiß man nichts Genaues. Wieder einmal ist es der alte Forster, der Wesentliches zum ansonsten dürftigen Bilde beisteuert. Folgt man ihm, so ist Pickersgill später Freibeuter geworden – allerdings nicht mit einem offiziellen Kaperbrief des Königs, sondern auf eigene Faust. Und er sei 1779 ertrunken, als er eines Abends im Rausch an Bord seines Schiffes gehen wollte, auf der Laufplanke ausrutschte und in die Themse fiel.

Der frühe Zeitpunkt des Todes, den Forster angibt, scheint auf den ersten Blick nicht zu einem anderen Baustein des vagen Bildes zu passen, das man sich von Pickersgill machen kann. Danach gilt dieser als Autor eines allerdings erst 1792 anonym (d. h. „von einem See-Offizier verfaßt") herausgegebenen Buches über die Geschichte der Suche nach einer Nordwestpassage. (Kein Thema für einen Alkoholiker, sollte man meinen. Wohl aber eines für Richard Pickersgill!) Schaut man genauer hin, sieht man den Hinweis des Verlegers, der Autor weile nicht mehr unter den Lebenden.

1779 ist übrigens ebenfalls Cooks Todesjahr.

Es ginge zu weit, behauptete man, Pickersgill sei Cooks „anderes Ich" gewesen. Und doch hat auf dessen verschlungenem Lebensweg die Gegenbiografie des großen Entdeckers – die Summe aller Möglichkeiten, die auch auf Cook hätten zukommen können – ein Gesicht und einen Namen.


Auf der weiteren Fahrt nach Süden war die Begegnung mit einem Eisberg bald schon kein außergewöhnliches Ereignis mehr. Die stür-

Neuseeländer an der Dusky Bay

mische See machte häufiges Segelreffen notwendig – eine komplizierte Sache bei Temperaturen knapp über dem Gefrierpunkt, wenn die Seeleute mit klammen Fingern in den Rahen arbeiteten und in der Höhe jede Bewegung des Schiffsrumpfes vielfach verstärkt mitmachen mußten. Solange der Regen nicht gefror, mußten die Männer noch einigermaßen zufrieden sein.

Am 25. Februar, bei 61°52′ südlicher Breite, entschloß sich Cook zur Umkehr. Allseits vom Eis umgeben, bei überaus schlechtem Wetter und kürzer werdenden Tagen war die ursprüngliche Absicht, den Südpolarkreis ein zweites Mal zu erreichen, nicht zu verwirklichen.

Im Schiffsjournal hat er diesen Entschluß ausführlich erklärt: „Der Leser dieses Journals wird meine Gründe für die eben erwähnte Entscheidung kennen wollen. Ich hoffe, er wird verstehen, daß es für mich ein natürlicher Wunsch war, nach vier Monaten Kreuzfahrt in diesen hohen Breiten in einem Hafen auszuruhen, wo ich meinen Leuten die notwendige Erfrischung zuteil werden lassen kann, zeichnet sich die Notwendigkeit einer solchen doch bereits deutlich ab. Diesem Punkt kann niemals zuviel Aufmerksamkeit gewidmet werden, solange wir noch am Anfang unserer Reise sind."

Man liest die Gründe und muß sie akzeptieren.

Obwohl Cook nun nördliche Kurse steuerte, tat er es zögerlich. Am liebsten hätte er – gewissermaßen im Vorbeisegeln – ein Problem gelöst, das der Erstentdecker Tasman hinterlassen hatte: die Frage nämlich, ob Tasmanien (das zu Cooks Zeiten noch Van-Diemens-Land hieß) mit der Landmasse von Neuholland zusammenhing.

Nach 122 Tagen auf See kam endlich die Südwestecke Neuseelands in Sicht. Cook selbst errechnete zwar „nur" 117 Fahrttage von Kapstadt aus, aber auch an dieser Zahl wäre schon die Anstrengung ablesbar gewesen, die hinter ihm und seiner Mannschaft lag. Er hatte es sich am Schluß versagt, nach Tasmanien zu segeln, darauf vertrauend, daß die *Adventure* diesen nördlicheren Kurs steuern würde. So hielt er sich bis zum Meridian von Van-Diemens-Land etwa bei 60° südlicher Breite und steuerte erst dann nach Nordosten. Das Nichtvorhandensein eines Kontinents südlich der Landmasse von Neuholland bis hinab zu der genannten Breite sicherzustellen war das Ziel dieser Fahrtetappe.

Dusky Bay, ein Naturhafen, der heute den Namen *Resolution* trägt, nahm das Schiff gastlich auf. Der Liegeplatz wurde bald noch einmal gewechselt, Leutnant Pickersgill hatte eine Stelle gefunden, an der die Cat fast wie an einer Pier festmachen konnte: vorn und achtern an Bäumen vertäut, die über das Wasser ragten. Ein Bach fand sich gleich in der Nähe, auch ein Platz am Ufer, wo Wales sein Observatorium errichten und ein Zelt für die Kranken aufgestellt werden konnte.

Trotz hartnäckig wiederholten Schrubbens mit Essig und Räucherns, trotz gesunder Diät und hoher Sauberkeit, trotz Deckenlüftens an jedem sonnigen Tag, gab es unter den wenigen Kranken an Bord der *Resolution* einen Skorbutfall. Ein Skorbutfall zuviel, wie Cook meinte.

Sofort begann der Commander, aus Pflanzensprossen ein Bier zu brauen, das die Matrosen zwar nicht mochten, das ihnen aber doch trinkbar schien, wenn damit der wenige verbliebene Rum gestreckt wurde. Hier in *Pickersgill Harbour*, wie der Platz getauft wurde, kamen alle sehr bald wieder zu Kräften. Frisches Fleisch von Seehunden, Wildhühnern, Enten, Fisch in breiter Artenvielfalt und Wildgemüse in Hülle und Fülle belebten den Speiseplan erfreulich. An Land wurde eine Schmiede errichtet, eine Seilmacherwerkstatt, ein Zelt für die Wasserholer. Das Essen indes spielte in den Alltagsüberlegungen die wichtigste Rolle, die Gedanken kehrten immer wieder dorthin zurück; selbst am Ergebnis einer von Pickersgill vorgenommenen Landvermessung des Küstenabschnitts ist dies ablesbar – an Buchtennamen wie *Luncheon Cove, Supper Cove* oder *Duck Cove*.

In dieser Idylle blieb die *Resolution* sieben Wochen lang, also bis zum 11. Mai. Dann hatte der Winter sie auch hier eingeholt mit seinen heftigen, eiskalten Stürmen, die von Tasmansee herüberbliesen.

## Glückliche Inseln

In Pickersgill Harbour hatte Cook für kurze Zeit selbst krank gelegen. Er nennt es „nur eine Erkältung"; Forster hingegen beschreibt den Grund für die Bettlägerigkeit des Kapitäns als „ein Fieber mit heftigen Schmerzen in der Leistengegend, verbunden mit einer rheumatischen Schwellung des rechten Fußes". Die Varianten der Schilderung ein und desselben Sachverhalts sind selten so sicher als charakterlich gefärbt zu durchschauen wie in diesem Fall: Cook untertreibt, spielt Dinge, die ihn selbst betreffen, herunter, Forster bläst sie mit Wortgeklingel unnötig auf. Man geht wohl nicht fehl, wenn man hier Beaglehole folgt und die Wahrheit irgendwo in der Mitte sucht: Durch häufiges Tragen feuchter Kleidung und Schuhe wird der Seemann schon seine Zipperlein gehabt haben; schließlich war Cook inzwischen Mittvierziger. Aber abgesehen davon hatte er eine gesunde, widerstandsfähige Natur.

Als es nun „Leinen los!" hieß, stand er wieder auf seinem Posten,

170

Maori mit Tätowierung
und Ohrschmuck

hätte es wohl auch dann getan, wäre die „Erkältung" noch nicht auskuriert gewesen. Das Schiff tauchte den Vorsteven in die kräftige Dünung, die von Südwest einfiel, die Segel füllten sich. Sie fuhren zum
Rendezvous mit der *Adventure*.

Nicht alle an Bord bewahrten eine gute Erinnerung an den Nothafen. Der Astronom Wales zum Beispiel nennt Pickersgill Harbour
einen „schmutzigen, unangenehmen Ort". Während des sechswöchi-
gen Aufenthaltes sei er, Wales, infolge schlechten Wetters zumeist
heftig erkältet gewesen und habe seine Verpflichtungen in der Meß-
warte an Land nur mit äußerster Anstrengung wahrnehmen können.
So war also mit der Abreise auch diesem Manne geholfen, schließlich ging es nach Norden und damit in wärmere Gegenden.

171

Das Treffen mit dem Schwesterschiff gelang ohne weitere Verzöge-
rungen. Der Queen Charlotte Sound war bei dem ersten Aufenthalt
in Neuseeland von Cook genau genug vermessen worden, die Küstenrisse waren zur Hand, eigene Erinnerung stützte die Dokumente aus
der Zeit der *Endeavour*-Fahrt.

Man sollte über die Selbstverständlichkeit dieses Wiederfindens
ruhig einen Augenblick nachdenken. Es waren noch keine neunzig
Jahre vergangen, seit Schiffe mit französischen Siedlern, die sie von
Rochefort über den Atlantik nach Louisiana bringen sollten, die
Mississippimündung nicht fanden und sich der Passagiere irgendwo
weiter im Westen, vermutlich bei den Lagunen im Mündungsgebiet
des Colorado, entledigten. Dieses Beispiel steht als eines von vielen,
weil es durch das Scheitern des großangekündigten Siedlungsver-

172

suchs in die Geschichte einging. Die seither bei der Bestimmung der geographischen Länge erzielten Fortschritte waren unübersehbar. Bei dem mißglückten Siedlungsunternehmen kam einer der Großen in der Geschichte der Entdeckungen Nordamerikas ums Leben: Robert Cavelier, Sieur de La Salle. Er hatte versucht, die Kolonisten über Land zum Mississippi zu führen. Sie gaben ihm die Schuld an ihrem Unglück und ermordeten ihn.

Als die Begrüßungsschüsse verklungen waren, setzte Kapitän Furneaux zur *Resolution* über. Er berichtete dem Expeditionsleiter anhand der Schiffsdokumente über den allein zurückgelegten Fahrtabschnitt, bedauerte, daß es zur Trennung gekommen war. Er habe wie verabredet drei Tage gewartet und sei erst dann aufgebrochen. Wo eine Meeresstraße Tasmanien vom australischen Festland trennt

Neuseeländischer Singvogel

(sie heißt heute nach ihrem Entdecker Bass-Straße), war ihm im Vorbeisegeln lediglich „eine sehr tiefe Bucht" aufgefallen.

Cook stellte Zwischenfragen, verglich die Aufzeichnungen. War schließlich zufrieden. Auch mit der „sehr tiefen Bucht".

Nicht zufriedenstellend hingegen war der Gesundheitszustand der Männer auf der *Adventure*. Sie hatten die Zeit ihres Wartens nicht so zielstrebig genutzt, wie Cook es von seinen eigenen Leuten verlangt hatte. Den Mangelerscheinungen mußte sofort und aktiv entgegengetreten werden, sonst kam jede Hilfe zu spät. Aber immer noch gab es den alten Seemannsglauben, es reiche schon aus, wieder festes Land unter den Füßen zu haben, um den Skorbut schnell wieder loszuwerden.

Täglich brachten Maori Fische zum Tausch gegen Nägel. In Pikkersgill Harbour hatte eine einzige Sippe gelebt. Es hatte nur knappe Kontakte gegeben. Alsbald wurde lebhaft gehandelt, die Eingeborenen entsannen sich sehr gut des ersten Besuchs der Briten. Sie fragten nach Tupaia, dem Mann aus Tahiti, der sich ihnen in einer Sprache verständlich gemacht hatte, die der ihren so ähnlich war.

Wie erklärten die Engländer ihnen die Umstände seines Todes im fernen, fiebergeschüttelten Batavia? Einige kannten genug polynesische Sprachbrocken, um den Maori klarzumachen, was das heißt: sterben. Möglicherweise mißtrauten die Küstenbewohner den Briten und dachten, diese hätten den Tahitier unterwegs verspeist – und sei es, um seines Sprachtalents teilhaftig zu werden.

Cook wollte das letzte Paar Schafe aus seinem Proviantvorrat hier am Ufer der Bucht aussetzen. Sie waren stark vom Skorbut gezeichnet, erholten sich aber schnell auf der saftigen Weide. Eins der saftigen Kräuter mußte allerdings giftig gewesen sein, denn plötzlich starben beide Tiere. Cook tat es leid um das Mißlingen dieses Versuchs. Schafe wurden dann später dennoch auf Neuseeland heimisch.

Anfang Juni konnte an eine Weiterreise gedacht werden. Widrige Winde verzögerten sie um ein paar Tage. Eins der drei Chronometer fiel aus, die beiden anderen arbeiteten zuverlässig. Bald nach dem Aufbruch zeigte es sich, daß die Krankheit auf der *Adventure* nicht besiegt worden war. Zu den Skorbutfällen gesellte sich blutiger Durchfall, die rote Ruhr. Eins der ersten Opfer war der Koch.

Zwei Wochen dauerte der Kampf. Cook drängte Furneaux, auch jetzt noch alle verfügbaren Mittel einzusetzen. Inzwischen ging die Fahrt in östlicher Richtung weiter. Um die Krankheit endgültig zu besiegen, entschloß sich Cook, zunächst auf Nordkurs zu gehen und dann in Höhe des Wendekreises direkt nach Westen zu segeln, um so schnell wie möglich Tahiti zu erreichen. Starke östliche Winde begünstigten diesen Entschluß. Es war Mitte Juli.

Die ersten Inseln wurden entdeckt, andere wiedergefunden nach der Erstentdeckung durch Bougainville oder Wallis. Am 15. August 1774 kamen im Westen die Berge Tahitis in Sicht. Es war höchste Zeit, die *Adventure* hatte bereits Seeleute ausborgen müssen von ihrem Schwesterschiff, um weitersegeln zu können.

„Wir fuhren die ganze Nacht unter leichtem Segel", heißt es bei Pickersgill, „und am Morgen waren wir nahe dem östlichen Ende der Insel. Sobald es windstill wurde, waren wir in großer Gefahr, trotz all unserer Vorkehrungen auf das Riff aufzulaufen. Zahlreiche Boote kamen uns entgegen, wir erkannten auf ihnen viele alte Bekannte. Sie brachten uns Früchte im Überfluß, eine willkommene Begrüßungserfrischung für uns und die Leute auf der *Adventure*. Wir hielten immer noch auf das Riff zu, wurden dann längs seiner gefährlichen Korallenspitzen getrieben und erst um vier Uhr nachmittags, als das Schiff von der Strömung wieder gegen das Riff gedrückt wurde, löste dies bei uns höchsten Alarm aus und wir brachten die Boote zu Wasser ... Schon waren Teile des Unterwasserschiffes zu sehen. Wir warfen schnell noch den Anker, aber es war zu spät. Das Schiff schlug gegen den felsigen Grund, es war keine Zeit mehr gewesen zu loten. Eine halbe Kabellänge von uns war die *Adventure* in einer sehr ähnlichen Situation, obwohl ihr Anker hielt und sie schließlich freibrachte. Wir warfen noch einen kleineren Anker, das half schließlich. Den Buganker mußten wir zusammen mit der Trosse opfern. In dieser Lage verblieben wir, bis das Schicksal uns entweder befreien oder aber verderben würde. Die Aussicht auf ein gutes Ende war sehr gering, da die von See her auf die Insel zuhaltenden Winde in dieser Gegend stets die vorherrschenden sind. In unserem Fall jedoch kam der Wind, als er endlich wieder einsetzte, von Land her, etwa gegen 6 Uhr. Mit Hilfe der Boote kamen wir wieder frei und konnten endlich 20 Mann an die *Adventure* abgeben, damit auch sie ihre Bemühungen zu einem glücklichen Ende brachte. Das Thermometer zeigte 95° Fahrenheit."

Wieder die Berufung auf höhere Mächte wie schon beim Entkommen am Eisberg, wieder Schweigen bei Cook über diesen Vorfall, über den Pickersgill in aller Ausführlichkeit berichtet. Diesmal gibt es einen Dritten, der Zeuge von Cooks Verhalten nach der von Pickersgill für wunderbar erachteten Rettung wurde: Anders Sparrman, ein schwedischer Naturforscher, den Forster in Kapstadt kennengelernt und zur Mitreise hatte bewegen können. Nachdem er, Sparrman, sich zur Genüge verletzt gezeigt hat durch die Serien von Flüchen, insbesondere die zahlreichen „Goddams", die während des Freikämpfens der *Resolution* an Deck erklangen (auch aus dem Munde der Herren Offiziere, jawohl, und „insbesondere des Kapitäns, der, solange die Gefahr anhielt, auf dem Deck herumpolterte, mit den Füßen stampfte und sich heiser schrie"), nachdem er all seiner Verwunderung über dieses Verhalten wortreich Ausdruck gegeben hat, schildert er, was danach geschah: „Sobald das Schiff wieder flott war, ging ich gemeinsam mit Kapitän Cook in die Offiziersmesse hinunter. Und obwohl der Kapitän vom Anfang bis zum Ende des Zwischenfalls absolut auf der Höhe der Anforderungen gewesen war, umsichtig und geschickt bei der Lösung jeder sich plötzlich stellenden Frage, litt er nun unter starkem Unwohlsein in der Magengegend. Er war schweißgebadet und konnte sich kaum auf den Beinen halten. Er war in der Tat völlig erschöpft."

Ein interessantes Bild von Cook, und es wird noch genauer: Der Schwede schlug Cook ein – wie er sagte – „erprobtes schwedisches Hausmittel" vor, um die Erschöpfung zu überwinden: eine gute Portion Brandy. „Und sofort verschwanden seine Schmerzen, nach wenigen Minuten auch seine Erschöpfung, und nach einer kräftigen Mahlzeit fanden wir beide zur gewohnten Energie und Unternehmungslust zurück."

Eine andere Variante der Berichtslage über das Geschehen an diesem Spätnachmittag könnte so aussehen und scheint glaubhafter: Cook verschweigt nicht die Gefahr, in der beide Schiffe geschwebt hatten, sondern nur seine eigene Situation nach dem Kampf um das Freikommen von Brandung und Riff, insbesondere das Nachspiel in der Offiziersmesse. Er verwendet bei seiner Schilderung ähnliche Worte, ja, sogar ähnliche Sätze wie Pickersgill. Cooks Schilderung könnte schließen: „Während der Zeit, da wir in einer kritischen Lage waren, befand sich eine Anzahl Eingeborener an Bord und in der Nähe der Schiffe. Sie schienen ganz unempfindsam gegen die Gefahr zu sein, die uns drohte und zeigten nicht die mindeste Überraschung, Furcht oder Freude ..."

Am meisten überraschte Cook am Verhalten der Insulaner jedoch, daß niemand von ihnen sich nach dem Schicksal von Tupaia und

dessen jungem Begleiter erkundigte. Es stellte sich indes bald heraus, daß auf der Insel selbst inzwischen so viele Veränderungen vor sich gegangen waren und so viele der alten Bekannten von damals nicht mehr unter den Lebenden weilten, daß diese scheinbare Gleichgültigkeit in ganz anderem Licht erschien.

Schon diejenigen der *Endeavour*-Leute, die bereits zuvor mit der *Dolphin* auf der Insel gewesen waren, hatten erleben müssen, wie wechselhaft das Schicksal der Großen Tahitis sein konnte. Die schöne und stolze Oborea, die beim Abschied von Kapitän Wallis geweint haben sollte, war durch eine Koalition zweier Häuptlinge von der Macht verdrängt worden. Beide waren sich danach offenbar selbst in die Haare geraten – ein den Europäern unverständliches Zusammenspiel beim Abgleichen weltlicher wie religiöser Hierarchiever-

178

hältnisse, ein Vorgang, bei dem die Intrige wie der offen geführte Krieg gleicherweise Austragungsmittel waren. Häuptling (oder „king") Tutehah, mit dem Cook bei seinem ersten Aufenthalt einen guten Kontakt hatte herstellen können, wollte sich dann seines Verbündeten entledigen und schaffte dies nicht, wurde vielmehr selbst Opfer der Auseinandersetzung – ebenso wie jener Häuptling Tubarai, den Cook während der Expedition zur Venuspassage gleichfalls kennen- und schätzengelernt hatte. Dieser Krieg, zu Lande wie auf See geführt, war erst wenige Monate vor Cooks neuerlichem Besuch zu Ende gegangen, im laufenden Jahr 1773, und seine Verwüstungen hatten zu einer akuten Verknappung der Lebensmittel auf der Insel geführt.

Und noch etwas anderes erfuhr der Captain gleich in den ersten Tagen: Spanier (er glaubte zunächst, es handle sich um Franzosen und dachte dabei vor allem an eine Nachfolgeexpedition zum Unternehmen von Bougainville) hatten im Vorjahr die Insel besucht und vier junge Männer mit sich genommen. Es war dies die vom peruanischen Vizekönig entsandte Fregatte *Aguila*, deren Entsendung sicher nicht nur eine Reaktion auf Bougainvilles Unternehmen, sondern ebenso auf die britischen Aktivitäten seit Byron und Wallis war. An der Mitnahme junger Tahitier ist eine von Spanien auch in anderen Teilen seines Weltreichs geübte Praxis wiederzuerkennen: durch Erziehung von Landeskindern im katholischen Glauben, die Bemühungen um koloniale Inbesitznahme zu unterstützen. Spanien hielt die Südsee-Bewohner allemal für einen Teil seines Einflußgebietes jenseits der Linie von Tordesillas.

Allerdings ist von einer Rückkehr besagter Inselkinder als Mönche nichts bekannt. Aber sind denn Tupaia und sein Begleiter zurückgekehrt, oder jener Turu, den Bougainville einst mit sich nach Frankreich genommen und als exotisches Schmuckstück in die Salons von Versailles eingeführt hatte?

Der Buganker der *Resolution* konnte von einem Kutter geborgen werden. Eine weitere Sorge Cooks galt den fast gänzlich erschöpften Vorräten an Trinkwasser. Größere Mengen Proviant – vor allem

Schweine – ließen sich nicht auftreiben, nicht einmal bei Sonderaktionen, mit denen der Commander Leutnant Pickersgill betraute. Das, was man beim Austausch von Geschenken mit den Inselgewaltigen an lebenden Schweinen erhielt, reichte zu nicht mehr als einer einzigen Mahlzeit für die Mannschaften beider Schiffe. Doch wie viele Mahlzeiten galt es vorzubereiten, war die Insel erst einmal wieder verlassen und die Schiffe erneut in den eisigen Gewässern des Südpolarmeeres unterwegs ...

Die Nervosität an Bord wuchs, nicht nur bei den Kapitänen. Als Besucher an Bord das altbekannte Spiel erneut belebten und Nägel, Musketen, ja sogar nautische Tabellenbücher mitgehen ließen, riß selbst Cook die Geduld und er ließ auf die „Diebe" schießen – in einem Fall sogar mit Kanonen. Zwar wurde, wie schon beim ersten Besuch, das gute Einvernehmen mit den Insulanern nach jedem die-

180

ser Zusammenstöße wiederhergestellt, offenbar aber waren die Möglichkeiten, Nahrungsmittel an die Engländer abzugeben, erschöpft.

Nach lediglich einer Woche Aufenthalt entschloß sich Cook, in die Matavai Bay weiterzusegeln, an deren weitgeschwungenem Ufer einst sein Fort Venus gelegen hatte. An der alten Stelle wurde für Wales eine kleine Beobachtungsstation errichtet. Da deren Koordinaten genauestens bekannt waren, konnte der Astronom wertvolle Anschlußmessungen an die Zeit der intensiven Venusbeobachtung Mitte 1769 durchführen; für ihn zählten diese Tage zu den glücklichsten der gesamten Reise.

Als neuer Häuptling trat den Engländern hier Otoo entgegen, ein junger, selbstbewußter Herrscher, der Cook während des ersten Aufenthalts nicht begegnet war. Otoo war über vieles, was damals geschehen war, informiert, fragte nach seinen Landsleuten, die nach der Heimat der Briten (er sagte Pretane) hatten mitgehen wollen, erkundigte sich aber ebenso nach Banks und dessen Begleitern.

So gastfrei und geschenkfreudig Otoo sich an Land auch zeigte – mit dem Entschluß, selbst an Bord eines der Schiffe zu kommen und einen Gegenbesuch abzustatten, zögerte er. Es stellte sich bald heraus, daß er den feuerkräftigen Schiffsgeschützen mißtraute, sobald er in deren allzu große Nähe geriet. Dann fand die Visite doch statt, wiederholte sich gar, erbrachte aber hinsichtlich weiterer Proviantmöglichkeiten nichts Neues.

Von einem dieser Besuche geleitete Cook den Häuptling Otoo an Land zurück. Bei dieser Gelegenheit traf er auf eine alte Frau, die unglückliche Mutter des getöteten Häuptlings Tutehah. Sie erkannte Cook wieder, rief ihn mit der unter den Insulanern üblichen Namensform von Cook, Toote, und nannte ihn mit bewegter Stimme einen Freund des Verblichenen.

Am Ufer hatte nicht nur Wales, sondern auch die Gruppe von Skorbutkranken von der *Adventure* (und der eine Kranke von Bord der *Resolution*) in Zelten Aufnahme gefunden. Als die Männer genesen und einige unaufschiebbare Reparaturen an den Schiffen ausgeführt waren, konnte an die Weiterreise gedacht werden. Inzwischen war es bereits September geworden, der Beginn des Südsommers

Die Häuptlingstochter Poetua

stand unmittelbar bevor und die neuerliche Fahrt in die Welt des Eises durfte nicht länger verzögert werden.

Cooks Erwartungen, an dem neuen Ankerplatz mehr Vorräte an Bord nehmen zu können, hatten sich indes nicht erfüllt. Was lag näher, als zu anderen Inseln in der Gruppe der Society Islands zu segeln, wie er es schon mit der *Endeavour* getan hatte?

Auf Huahine begrüßte Häuptling Ori den Commander wie einen Sohn. Yamswurzeln, Früchte, Schweine gab es im Überfluß. Ori bestand auf dem seinerzeit vereinbarten Namenstausch und erfüllte seinem Gastfreund alle erdenklichen Wünsche. Nach wenigen Tagen ging es zur Insel Ulieta. Auch dort war der Empfang herzlich, Häuptling Orio nahm Cook in die Familie auf und ließ seine anmutige Tochter Poetua vor ihm tanzen. Zu einem bezeichnenden Mißverständnis kam es, als Leutnant Pickersgill, im Sonderauftrag des Commanders unterwegs, um weitere lebende Schweine heranzuschaffen, samt der Besatzung seines Kutters von den Inselbewohnern als Deserteur betrachtet wurde. Sie fürchteten, Cook würde aus ihren Reihen Geiseln nehmen, um die Rückkehr der englischen Seeleute an Bord seiner Schiffe zu erzwingen. Sie verließen daraufhin ihre Hütten und blieben unauffindbar, bis die Sache sich aufgeklärt hatte.

Als die Schiffe am 17. September die Anker lichteten, hatten sie mehr als 400 lebende oder bereits geschlachtete Schweine an Bord, eine gute Grundlage für die Ausführung weitreichender Pläne. Entgegen seiner bisherigen Absicht, von Tahiti auf kürzestem Weg nach Neuseeland zurückzukehren, wollte Cook jetzt „sowohl die bereits von anderen Seefahrern abgesegelten Routen vermeiden als auch die 1643 durch Tasman entdeckten Inseln Middelburg und Amsterdam wiederfinden".

Erneut begegnen wir hier seiner Doppelstrategie: einerseits eigene, neue Routenerkundung zu betreiben und damit das Netz der befahrenen Wasserwege über den großen Ozean immer dichter und dichter zu knüpfen, andererseits die bereits gemachten Entdeckungen nicht geringzuschätzen, sondern sie näher in Augenschein zu nehmen, um sie auf einen möglichen Zusammenhang mit einer größeren Landmasse untersuchen zu können.

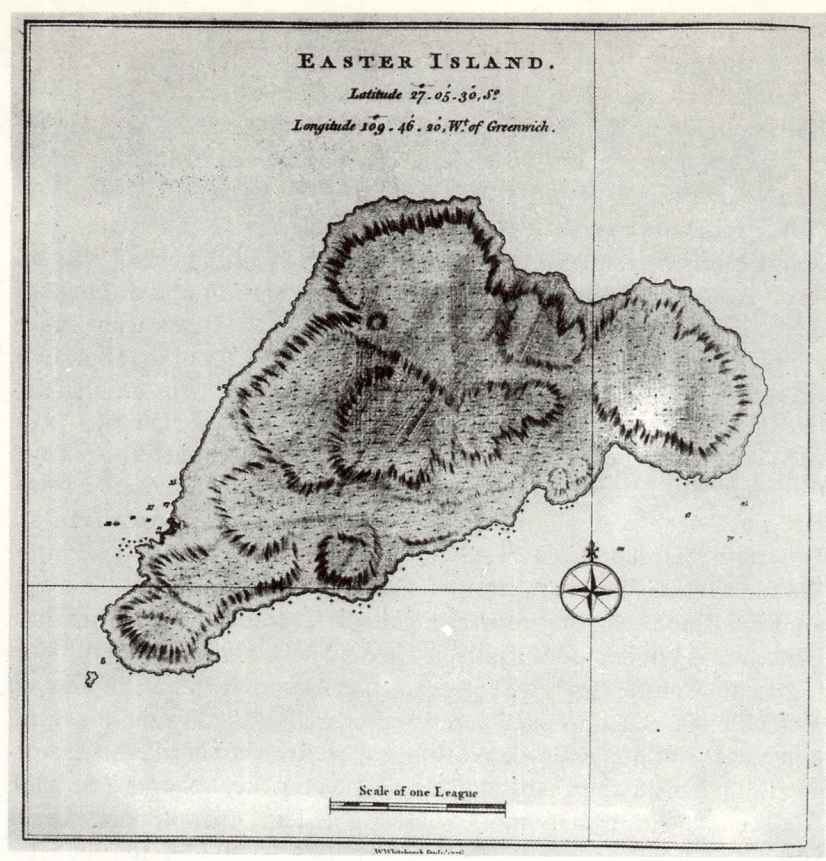

Rätselhaftes Eiland – Die Osterinsel

Erst von den genannten Inseln aus sollte es dann nach Süden gehen.

Es dauerte zwei Wochen, bis die Inseln Eua und Tongatapu im südlichen Teil des Tonga-Archipels erreicht waren. Der Zugang zu den Atollen erwies sich als schwierig. Als die Briten endlich einen geschützten Ankerplatz für beide Cats gefunden hatten, waren sofort

184

Kanus herbeigeeilt, das übliche Geschäft von Tausch und „Schenken" und „Diebstahl" begann, ohne daß es zu unliebsamen Zwischenfällen gekommen wäre. Der freundliche Empfang ließ Cook nicht lange zögern, die Inselgruppe *Friendly Islands* zu nennen. Er gab schließlich den Handel für jedermann frei, ließ auch die einfachen Seeleute auf eigene Rechnung tauschen und sammeln. Die Tonganer reagierten schnell und boten bald ihrerseits Stöcke und Steine und anderen Tand für europäische Glasperlen und Wollfäden an.

Eins aber duldete der Commander nicht: daß Männer aus seiner Besatzung an Land gingen, die als geschlechtskrank bekannt waren. Ebenso ließ er nicht zu, daß Frauen auf die Schiffe kamen.

Der enge, freundschaftliche Kontakt zu den Inselbewohnern machte es möglich, Vergleiche mit anderen Inseln anzustellen. Zwei Männer von den Gesellschaftsinseln hatten sich auch diesmal der Expedition angeschlossen: der junge Omai und einer, der später, beim nächsten Besuch auf Ulieta, zurückblieb und nicht mit nach England fuhr: Odiddy. Die beiden Fahrgäste zögerten zunächst, als sie die Tonganer sprechen hörten. Dann aber legte sich ein verstehendes Lächeln auf ihre Gesichter: Was sie hörten, war zwar nicht ihre Sprache, dennoch ein verwandter „Provinzdialekt", wie Cook es ausdrückte.

Cook stellte sich an diesem Platz seiner Reiseberichte eine Frage, die ihn bewegte, seit er auf seiner ersten Weltreise Tupaia mit den Maori Neuseelands verhandeln sah: Wie konnte es bei diesen gewaltigen Entfernungen zwischen den Inselgruppen Polynesiens (den Begriff allerdings gab es damals noch nicht) zu soviel Ähnlichkeit in Kultur und Sprache kommen? „Beim aufmerksamen Durcharbeiten der Reiseberichte früherer Seefahrer stößt man auf eine so starke Verwandtschaft der Sprachen, Sitten und Bräuche der verschiedenen Inselbewohner, daß ich dahin gekommen bin, für sie alle einen gemeinsamen Ursprung anzunehmen."

Die gemeinsame Herkunft der Polynesier von ein und demselben Ursprungsort ist bis heute nicht schlüssig bewiesen. Die bereits von

Cook angeführten Gründe sprachlicher Ähnlichkeit der polynesischen Idiome deuten aus der Sicht der heutigen vergleichenden Sprachwissenschaft auf eine gemeinsame Urheimat auf dem südostasiatischen Festland hin – obwohl die von dorther zu überbrückenden Entfernungen bis zur Osterinsel, nach Hawaii oder Neuseeland es schwer machen, an eine solche Theorie zu glauben. Als sich auf chinesischem Boden vor etwa viertausend Jahren die ersten Sklavenhalterstaaten bildeten, traten die protomalaiischen Vorfahren der heutigen Polynesier den Weg über das Wasser an. Sie verstanden es, hochseetüchtige Auslegerboote zu bauen und sich mit Hilfe der Sterne zu orientieren. Einmal getätigte Entdeckungen gerieten nicht mehr in Vergessenheit; die Besiedlung von Inseln selbst über große Entfernungen hinweg fand ihren Niederschlag in den Mythen der „Fernhinsegelnden", wie die Polynesier sich selbst bezeichnen.

Über den Hergang der Erstbesiedlung Polynesiens ist viel und mit unterschiedlicher Ernsthaftigkeit spekuliert worden – man kann mit diesen Hypothesen jonglieren wie mit anderen Dingen auch, kann sie als Varianten der Wahrheitsnähe auffassen bei der schwierigen Beschreibung eines komplizierten Sachverhalts; man kann aber ebenso sagen: Nur das Wasser weiß, was es weiß.

Der Abschied von den Tonga-Inseln war der endgültige Aufbruch nach Süden. Bei einem Zwischenaufenthalt auf Neuseeland sollte lediglich die Takelage überprüft und Proviant wie Frischwasser einer letzten Ergänzung unterzogen werden. Doch es sollte ganz anders kommen.

Cook segelte östlich an der Nordinsel entlang, versuchte dann, um Cape Palliser herum den Queen Charlotte Sound zu erreichen. Heftige Stürme in der Cook-Straße machten der *Resolution* diese Aufgabe so bitter, wie es sich nur denken ließ. Als das Schiff es schließlich doch geschafft hatte, lag die *Adventure* nicht am vereinbarten Treffpunkt. Und außer der Takelage gab es einiges mehr zu reparieren.

Der Verkehr mit den Maori gestaltete sich freundschaftlich, täglich

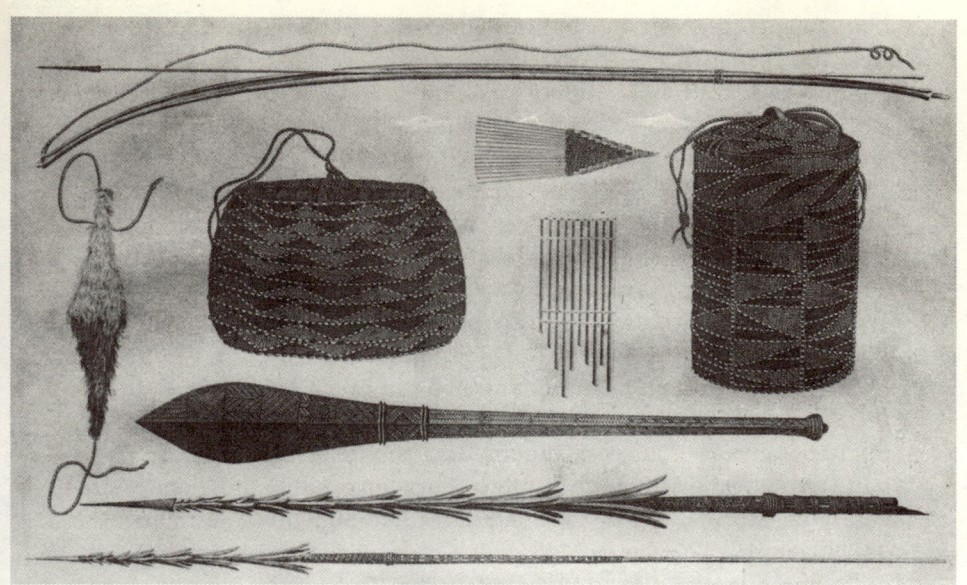

Geräte und Waffen der Tonganer

brachten sie in ihren Kanus frischen Fisch und bekamen Nägel, Tuchfetzen, Kleidungsstücke dafür. Anderes nahmen die Insulaner sich, ohne danach zu fragen. Cook hatte ein letztes Mal vor dem Aufbruch in die menschenlosen Polargegenden der Antarktis Gelegenheit, über den Umgang mit Eingeborenen in den entdeckten Ländern nachzudenken.

„Meiner Meinung nach ist die beste Methode, ein gutes gegenseitiges Verstehen mit solchen Leuten zu erreichen, ihnen zuallererst den Gebrauch der Feuerwaffen zu zeigen und sie von der Überlegenheit zu überzeugen, die man dank dieser besitzt. Des weiteren hat man ständig auf der Hut zu sein. Sind sie für diese Dinge einmal empfindlich geworden, wird der Blick auf ihre eigene Sicherheit sie davon abhalten, einen zu stören. Sie werden uneinig sein beim Schmieden von Angriffsplänen. Sie werden kein Interesse daran haben, solange man sie mit strikter Ehrlichkeit behandelt und freundlich zu ihnen ist."

Dies geht weit über die Instruktionen hinaus, die der frischbestallte Leutnant Cook einst vor Antritt der *Endeavour*-Fahrt vom Präsidenten der Royal Society, Earl of Morton, erhalten hatte: „... mit Respekt zu den Bewohnern der Länder, welche das Schiff berühren wird, äußerste Geduld und Vorsicht üben." Was Cook hier formuliert, war das Ergebnis eigener Erfahrung im wirklichen Wortsinn, auf seinen Reisen war Cook selbst zu diesen Erkenntnissen gelangt. Wen sollte es da wundern, daß sie in seinen Schlußfolgerungen ihren Platz fanden?

Vor dem Aufbruch nach Süden blieb die Frage nach dem Verbleib der *Adventure* zu klären. Nirgends war sie zu entdecken, weder von Suchbooten aus noch von einem Berg am Ufer des Sundes. Cook hatte zunächst vermutet, Kapitän Furneaux habe möglicherweise vor dem Sturm Schutz in einer der Seitenbuchten gesucht. Am 24. November 1773 entschloß sich Cook, das Gesamtunternehmen nicht durch längeres Warten zu gefährden. Er hinterließ unter einem sichtbar markierten Baum eine Flaschenpost für Furneaux mit dem Hinweis auf seine weiteren Absichten: zunächst ausgangs der Straße zwischen den beiden Inseln Neuseelands Ausschau nach der *Adventure* zu halten und dann den Weg in den Südpazifik zu nehmen. Ende März wollte er auf der Osterinsel sein. „Es ist jedoch möglich", hieß es weiter in dem Memorandum, „daß er (Captain Cook – O. E.) sich nach Tahiti oder einer der Gesellschaftsinseln wendet. Dies wird in so hohem Maße von den Umständen abhängen, daß nichts mit irgendeinem Grad von Wahrscheinlichkeit davon abhängig gemacht werden kann."

Zwei Tage nach dem Vergraben der Flaschenpost war die *Resolution* unter Segel, bei frischem Nordwind und klarem Wetter.

*Ein neuer Vorstoß*

Die *Adventure* hatte, seit sie außer Sicht des Flaggschiffes geraten war, schwer mit dem Sturm zu kämpfen. In mittlerer Breite der Nordinsel Neuseelands war sie schließlich in einer kleinen Bucht unter Land gegangen und hatte das Ende des Unwetters abgewartet. Erst am 30. November 1773 erreichte Kapitän Furneaux den Queen Charlotte Sound, fand die Nachricht von Cook und entschloß sich trotz des geringen Zeitverzuges, ihm nicht mehr zu folgen. Zu unsicher wäre ein Treffen irgendwo auf dem Südpazifik; davon, einen der möglichen Zielpunkte Cooks direkt anzusteuern und dort auf den Commander zu warten, hatte dieser selbst abgeraten.

An eine sofortige Weiterreise war ohnehin nicht zu denken. Furneaux' Mannschaft hatte wieder unter Skorbut zu leiden, die Anzeichen waren ernst. Und es gab keine Aussicht mehr, im Notfall Decksleute von der *Resolution* ausborgen zu können. Kapitän Furneaux war entschlossen, diesmal die Hinweise Cooks zur sofortigen und energischen Bekämpfung der Krankheit strikt zu beachten.

Das Land bot ihnen frisches Fleisch und wildwachsendes Gemüse. Als jedoch an einem Tag Mitte Dezember erneut ein Kutter mit zehn Mann Besatzung zur Küste aufbrach, erwartete diese Männer dort nicht lebenspendende Hilfe für ihre Kameraden an Bord, sondern der Tod. Sie gerieten in einen Hinterhalt kannibalischer Maori. Am nächsten Tag fand ein Suchtrupp ihre schaurigen Überreste.

Nun wußte Furneaux, was er zu tun hatte. Er mußte mit weiteren Ausfällen rechnen, durfte die Segelbarkeit seines Schiffes nicht in Gefahr bringen. Auch schätzte er die prekäre Situation richtig ein, in der sich seine Cat beim Weitersegeln ohne Zweitschiff befand. Furneaux war zum sofortigen Aufbruch in die Heimat entschlossen. Am 21. März 1774 erreichte er Kapstadt, Mitte Juli die englische Küste.

Eine mögliche Variante: Furneaux hielt Cooks Vorsprung für so gering, daß er meinte, ihn noch einholen und mit ihm gemeinsam weiterreisen zu können. Er segelte ihm Hals über Kopf nach, seither ist er im Südpazifik verschollen. Von frühen Siedlern wurde an der Küste der Cook-Straße eine Steinplatte entdeckt, in die folgende

189

Worte geritzt waren: *Sloop Adventure*, es folgt ein Datum. Kapitän: Commander Tobias Furneaux. Wir gehen nach Süden ...

Variante dieser Variante: Während der Suche nach Cook verlor Furneaux immer mehr Leute durch Skorbut. Er gab die *Adventure* auf und segelte mit den Überlebenden in einem Beiboot nach Norden. Die erste Insel an ihrem Weg, ein flaches, brandungsbedrohtes Atoll, benannten die Männer nach ihrer Königin, die einst Prinzessin Sophie Charlotte von Mecklenburg-Strelitz gewesen war. Es entstand ein Streit über Weiterfahrt oder Bleiben. Es kam zu Handgreiflichkeiten. Das Wasser in der Lagune war brackig, außer einigen Kokospalmen wuchs nichts von lebenswichtiger Bedeutung. Furneaux wurde schließlich überwältigt und mit einer Handvoll Getreuer auf der Insel zurückgelassen, verurteilt zum sicheren Hungertod. Auch die Meuterer erreichten nie ein rettendes Ufer: Ihr Kutter wurde kieloben von einer spanischen Fregatte südlich der Pitcairn-Insel aufgefischt, ein darin verstautes, sparsam geführtes Logbuch geborgen ...

Cook hatte die Zustimmung all seiner Offiziere, sofort südliche Kurse zu steuern. Die Stimmung an Bord war gut, niemand war durch das Ausbleiben der *Adventure* wirklich entmutigt. Das Wetter wurde bald wechselhaft, eine starke südwestliche Dünung machte es unwahrscheinlich, daß in dieser Richtung Land lag.

Schon am 2. Dezember wurden die ersten Pinguine gesichtet, Robben, Albatrosse, Sturmvögel hatten das Schiff seit dem Aufbruch von Neuseeland begleitet. Am 6. Dezember war gegen Abend derjenige Ort erreicht, der der britischen Hauptstadt von allen Orten der Erde am fernsten lag: Die Männer auf der *Resolution* waren die Antipoden, die „Gegenfüßler" der Einwohner Londons. Es gab eine kleine Feier an Bord, mit Trinksprüchen und wohl auch manch wehmütigem Gedanken.

51°32′ südlicher Breite und 180° östlicher wie westlicher Länge von Greenwich – das war eine Position, die dem Schiff und der Mannschaft noch keine Schwierigkeiten bereitete. Eine Woche darauf, Mitte Dezember, 20 Längengrade weiter westlich, wurde bei 65° südlicher Breite der erste Eisberg gesichtet, in den nächsten Tagen nahm die Eisdichte sprunghaft zu; die Antarktis lockte, und sie stieß die, die sie anzog, zurück. Und doch erreichte das Schiff Tagesleistungen zwischen 100 und knapp 150 Meilen. Durch den Aufbruch des Packeises während der wärmeren Jahreszeit war unerwartet viel Eis nach Norden getrieben worden und behinderte die *Resolution* bei ihrer Fahrt. Cook wich aus, manövrierte, ging dann aber erneut auf Südkurs. Man sollte sich wieder einmal daran erinnern, daß diese Fahrt als „Eine Reise zum Südpol und um die Welt" (so jedenfalls lautet der Titel des Reisewerks) geplant und angelegt worden war.

Da auch der Nebel zunahm, kam es immer häufiger zu gefahrvollen Kollisionen. Die Eisberge maßen nach Cooks Angaben bis zu drei Meilen im Umkreis und waren teilweise 300 Fuß hoch, mit mehreren zackigen Spitzen. Kleinere Treibeisbrocken wurden wieder von Booten geborgen zur Auffrischung der Trinkwasservorräte.

Bei Mittagstemperaturen um den Gefrierpunkt machte das Reffen der Toppsegel große Schwierigkeiten. Und doch forderte der starke, oft stürmische Wind häufig genug blitzschnelles Reagieren. Von der Begegnung mit einem Eisberg, die ein schlimmes Ende hätte nehmen können, berichtet der Seekadett John Elliott in seinen Lebenserinnerungen (auf Pickersgills schriftliche Zeugenschaft zu diesem Ereignis und zu anderen Vorgängen müssen wir künftig verzichten – sein Tagebuch endet beim Abschied von den Tonga-Inseln): Der wachhabende Offizier war unaufmerksam, und als er alle Mann vom Abendbrot weg an Deck rief, war es fast schon zu spät. Dem Kapitän saß der Schrecken nicht weniger im Nacken als jedermann sonst. Sein Gesicht war aschfahl. Und trotzdem übermannte ihn weder Hilflosigkeit, noch lähmte ihn die Angst. Mit scharfer Stimme befahl er den Männern, sich Rundhölzer zu greifen, um das Schiff notfalls von dem Eisberg abstoßen zu können. Es gibt Situationen, in denen Tatenlosigkeit schlimmer ist als eine Aktion, die sowenig Aussicht auf Erfolg hat wie das Abfangen eines solchen Zusammenstoßes durch stangenbewehrte Seeleute.

Ein Wunder geschah auch dieses Mal, sie konnten sich retten. Aber das Hoffen auf Wunder ist keine Dauerlösung. So wurde die Weiterfahrt immer vorsichtiger, tastend fast betrieben.

Am Abend des 20. Dezember 1773 überfuhr die *Resolution* zum zweitenmal den Polarkreis. Am folgenden Tag meldet das Logbuch: „Strenger Sturm, neblig, starke Belästigung durch das Eis." Das Schiff segelte jetzt – etwa auf der Länge des Meridians von Tahiti – inmitten gefährlicher Eisberge, ständig in Gefahr, bei einem Zusammenstoß stark beschädigt zu werden oder gar unterzugehen. Am 22. Dezember wurde die bisher höchste südliche Breite von 67° 31′ erreicht. Die Kälte ließ das Regenwasser in den Blöcken und an den Segeln gefrieren. Cook entschloß sich angesichts dieser doppelten Bedrohung zum Ausweichen nach Norden, da, wie er schreibt, „weder eine Wahrscheinlichkeit, hier Land zu finden, noch die Möglichkeit absehbar war, weiter nach Süden zu gelangen".

Wäre er in östliche Richtungen ausgewichen, so hätte ein bedeutendes Areal im Südpazifik unerkundet bleiben müssen – auch dies eine Überlegung, die bei seinem Entschluß eine Rolle spielte.

In den ersten Januartagen 1774 hieß es dann endlich: Kein Eis mehr in Sicht. An Bord wuchs die Nervosität, denn die Hoffnung auf ein Ausweichen in östliche Richtung hatte die Gerüchte um eine baldige Heimkehr genährt. Nun, da jedermann klar wurde, daß nicht Kap Hoorn, sondern die blaue Weite der nördlicher gelegenen Teile des großen Ozeans das Ziel des Commanders war, entlud sich der Unmut gelegentlich sogar in Handgreiflichkeiten. Cook erkannte die Gefährlichkeit dieser Vorfälle und nahm – zumindest bei einer der Raufereien ist dies durch andere überliefert – die strenge Bestrafung selbst in die Hand: auch dann, wenn es sich darum handelte, einen Midshipman auszupeitschen, der in betrunkenem Zustand zwei oder drei Seekadetten mit dem Messer angefallen hatte.

Wie viele seiner Reaktionen auf Disziplinverstöße hatte Cook selbst diesen Fall weder in das Journal noch in einen seiner Berichte aufgenommen. Waren sie ihm – wie Beaglehole vermutet – tatsächlich zu sehr von untergeordneter Bedeutung, waren schließlich weder nautisch noch geographisch relevant und also für das Ergebnis der Reise in seinen Augen unwichtig? Oder – wollte er keinen Dokumentarbeleg hinterlassen für den Fall einer späteren Verhandlung der Angelegenheit vor einem Seegericht (denn das hat es gegeben,

192

daß ein Bestrafter sich in der Heimat beschwerte, aber da lediglich Aussage gegen Aussage stand, saß der Commander am längeren Hebel).

Die weißen Nächte des sommerlichen Januar erleichterten die Aufklärung großer Räume. Bei westlichem Wind steuerte Cook nordöstliche Kurse und konnte, als er etwa die Breite der Südspitze Neuseelands erreicht hatte, mit einiger Gewißheit sagen, kein Land „übersehen" zu haben. Das war am 11. Januar. Nun ging die *Resolution* zwar auf östlichen Kurs, segelte mit aller Annehmlichkeit vor dem Wind, bei angenehm klarem Wetter – die Hoffnung aber, dies sei ein Anzeichen für baldige Heimkehr, sollte sich indes sehr bald als trügerisch erweisen. Der Kapitän, schweigsam und verschlossen, selbst gegenüber seinen Offizieren, kündigte nicht an, was er beabsichtigte: soweit wie menschenmöglich nach Süden vorzustoßen, um die Nagelprobe zu machen auf das Vorhandensein von Land in hohen antarktischen Breiten.

Bei etwa 120° westlicher Länge ging das Schiff auf Südkurs. Das Wetter verschlechterte sich sehr bald, am 20. Januar kamen die ersten Eisinseln in Sicht. Den westlichen Winden gehorchend, stellte sich ein resultierender Kurs etwa nach Südsüdost ein. Der Sturm nahm zu, die See ging hoch, Frischkost gab es nicht mehr, sondern wieder nur Salzfleisch und Schiffszwieback. Und selbst davon stark gekürzte Rationen – Cook war zu vorsichtig, um unvorhergesehene Umstände nicht in seine Rechnung mit aufzunehmen, die den nächsten Landkontakt hätten weiter hinausschieben können.

All das war wenig geeignet, die abermals enttäuschten Erwartungen auf baldige Heimkehr zu kompensieren. Spannungen gab es vor dem Mast wie unter den Midshipmen. Ja, selbst Vater Forster fühlte sich übergangen: Auch ihn hatte Cook weder konsultiert noch von den nächsten Absichten in Kenntnis gesetzt.

Zu beobachten gab es wenig – manchmal einen Vogel, in der Ferne das Wasser, das ein Wal durch sein Atemloch blies. Dann wurde der Nebel dichter. Am 26. Januar 1774 war der Polarkreis erreicht.

Nun erst zeigte sich wieder Treibeis, schnell nahmen die Brocken an Größe zu. So war wenigstens für ausreichend Trinkwasser gesorgt, doch damit wuchs die Gefahr. Und plötzlich, gegen Mittag des denkwürdigen Tages, schien nach Südosten zu Land zu liegen.

„Sofort richteten wir unsere Segel und hielten darauf zu", schreibt Cook in seinem Reisebericht. „Bald darauf verschwand es, aber wir gaben bis zum nächsten Morgen, gegen acht Uhr, die Suche nicht auf. Nun erst waren wir sicher, daß es nichts als Wolken oder eine Nebelbank gewesen war. Dann nahmen wir erneut Kurs nach Süden. Eine frische Brise kam aus Nordost, begleitet von dichtem Nebel und Schnee."

Da haben ganz andere Entdecker, weniger konsequent als Cook, Nebelbänke und Wolkenfelder als „Land" in ihre Karten eingetragen, und fleißige Kopisten verhalfen solchen Gebilden mitunter zu einem zähen, ausdauernden Leben ...

Nebelbänke und Eisberge häuften sich, wirkliches Land war indes nirgends auszumachen. Schon die nächsten Tage mußten die Entscheidung über das weitere Schicksal der Expedition bringen. Etwa unter der geographischen Länge der Osterinsel, seinem nächsten sicheren Ziel, hatte Cook am 30. Januar 1774 eine südliche Breite von 71° 10' erreicht. Es war ein Sonntag mit klarem Wetter und einer leichten Brise. Außergewöhnliches Leuchten der Wolken in südlicher Ferne ließ weitläufige Packeisfelder erahnen. Bis an deren Rand schob sich die Cat, dann hielt Cook es für geraten, nicht weiter nach Süden vorzudringen. Hier im eisigen Wasser der Amundsensee, inmitten der sein Schiff bedrängenden Schollen und spitzen Eisberge, gab er die weitere Suche nach dem Südkontinent auf – allerdings nicht, weil er vor der Gewalt der Naturumstände kapitulieren mußte, sondern weil seine Antwort auf die Frage der Fragen sich in diesem Augenblick anschaulich bestätigt hatte: Wenn es ein Südland gibt, dann lediglich in allerhöchsten, eisigen Breiten. Der ersehnte letzte Kontinent, von dem die alten Geographen Wunderdinge an Fruchtbarkeit und Schätzen erwartet hatten, wie Quirós oder Dalrymple, wäre es jedenfalls nicht.

Mit dem Wegfall des Beweggrundes, für seinen König und für sein Land die traumhaft reich geglaubte letzte Neue Welt dieser Erde in

Besitz zu nehmen, entfiel für Commander Cook jedoch nicht die Motivation, weiter nach dem Südkontinent zu suchen – wenn er denn existierte – und ebenso gewissenhaft und systematisch wie bisher die Flächenerkundung der Südmeere fortzusetzen. Gerade das Erlebnis, seine Hypothese bestätigt zu sehen, Land sei allenfalls in unwirtlich hohen Breiten zu erwarten, mag dazu beigetragen haben, auch den Rest seiner Aufgabenstellung sehr ernst zu nehmen und möglichen künftigen Kritikern keinen Vorwand zum Tadel wegen unterlassener Gründlichkeit oder ungerechtfertigter, da voreiliger, Schlußfolgerungen zu geben.

So sah Cook sich im Augenblick seiner Umkehr trotz der erreichten Rekordbreite veranlaßt, den Entschluß zum Abdrehen zu rechtfertigen: „Ich will nicht sagen, daß es unmöglich gewesen wäre, noch weiter nach Süden zu gelangen; aber es zu versuchen wäre ein gefährliches und unbesonnenes Unternehmen gewesen, an welches, so glaube ich, niemand in meiner Situation gedacht hätte. Es war in der Tat meine Meinung und die der meisten an Bord, daß sich dieses Eis bis zum Pol hin erstreckte, oder daß es möglicherweise auf Land stößt, mit dem es seit frühester Zeit verbunden ist."

„Als wir ganz nah an das Eis herankamen, konnten wir einige Pinguine hören, sahen sie jedoch nicht. Ähnlich war es mit einigen Vögeln und anderen Dingen, welche uns glauben ließen, daß ganz in der Nähe Land war. Es muß weiter nach Süden zu hinter diesem Eis liegen. Aber selbst wenn dies wirklich so ist, so kann dieses Land den Vögeln oder anderen Tieren keinen besseren Zufluchtsort bieten als eben das Eis, mit dem es ganz bedeckt sein muß. Ich, der ich den Ehrgeiz besaß, nicht nur weiter nach Süden vorzudringen als irgend jemand zuvor, sondern so weit, wie es für Menschen möglich ist, bedauerte nicht, hier vor die Notwendigkeit des Abbruchs gestellt zu werden."

Der Abbruch war nicht nur Ausdruck der Unmöglichkeit, weiter nach Süden vorzustoßen, als es an dieser Stelle unter den gegebenen Umständen vertretbar gewesen wäre. Die Umkehr der *Resolution* an jenem 30. Januar 1774 markiert einen bedeutenden Sieg des suchenden, forschenden, entdeckenden Menschen: Zum drittenmal auf dieser Reise war Cook über den Polarkreis hinaus ins südliche Eismeer vorgedrungen. Er hatte damit die ersten drei Punkte gesetzt bei der Ortung des Kontinents Antarktika, der zwar nicht das erträumte Südland war, der aber als Gegenstand wissenschaftlicher Erkundungen bis heute im Mittelpunkt internationalen Interesses steht. Cooks Breitenrekord von 71° 10′ südlicher Breite blieb fast ein halbes Jahrhundert bestehen, bis Forschungsreisende und Robbenfänger jenen eisigen Kontinent ins Visier nahmen, den Cook zwar nie gesehen, dennoch als erster umsegelt und erahnbar gemacht hatte.

Das weite Vordringen in die Amundsensee war nicht nur ein Erfolg, der der erkennenden Menschheit insgesamt gehörte; es war auch ein Sieg des Tagelöhnersohnes James Cook aus Yorkshire, nicht zuletzt ein Sieg über sich selbst. Zielstrebig, ja verbissen hatte er sein Ziel verfolgt, solange ihm dies vertretbar schien. Erst als die Gefahren unkalkulierbar wurden, als er insbesondere fürchten mußte, vom Eis eingeschlossen zu werden, gab er es auf. Er wußte, daß dies nun keine „Reise zum Südpol" mehr war, er vermochte indes gleichzeitig, die erreichten Erkenntnisse in das Bild einzuordnen, das sich seine Zeit von der Erde machen konnte: „Hätten wir dort einen Kontinent gefunden, so wären wir besser imstande gewesen, die Neugier zufrieden zu stellen; aber wir hoffen, daß unser Nichtauffinden desselben weniger Raum für zukünftige Spekulationen über unbekannte Welten lassen wird ...", sollte er nach Abschluß der Reise schreiben.

Nicht unerwähnt bleiben darf, daß Cook während dieses weitesten Vorstoßes ins eisige Südmeer an heftigen Gallenbeschwerden litt; Seekadett Elliott bezeichnet die Krankheit des Kapitäns in seinen Memoiren gar als „gefährlich".

Sobald nach der Reise feststand, daß die zum Januarende 1774 erreichte Breite der südlichste Punkt war, zu dem Menschen bisher hatten vordringen können, entbrannte unter Cooks Mitreisenden ein – eher am Rande der Berichterstattung geführter, aber doch mit Nachdruck ausgefochtener – Streit um die Frage: Wer war denn nun von allen Männern an Bord der *Resolution* am weitesten nach Süden gelangt?

Eine etwas abwegige Frage, zugegeben. Und trotzdem wurden zu ihrer Beantwortung Argumente ins Feld geführt, die so abwegig gar nicht sind. Zwei der Anwärter sollen genannt werden: Da ist zum einen der Naturforscher Sparrman, der die Sache in seinem Buch „Reise um die Welt" folgendermaßen darstellt: „Um der hastigen Geschäftigkeit all der Menschen an Deck, wie sie bei vergleichbaren Manövern üblich ist, zu entgehen, stieg ich in meine Kabine hinab, um durch die Luke die Grenzenlosigkeit des Polareises ruhig betrachten zu können. So geschah es, daß ich – wie mehrere meiner Gefährten feststellten – eine Kleinigkeit weiter nach Süden gelangte als irgend jemand sonst auf dem Schiff. Denn ein Schiff, das wendet, holt stets nach achtern aus, ehe die Segel sich füllen und es auf seinem neuen Kurs weiterfährt."

Der andere Prätendent war George Vancouver, nach John Elliott der jüngste Seekadett an Bord der *Resolution*. Er sollte es in der Cook-Nachfolge selbst zu Entdeckerruhm bringen. Im Augenblick, da der Commander das Wenden befohlen hatte, stieg der Siebzehnjährige auf dem Bugspriet bis zum äußersten Ende des Klüverbaums vor, riß seine Kappe vom Kopf und schrie in jungenhaftem Übermut: „Weiter geht es nicht!"

Im Logbuch ist unter dem 30. Januar neben den üblichen Eintragungen zu Wetter- und Ortsangaben lediglich vermerkt: „Stopped by ice." Cook wird die Sache also sehr wohl als ein Nichtweiterkönnen empfunden haben, unbeschadet aller Überlegungen, die zu dem Entschluß geführt hatten und die sich daran anschließen mochten. Nun, einmal auf neuem Kurs, ging es recht zügig nach Nordost. Noch immer schneite es, dazu fiel heftiger Nebel ein, die Luft war schneidend kalt. An stehendem wie laufendem Gut hatten sich dicke Eiskrusten abgesetzt, bis zu einem Inch stark.

Etwa drei Wochen blieb die *Resolution* auf diesem Kurs, ließ schließlich das Eis hinter sich und machte sich auf die Suche nach dem, was der spanische Seefahrer Juan Fernández 1563 als „überaus fruchtbaren und angenehmen Kontinent" gepriesen und zum Südland gerechnet hatte, ein Land, „bewohnt von friedvollen, freundli-

chen, gastfreien Menschen". Das Phantasiegebilde – wohl eine Wolkenbank – sollte angeblich auf gleicher geographischer Breite liegen
wie jene kleinen Inseln, die noch heute den Namen des Spaniers tragen. Ein Südlandschicksal; zahlreiche Entdecker hatten sich bereits
vor Cook daran versucht, diesen Küstenabschnitt des Traumkontinents wiederzufinden.

Am 25. Februar gab die *Resolution* die Suche auf und hielt sich für
die Weiterfahrt an handfestere Koordinaten: die der Osterinsel, ein
seit der Erstentdeckung durch den Holländer Jakob Roggeveen 1722
von keinem europäischen Seefahrer mehr aufgesuchtes Eiland.

Daß man bald an eine Küste gelangte, war nicht ausschließlich von
entdeckerischer Neugier diktiert. An Bord gab es einige ernste Skor-
butfälle, die Krankheit hatte die Tendenz, sich auszubreiten. Als ein-

ziges Mittel gegen den Vitaminmangel war ein Rest Sauerkraut verblieben. Auch Cooks Gesundheitszustand hatte sich verschlechtert.

Mögliche Variante: Cook war überhaupt nur dieses eine Mal erkrankt, die Zuordnung der etwa einwöchigen Bettlägerigkeit des Commanders zu der Zeit des weitesten Vorstoßes in die Amundsensee beruht auf einer Fehlinterpretation der in Elliotts Erinnerungen hierzu gemachten Bemerkung ...

Am 11. März kam westlich voraus die Osterinsel in Sicht, am übernächsten Tag erfolgte die Landung auf Reede vor dem schmalen Sandstrand der Hangaroa-Bucht. In einem Kanu fuhren zwei Männer dem Schiff mit einer Staude reifer Bananen entgegen, die dazugehörigen Blätter waren das in Polynesien am weitesten verbreitete Zeichen für Frieden und gute Absichten.

Cook belohnte die Insulaner mit je einer Gedenkmünze, die in London aus Anlaß seiner Reise geprägt worden waren und die den

Monumente der Vergänglichkeit / Steinfiguren auf der Osterinsel

Kopf des Königs wie auch das Bild des Schiffes trugen. Der Handel war eröffnet, schon am nächsten Tag wurde er bei einem Landgang des Kapitäns fortgesetzt: Nägel gegen Süßkartoffeln und Zuckerrohr, weitere Bananen für weitere Gedenkmünzen.

Für Elliott stellte sich die Fahrt seit der Umkehr im Eis vor allem als zeitlich äußerst geraffte Erfahrung extremer klimatischer Bedingungen dar. Er schreibt: „In sechs Wochen fuhren wir von 71°20′ s. Br., wo alles von Eis eingehüllt war – das Schiff, die Segel, die Takelage –, bis zur Breite von 27°, wo die Sonne fast senkrecht über unseren Köpfen stand."

Trotz dieser erfreulichen Wandlung der äußeren Umstände erfüllte die Insel nicht alle Erwartungen der Landsucher. Sie war baumlos und nicht sehr fruchtbar, brauchbares Trinkwasser fand sich erst nach längerem Suchen. Als hervorstechendste Sehenswürdigkeit, ja geradezu als ein für die einsame Pazifikinsel charakteristisches Merkmal, hatten die Briten schon vor der Landung mit ihren Teleskopen die Kolossalstatuen ausmachen können, von denen bereits Roggeveen berichtet hatte. Bei diesen einzigartigen Zeugnissen polynesischer Kultur handelt es sich um Monumente unbekannter Entstehungszeit und von noch immer nicht geklärter Bedeutung. Bis in unsere Tage haben sich zahlreiche Wissenschaftler an der Lösung der damit zusammenhängenden Fragen versucht; genannt sei hier stellvertretend für viele der Norweger Thor Heyerdahl, den das Rätsel der Osterinsel während seines ganzen Forscherlebens fasziniert und zu eingehenden Studien angeregt hat.

Die gigantischen Steinfiguren – die größte mißt 21 Meter – werden von den Bewohnern der Osterinsel Moai genannt. Ihre Köpfe waren einst mit Pukaos, großen Hüten oder Perücken, aus rotem Tuffstein geschmückt. Es mag sein, daß es sich bei den Statuen um Bilder verehrungswürdiger Ahnen handelt, wird doch der Kult der Vorfahren überall in Polynesien praktiziert. Auf den Marquesas-Inseln, von wo aus wahrscheinlich im 12. Jahrhundert die Besiedlung der Osterinsel erfolgte, hat man ebenfalls steinerne Ahnenstandbilder gefunden.

Ungeklärt geblieben ist hingegen die Frage, wie die Figuren von

Ahnenbilder oder steinerne Götter? Die Kolosse der Osterinsel, wie Cook sie vorfand /
Gemälde von W. Hodges

den Steinbrüchen, in denen sie entstanden, zu den Orten ihrer Auf-
stellung transportiert wurden und wie man sie auf ihre Sockel gestellt
hatte. Cooks Besuch auf der Osterinsel fiel etwa in jene Zeit, für die
man heute das Ende der Arbeit an den Kolossen ansetzt. Der Verfall
der alten Kultur der Osterinsel wird mit blutigen Stammeskriegen in
Verbindung gebracht, die um 1750 ausgetragen worden waren.

Cook hatte, was er sah, beschrieben; und er hatte zum Phänomen
der grimmig dreinschauenden Figuren Fragen gestellt, die er unbeantwortet lassen mußte. Sein Interesse beschränkte sich jedoch nicht
auf die steinernen Zeugen der Vergangenheit. Bei den Insulanern,
die ihm begegneten, stellte er eine starke Ähnlichkeit der Sprache,
der Sitten und Bräuche, ja sogar der auf ihren Kleidern vorherrschen-

den Farben mit seinen Beobachtungen anderer polynesischer Inseln einschließlich Neuseelands fest. Und er verschweigt nicht sein Erstaunen darüber, eine Kultur „fast über den vierten Teil des Globusumfangs" verbreitet zu sehen.

Was er an Frischnahrung wie an Vorräten erhalten konnte, reichte nicht einmal aus, die Leiden der Kranken an Bord zu lindern. So entschloß sich Cook bereits Mitte März zur Weiterfahrt. Er wollte sich dem Südostpassat anvertrauen und nach den Marquesas segeln. Auf dieser Etappe der Reise war er auch wieder krank. Aber zu keinem Zeitpunkt vergaß er, auf Sauberkeit und Hygiene an Bord zu achten und diejenigen zu bestrafen, die seine Anordnungen nicht befolgten.

Die *Resolution* segelte, wie man einst zur Zeit Alvaro de Mendaña y Neyra gesegelt war, jenes Südlandsuchers, der 1595 die Marquesas

202

entdeckt hatte: zunächst auf nordwestlichen Kursen, bis die geographische Breite des angesteuerten Zieles erreicht war, dann auf dessen Breitenkreis weiter – in westlicher Richtung – bis hin zu den Inseln.

Cook benutzte Mendañas kartographische Unterlagen. Er erreichte die Inselgruppe am 6. April und ankerte wie schon Mendaña in einer Bucht jener Insel, die der Spanier Santa Christina genannt hatte (Tahuata).

Hier gab es genügend Brotfrüchte, Bananen und Schweine. Der Tauschhandel ließ sich gut an, wurde aber für kurze Zeit unterbrochen, weil einer der seine Waren anbietenden Schiffsbesucher eine eiserne Stütze von der Gangway der *Resolution* mitgehen ließ. Cook erteilte daraufhin den Befehl, über das Kanu des Mannes, das sich schnell entfernte, hinwegzuschießen; seine Mahnung, den Polynesier dabei nicht zu töten, „überhörten" die Schützen, und der Dieb brach unter einer Flintenkugel zusammen.

Die beiden anderen Männer im Kanu warfen das Eisenteil ins Meer. „Einer von ihnen", berichtet Cook, „schöpfte Wasser und Blut aus dem Kanu; er war von hysterischem Lachen geschüttelt. Der andere, ein junger Mann von vielleicht vierzehn oder fünfzehn Jahren, blickte mit ernster und mutloser Miene auf den Toten. Wir bekamen später Grund zu der Annahme, daß er der Sohn des Erschossenen war."

Das hatte Cook in die Formulierung seiner Ratschläge über den Umgang mit „Wilden" aufzunehmen vergessen: daß die guten gegenseitigen Beziehungen mit den "Entdeckten" nur dann zu erreichen waren, wenn man „solche Leute" als Menschen ansah und nicht als bewegliche Zielscheiben.

Hätte er konsequent sein und den Todesschützen bestrafen müssen? Cook zog es vor, einige Tage zu warten. Schließlich hatte sich das Verhältnis wieder „normalisiert".

Cook segelte sofort weiter, weil er Racheanschläge der „Wilden" fürchtete. Die Zahl der Skorbutkranken auf der *Resolution* nahm sprunghaft zu. Auch dieser Landaufenthalt hatte die Ernährungslage nicht entspannt. Die Reise wurde in dieser Hinsicht ein Mißerfolg. Angaben über die Größenordnung der Verluste fehlen.

Auf den Marquesas

Eine Variante: Cook dachte nicht daran, weiterzusegeln. Er war entschlossen, sich mit Gewalt zu nehmen, was der Tauschhandel nicht einzubringen vermochte. Er brannte die Hütten der Eingeborenen, nachdem er sie ausgeraubt hatte, nieder. Hatte er gar keine Skrupel ...?

Eine andere Lesart: Cook verließ am Morgen des 12. April 1774 den Marquesas-Archipel, nachdem er auch die Insel La Dominica (Hiva Oa) an ihrer Westküste besucht hatte. Er hatte Mendañas Angaben überprüft und durch genaue Längenmessungen ergänzt, hatte außer den bisher bekannten eine weitere Insel gefunden und konnte sogar mit den übernommenen Vorräten zufrieden sein. Zwar waren die Schweine nicht sonderlich bei Gewicht und die Kokosnüsse nicht eben zahlreich, zum Ausgleich aber gab es genügend Brotfrüchte und Bananen ...

204

Alle, die über diesen Besuch der Marquesas-Inseln schriftlich fixierte Erinnerungen hinterlassen haben, stimmen darin überein, daß die dortigen Inselbewohner ihnen als besonders hübsche, stattliche Menschen erschienen waren: Cook selbst, Wales, Clerke, Forster, Elliott – man sollte auch Hodges hinzuzählen, dessen Porträts einiger Marquesas-Bewohner die verbalen Zeugnisse beredt unterstützen.

Cooks nächstes Ziel war Tahiti. Auf der Fahrt dorthin entdeckte er einige Atolle – die Tatsache ist von Belang, die Namen sind es weniger. Andere Inseln, die schon vorher durch europäische Seefahrer besucht worden waren, fand er wieder und nahm sie in seine Karten auf. Es waren Eilande im nördlichen Teil des Tuamotu-Archipels.

## Heimfahrt

Auf Tahiti wollte Cook ursprünglich drei Tage bleiben – genug, um die Schiffschronometer an die bekannte geographische Länge der Insel anzugleichen. Aus drei Tagen wurden drei Wochen, drei weitere Wochen gehörten der Gastfreundschaft alter Bekannter auf Huahine und Ulieta. Die auf diesen beiden Inseln zu beschaffenden Vorräte hatten nicht mehr dieselbe Bedeutung wie bisher. Es gab wenige Wünsche, die nach dem Aufenthalt in der Matavai Bay auf Tahiti offengeblieben wären: zu freigebig waren die Tahitier diesmal gewesen. Sie hatten es sein können dank eines zunächst unerklärlichen Aufschwungs ihrer eigenen Möglichkeiten, Pisangbananen und Schweine, Yamswurzeln und Batatenknollen den fremden Fernhinsegelnden mitzugeben. Der Weg nach *Pretane* mußte sehr weit sein, waren die Männer auf Tootes Riesenkanu doch so lange fortgewesen und nicht einmal bis dorthin gelangt ...

Tahiti hatte sich von den kriegerischen Verwüstungen der Vorjahre erholt. Frieden war auf der Insel allerdings noch immer nicht eingekehrt; die Engländer wurden Zeugen eines gewaltigen Flottenaufmarsches. Cook vermaß die größten der Kriegskanus und fertigte mit seemännischer Genauigkeit Rißzeichnungen von ihnen an. Die längsten erreichten fast die Abmessungen der *Resolution*.

Vor der Küste der Friendly Isles

Auf Ulieta blieb Odiddy zurück, einer der beiden jungen Polynesier, der die Fahrt in den Südsommer 1773/74 mitgemacht hatte. Er fand nicht nur eine Braut fürs Leben, sondern als einer, der die Welt gesehen hatte, auch die Achtung seiner Landsleute. Beim Abschied wurde er von den Briten besonders geehrt: Er durfte am 4. Juni, an des Königs Geburtstag, einige der Salut feuernden Kanonen zünden und länger an Bord der *Resolution* bleiben als alle anderen Gäste, länger sogar als Poetua, die schöne Häuptlingstochter.

Auf westlichen Kursen ging es neuen Entdeckungen und der Verifikation älterer Kartenangaben und Reiseberichte entgegen. Erster Bezugspunkt war die von Abel Tasman aufgefundene Insel Rotterdam.

Mit dreihundert lebenden Schweinen an Bord konnte Cook sich Zeit lassen für alles, was ihm auf dem Weg dorthin vor den Bug kam oder querab in der blauen Weite auftauchte. Landungsversuche aller-

dings scheiterten – auf mehreren Atollen wegen ungünstiger Uferver-
hältnisse und am Nachmittag des 20. Juni auf der Tonga-Insel Niue
an der unzweideutig feindlichen Haltung der Insulaner.

Es hatte nicht viel gefehlt, und Cook wäre an diesem fernen Ufer
von einem nach ihm geschleuderten Speer getötet worden – eine Ladung Schrot, die Georg Forster im letzten Moment auf den Speerwer-
fer abfeuerte, verhütete das Schlimmste.

Am 26. Juni 1774 war Rotterdam (Nomuka) erreicht. Der Empfang
war zunächst sehr freundlich, machte dem Namen *Friendly Isles*, den
Cook der Tonga-Gruppe ein knappes Jahr zuvor gegeben hatte, alle
Ehre. Ja, die Freundlichkeit ging mitunter sogar sehr weit: Bereits
beim ersten Landgang war Cook selbst das Ziel der Bemühungen
einer Matrone, ihm die Liebeskünste eines jungen, sehr hübschen
Mädchens – vermutlich ihrer Tochter – gegen geringes Entgelt anzu-
bieten. Einen Nagel, ein Hemd vielleicht – mehr solle die Sache
nicht kosten, betonte die Alte. Als der Commander lachend ablehnte,
auf seine Armut verwies, lachte sie zurück, meinte dann, man könne
sich auf Kreditbedingungen einigen, er solle das Mädchen erst einmal an Bord nehmen, dann sehe man weiter. Da verschanzte Cook
sich hinter seiner Anordnung aus dem Vorjahr, die den Frauen der
damals angelaufenen Tonga-Inseln das Betreten des Schiffes verbot.

Er selbst beschreibt diesen Vorfall gelöst, geradezu locker, und
Seekadett Elliott kommentiert: „Es ist immer vermutet worden, daß
Cook selbst nie eine Verbindung mit einer unserer schönen Freundinnen einging. Ich habe sie oft über ihn spotten und lachen sehen;
sie nannten ihn alt und zu nichts mehr nütze."

Zu Zusammenstößen, ja, gar zu versuchtem Waffendiebstahl durch
die Polynesier kam es dann während der wenigen Tage auf Nomuka
doch noch. Wieder setzte Cook sich persönlich der Gefahr aus, bei
der Regelung dieser Affäre von einem Speer getroffen zu werden.

Ende Juni verließ er die Tonga-Inseln, nahm Westkurs, um den
Spuren von Quirós zu folgen. Er hatte dem Spanier seinen Respekt
nie versagt, vielmehr sah er in ihm „den einzigen, der mit der alleinigen Absicht, den Südkontinent zu entdecken, ausgeschickt wurde.

Auf der Insel Rotterdam

Und er scheint in der Tat der erste gewesen zu sein, der eine Vorstellung von der Existenz eines solchen hatte".

Cook wurde angelockt von dem Land, das Quirós am Pfingsttage 1606 entdeckt und Australia del Espiritu Santo genannt hatte – Südland des Heiligen Geistes. Er hatte „all dieses Land des Südens bis zum Pol" für den spanischen König in Besitz genommen und begeistert vom Reichtum der Felder, Wälder und der himmelhoch ragenden Berge berichtet. Seither war Bougainville dort gewesen, sein Bericht hatte viel von dem relativiert, was Quirós voller Entdeckerstolz über den Reichtum seines „Südlandes" erzählt hatte. Insbesondere war klargeworden, daß dies kein Land von der Ausdehnung eines Kontinents war, allenfalls eine Inselgruppe. Bougainville hatte sie nach der ringförmigen Anordnung eines Teils der Insel Große Kykladen genannt.

208

Aber Cook, getreu seinem Vorsatz, daß es im Umfeld jeder Einzelentdeckung nach mehr Land zu suchen lohnte – selbst dann, wenn es nicht bis zum Südpol reichte, wie Quirós im vorliegenden Fall behauptet hatte –, maß dem Wiederauffinden des Archipels einige Bedeutung bei. Am 16. Juli 1774 war es soweit: Südwestlich voraus kam ein hohes Ufer in Sicht, auf das die Positionsangaben der beiden Erstbesucher zutreffen konnten. Auch Cook gab den Inseln einen neuen Namen; er nannte die Gruppe *Neue Hebriden*. Seit 1980 bilden sie den unabhängigen Staat Vanuatu.

Die Landung gestaltete sich problematisch – nicht nur in seemännischer Hinsicht. Wieder galt es mit friedvollen Gesten die am Strand versammelten Inselbewohner zu beschwichtigen und ihnen die eigenen guten Absichten glaubhaft zu machen.

Der erste diesbezügliche Versuch wurde auf Maewo unternommen, verlief aber erfolglos: „Obwohl wir alle Zeichen der Freundschaft machten, kamen sie nicht näher als bis auf einen Steinwurf heran. Sie blieben nicht lange und paddelten dann zur Küste zurück, wo wir eine große Anzahl von Leuten in Gruppen beieinanderstehen sahen. Sie hatten sich mit Pfeil und Bogen bewaffnet und waren von sehr dunkler Hautfarbe. Bis auf einige Ornamente auf ihren Brüsten und Armen schienen sie völlig nackt zu sein."

Nach seinen ausgiebigen Kontakten zu den relativ hellhäutigen Polynesiern trifft Cook hier erstmals auf Melanesier. Es sind dies die Bewohner des weitgefächerten Inselbogens nördlich, östlich und südöstlich von Neuguinea. Hier wurden seine polynesischen Sprachbrocken nicht mehr verstanden, es galt wieder, sich der Symbolik eines grünen Zweiges zu bedienen, um sich verständlich machen zu können. Der Erfolg war unterschiedlich.

Auf Malekula, wo die *Resolution* für zwei Nächte und einen Tag ankerte, konnte Holz gemacht und etwas Frischwasser übernommen werden. Kokosnüsse gab es nur spärlich, und ein Schwein, das ein Häuptling als Geschenk anbot, war offenbar nicht die Aufforderung zu einem größeren Tauschgeschäft, sondern ebenfalls ein Willkommens- und Friedenszeichen.

Ein Landungsversuch auf Eromanga, wo die dringend benötigten

Landung auf Erramanga (Neue Hebriden)

Vorräte erworben werden sollten, scheiterte am Mißverstehen der gegenseitigen Absichten: Die Insulaner hielten die Ankömmlinge für Boten der Geister und Dämonen, die sie fürchteten, die zurückzuweisen sie aber trotzdem entschlossen waren. Zur Begrüßung gab es zwar eine Schale voll Wasser, einige wenige Kokosnüsse und dazu eine Handvoll Yamswurzeln – doch konnten mehr als hundert britische Seeleute von solch symbolischen Gaben ihren Hunger nach Frischkost stillen und ihren Durst löschen?

Das folgende Handgemenge war eher ein Resultat gegenseitiger Furcht als der Ausdruck wirklicher Feindseligkeit. Das Versagen zahlreicher Musketen hielt die Zahl der Opfer in Grenzen. Elliott, der vom Schiff aus dem Landungsboot unter dem Kommando Cooks nachgeschaut hatte, notiert: „Wie viele der Eingeborenen sie töteten oder verwundeten, konnten sie nachher nicht sagen. Aber es müssen mehrere gewesen sein …" Eine Insellegende will wissen, daß ein großer Häuptling namens Narom unter den Getöteten jenes Tages war.

210

Erst auf Tana, dem nächsten Landungsplatz, kam es zu einem halbwegs erquicklichen Handel. Mitte August waren die wichtigsten Bedürfnisse gestillt; Cook konnte daran denken, weiterzusegeln. Die zweite Monatshälfte brachte er mit Kartierungsarbeiten von See her zu. Das Ergebnis war eine äußerst genaue Aufnahme des gesamten Archipels.

Am 1. September blieb die Hauptinsel, Quirós' Espiritu Santo, achteraus zurück. Cook war entschlossen, vor dem endgültigen Einschwenken auf Heimatkurs noch einmal nach Neuseeland zu gehen. Auf der Fahrt dorthin wollte er alles erkunden, was es in diesem Teil des großen Ozeans zu entdecken gab.

Nur vier Tage ging die Fahrt nach Südwesten. Dann war eine Küste erreicht, die zuvor kein europäischer Seefahrer beschrieben hatte. Cook nannte das Land *Neukaledonien*. Er wußte, daß gering westlich davon der Nordsüdkurs jenes Franzosen Surville verlaufen war, mit dem er sich 1769 beinahe an Neuseelands Nordkap getroffen hätte.

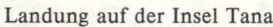

Landung auf der Insel Tana

Surville aber hatte in den Breiten, in denen Cook sich jetzt befand, von Land nichts gesehen. So konnte Neukaledonien kein ausgedehnter Kontinent sein, insbesondere bestand kein Zusammenhang mit Neusüdwales, der Ostküste von Neuholland.

Die Insel erwies sich als langgestreckt, trotzdem schmal genug, um von einem der Hügel in der Nähe des Erstlandeplatzes in ihrer ganzen Breite überblickt werden zu können. Cook nennt den Anblick der See auf der gegenüberliegenden Inselseite „eine nützliche Entdeckung", ersparte sie ihm doch ein Umsegeln des Eilandes.

Vorerst gab es dort, wo sie die Küste zuerst erreicht hatten, eine wichtige Aufgabe zu erfüllen: Am Nachmittag des 6. September 1774 konnte eine Sonnenfinsternis beobachtet werden, mit deren Hilfe

212

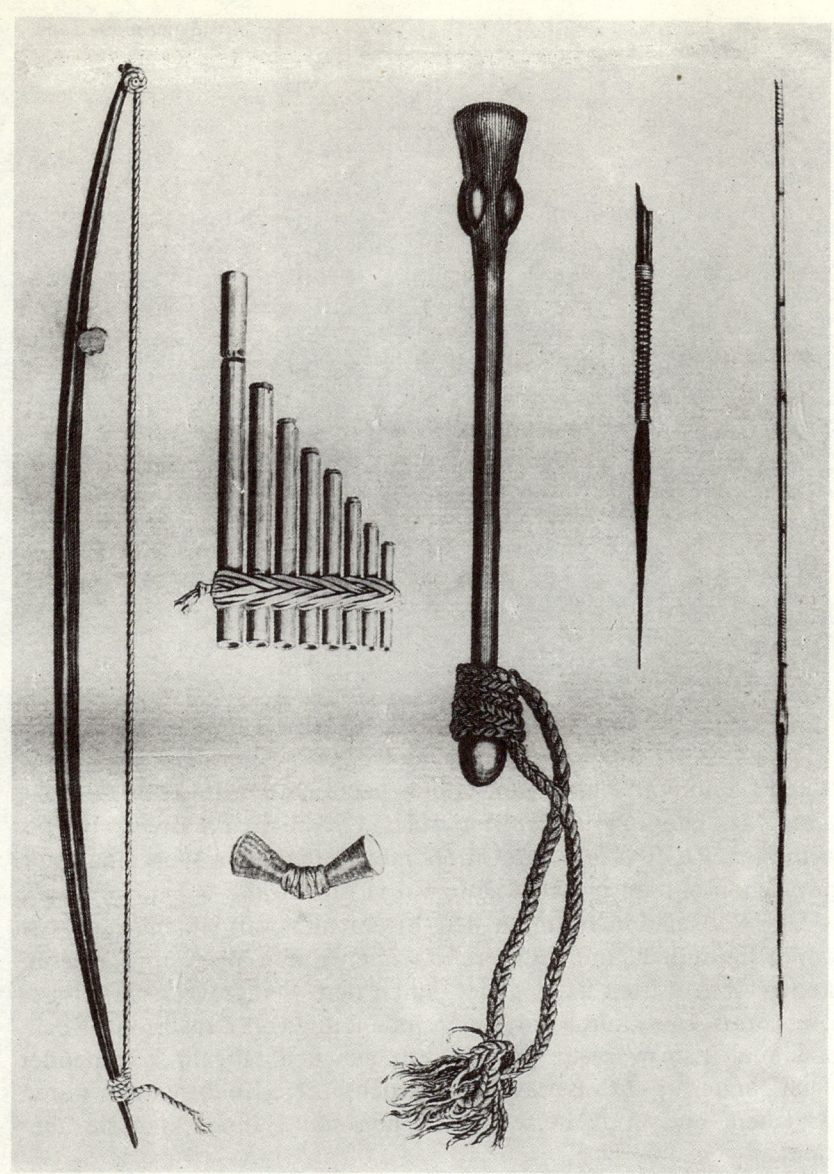

Panflöte und Waffen von der Insel Tana

Wales, Leutnant Clerke und Cook gemeinsam die geographische
Länge des Landungsortes mit 164°41′21″ östlich von Greenwich bestimmten. Zu dem mit dem Chronometer erhaltenen Wert ergab sich
nun schon ein Unterschied von zwei Drittel Grad.

   Die Neukaledonier traten den Briten unbewaffnet entgegen, sie
waren freundlich und hilfsbereit, zeigten ihnen Wege und Wasser-
stellen. Ihre Hütten lagen gleich hinter dem Mangrovengestrüpp des
Ufersaums. Das Land wurde zur Anpflanzung von Zuckerrohr, Kochbananen, Yamswurzeln genutzt, ein aus den Hügeln kommender
Bach sorgte für gute Bewässerung. Auch einige Kokospalmen waren
zu sehen, und Cook hörte das Krähen von Hähnen, sah sie aber
nicht.

214

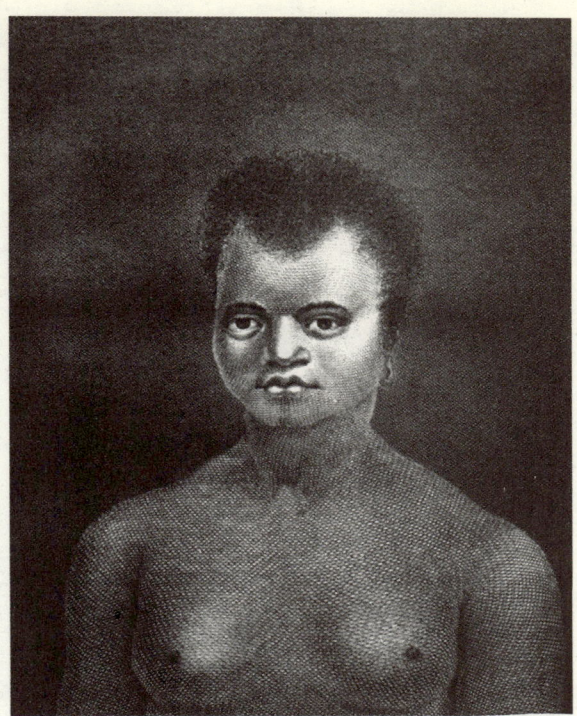

An den folgenden Tagen wurde von Booten aus mit der Erkundung der Küste begonnen. Johann Reinhold Forster und sein Sohn Georg hatten Gelegenheit zu ausgiebigem Botanisieren an Land.

Am 13. September 1774 setzte die *Resolution* ihre Fahrt nach Südosten längs der Küste Neukaledoniens fort, nachdem am Vortag der Schiffsname und das Datum zum Zeugnis der Erstentdeckung und Besitznahme in einen Baum gekerbt worden waren.

Beim Abschied von den freundlichen Inselbewohnern gab es diesmal weder einen Versuch, aus der Mannschaft zu desertieren, noch blieben gebrochene Herzen an Land zurück. In einer „Land-und-Leute-Studie" schreibt Cook: „Die Frauen sind – so wie schon die auf Tana – bedeutend zurückhaltender als die auf den östlicheren

Inseln, soweit ich dies beurteilen kann. Ich habe nie gehört, daß einer unserer Leute von irgendeiner unter ihnen den letzten Gunsterweis erhielt. Man sagte mir aber, daß die Damen dieses Landes sich häufig damit unterhielten, daß sie mit einem unserer Herren beiseitegingen, ganz so, als wollten sie freundlich zu ihm sein, dann aber lachend davonliefen. Ob das nun Keuschheit ist oder Koketterie, wage ich nicht zu entscheiden. Auch wäre ein solches Abwägen ohne Sinn, läuft beides doch auf dasselbe hinaus."

Elliott nennt die Kanaken von Neukaledonien „hochgewachsen, robust und gut gebaut, aber mit schlaksigen Gliedmaßen und schwerfällig aussehend – sowohl die Männer als auch die Frauen. Dabei jedoch mild, menschlich und gesittet."

Ende September war die Erkundung der Küste sowie der ihr vorge-

216

lagerten Inseln und Riffe abgeschlossen. Die *Resolution* ging wieder auf Kurs in ihr eigentliches Forschungsrevier: die unbekannte Weite des Stillen Ozeans. Am 10. Oktober kam ein Inselhochufer in Sicht – Norfolk Isle. Cook ließ das Land achteraus, nachdem er sich überzeugt hatte, daß seine Abmessungen keinerlei Spekulationen auf damit verbundene größere Landmassen nähren konnten. Elliott schreibt: „Wir kreuzten einen oder zwei Tage auf, dann verließen wir es und fuhren gen Neuseeland."

Der Queen Charlotte Sound wurde bei schwerem Sturm am 18. Oktober erreicht. Die erste Sorge galt der unter einem markierten Baum vergrabenen Flaschenpost. Hatte Kapitän Furneaux sie gefunden? War er mit der *Adventure* überhaupt bis hierher gekommen?

Die Spuren vom Aufenthalt des Schwesterschiffes waren reichlicher als erwartet. Die Flasche war ausgegraben worden, einige Bäume

Schmuck und Werkzeuge der Neukaledonier

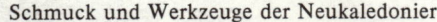

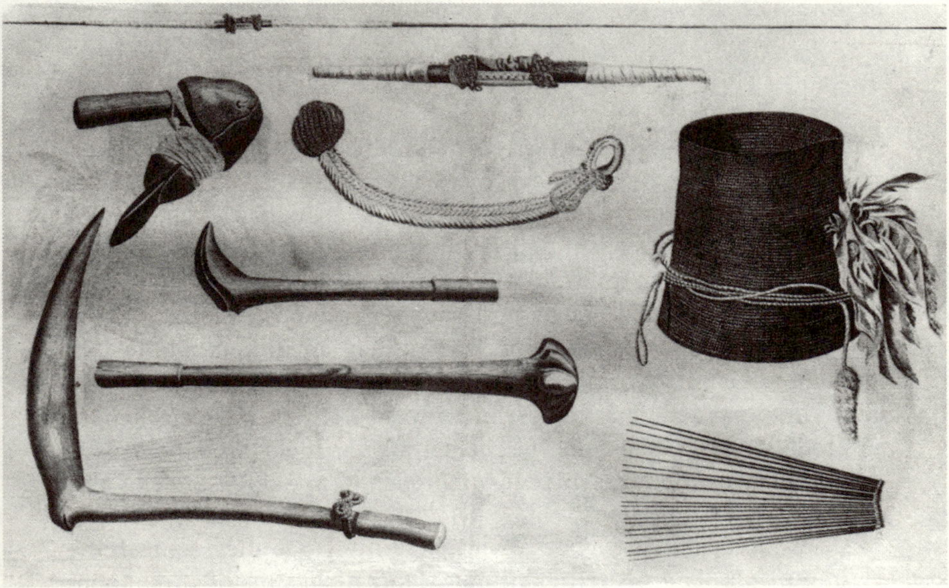

Im Süden Neukaledoniens

mit Äxten und Sägen gefällt. Cook nahm dies als gutes Zeichen, verstand ein anderes Signal indes nicht zu deuten: Es dauerte einige Tage, ehe die ersten Maori sich zeigten. Die Zaghaftigkeit des Erscheinens selbst von vertrauten Freunden unter den Anwohnern des Sundufers hätte ihn mißtrauisch machen müssen, sollte man meinen. Aber sie brachten Fische und andere Frischkost, das vertrieb jeden Argwohn; und als sie etwas von „töten" erzählten, wußte niemand sich einen Reim darauf zu machen. Vom Tod hatte man bislang miteinander nur als von etwas Fernem, Unwirklichem gesprochen, das einen selbst nicht betraf: vor mehr als einem dreiviertel Jahr, als die Neuseeländer sich nach dem Schicksal des Tahitiers Tupaia erkundigten.

Als Cook später die volle Wahrheit erfuhr, hat dies seine hohe Meinung von der Friedfertigkeit der Maori nicht umstoßen können.

Auf Neukaledonien

Es sei nicht auszuschließen, so soll er gesagt haben, daß das Vorgefallene kein hinterhältiger Akt unverbesserlicher Kannibalen gewesen sei, sondern das landesübliche Ende eines – von welcher Seite auch immer provozierten – Kampfes auf Leben und Tod.

Der Zustand des Schiffes verlangte dringende Reparaturen noch vor Antritt der Pazifikpassage. In den Wäldern am Sund fand sich Holz für zwei neue Toppmasten; am Ufer wurden neben der Werkstatt der Zimmerleute die Schmiede, Wales' Observatorium und eine Segelmacherei aufgeschlagen. Ein Garten mit Küchenkräutern, bei einem der vorherigen Aufenthalte angelegt, war zwar verwildert, aber nutzbar.

Am 10. November konnten die Anker gelichtet werden. Der Pazifik begrüßte seinen erfolgreichsten Bezwinger mit einer leichten Brise und Regenschauern. Die fünf Wochen der Überfahrt nach Südamerika brachten vielfach schweres Wetter, doch ebenso hervorragende Tagesleistungen wie das Etmal vom 27. November: 183 Seemeilen.

Cook segelte zunächst nach Südost, bis zu einer Breite „irgendwo zwischen 50 und 60°". Die dort vorherrschende Westwindtrift nahm sich der *Resolution* an und führte sie zur Isla Desolación, hinter der sich die Einfahrt zur Magellanstraße verbirgt. Aber auch diesmal – das zweite- und letztemal, daß Cook den Süden der Neuen Welt umsegeln mußte – entschied er sich dafür, nicht durch die Straße zu fahren, sondern den Weg um Kap Hoorn zu wählen. Und er fand einen Grund dafür anzugeben, der in der Tat eines Master Surveyer würdig war: „Die Welt hat nur ein sehr unvollkommenes Wissen von dieser Küste, und so dachte ich, daß eine Fahrt längs der südlichen oder äußeren Küste Feuerlands sowohl für die Schiffahrt als auch für die Geographie nützlicher sei als irgend etwas, das ich in höheren Breiten zu finden hoffen konnte."

Schutz vor der heranbrüllenden Dünung fand er zunächst in einem ausgezeichneten Naturhafen. Weil das Schiff hier noch am Weihnachtstage lag, gab Cook dem Gewässer den Namen *Christmas Sound*. Aus der Ferne grüßten beschneite Berge herüber. Die ersten Anwohner vom Stamme der Alacaluf ließen sich am Weihnachtstag sehen – untersetzte, freundliche Menschen, die so gar nichts von dem an sich hatten, was man sich in Europa unter riesenhaften Feuerländern vorstellte.

Das Fest wurde mit Gänsebraten, wildem Sellerie und dem letzten Wein aus Madeira gefeiert. Wäre Leutnant Pickersgill nicht am Vortag das Jagdglück hold gewesen, hätte Salzfleisch auf dem Speiseplan gestanden. Auch von dem Wein – oder aber von anderem, scharfem Getränk – muß es an Bord noch beträchtliche Mengen gegeben haben; einer der Seesoldaten fiel im Rausch über Bord und ertrank.

Bald erfolgte der Aufbruch. Am 29. Dezember wurde Kap Hoorn gerundet – fast sechs Jahre, nachdem Cook es zum erstenmal (wenngleich in anderer Richtung) umsegelt hatte. Im Atlantik ging die küstennahe Fahrt mit dem Ziel der Kartierung dieses Teiles von Feuerland zunächst weiter. Brauchte Cook, der Vermesser, einen Aus-

gleich dafür, daß er so viele Monate Wasser und immer wieder nur
Wasser um sich gehabt hatte? Es ist sicher eine Sache, festzustellen,
es gebe in diesem oder in jenem Teil des Ozeans kein Land und
schon gar nicht den Südkontinent; eine andere ist es, mit wohlausge-
füllten, genauen Kartenblättern zurückzukehren, die man den Seelords zur Prüfung vorlegen kann und die „sowohl für die Schiffahrt
als auch für die Geographie nützlicher" zu sein scheinen als manch
globale Erkenntnis.

Cook hatte die Frage der Fragen deshalb nicht etwa aus dem Kreis
der ihn interessierenden Probleme verbannt. Kaum lagen Staateninsel
und die Le-Maire-Straße hinter dem Horizont, ging es wieder nach
Süden. Wer gedacht hatte, nun bedeute Heimatkurs endlich die sofortige Rückkehr nach Old England, sah sich abermals getäuscht ...

Auf Südgeorgien

Resultat dieser Kundfahrt in den Südatlantik war die Entdeckung von Südgeorgien und Sandwich Land. Beide enttäuschten die Erwartungen derer an Bord, die sie vielleicht doch gern als spät – aber nicht zu spät – gefundene Teile des Südlands gesehen hätten. Eine kalte antarktische Meeresströmung aus der Weddelsee machte vergessen, daß man sich auf einer geographischen Breite befand, die der von Cooks heimatlichem Yorkshire vergleichbar war. Eisige Küsten, insbesondere gefahrvolle Gletscherüberhänge, verhinderten eine genaue Küstenaufnahme von Sandwich Land.

Auf Südgeorgien landete Cook an drei Stellen, hißte die Fahne seines Königs und nahm das Land in dessen Namen in Besitz. Allerdings konnten bei dieser Zeremonie lediglich Musketen und keine Schiffsgeschütze abgefeuert werden – Cook hatte sich entschlossen, nur Boote landen zu lassen und das Schiff nicht in Gefahr zu brin-

222

gen. „Denn es schien nicht wahrscheinlich, daß irgendjemand einmal einen Nutzen aus dieser Entdeckung würde ziehen können."

Ende Januar wurden die ersten Tafeleisberge dieses Winters gesichtet. Wie wir heute wissen, entstehen sie durch Abbruch des Filchner-Schelfeises am Südrand der Weddelsee. In Unkenntnis des wahren Küstenverlaufs im Atlantischen Südpolarbecken hatte Cook die Möglichkeit nicht ausgeschlossen, Sandwich Land sei der Ursprungsort (oder doch: einer der Ursprungsorte) des im Meerwasser treibenden Süßwassereises.

Es ist dies das einzige Mal, daß er eine seiner Landentdeckungen mit einer eventuell existierenden Kontinentalmasse in Verbindung bringt – ein Irrtum, wie sich herausstellen sollte: „Da wir weder weiteres Land noch Anzeichen davon sahen, schloß ich, daß das, was wir gesehen hatten und was ich Sandwich Land nannte, entweder eine Inselgruppe oder aber das Vorgebirge des Kontinents war. Denn ich glaube fest, daß es nahe dem Pol Land geben muß, welches die Quelle all des Eises ist, das auf den südlichen Ozeanen so weit verbreitet auftritt ... Ich meine ein Land bedeutender Ausdehnung."

Kein Wort mehr von Pepy's Island und anderen Südlandphantomen.

Solche Schlußfolgerungen konnte nur ziehen, wer so weiträumig und mit solch großer Aufmerksamkeit und Sachkenntnis wie James Cook die südlichen Meere durchfahren hatte. Sie waren spekulativ und wahr zugleich, enthielten – was die Süd-Sandwichinseln betraf – den tatsächlichen Sachverhalt (Inselgruppe) neben der unrichtigen Vermutung (Vorgebirge *des* Kontinents; Cook schreibt nicht etwa: *eines* Kontinents!). Gleichzeitig ist die in seinen letzten Zeilen vertretene These so etwas wie die Geburtsurkunde des Kontinents Antarktika, der erst lange nach seinem Tod in den Gesichtskreis der Entdecker trat.

Das Ergebnis des Vorstoßes im Südatlantik und die kühnen, damit verbundenen Träume lösten an Bord der *Resolution* nicht etwa ein „Südlandfieber" aus. Eins aber tat Cook: Er suchte nach der von Bouvet aufgefundenen Insel, die er in den nebligen Tagen der beginnen-

Landung auf Middelburg, freundschaftliche Begegnung zwischen Entdeckern und Entdeckten

den Südlandsuche auf dieser Reise verfehlt hatte. Er fand sie auch diesmal nicht. Er vollendete auf dem Meridian von Greenwich am 14. Februar 1775 seine Weltumseglung in westöstlicher Richtung und ließ die *Resolution* nach Norden steuern und Kurs auf Kapstadt und die Tafelbucht nehmen.

Cook hatte zu einem späteren Zeitpunkt noch einmal über seine Umkehr bei den Süd-Sandwichinseln nachgedacht und sie verteidigt: „Das Risiko, das man eingeht, wenn man eine Küste in diesen unbekannten und eisigen Meeren erkundet, ist so bedeutend, daß ich zu behaupten wage, niemand wird je weiter vordringen, als ich es getan habe; die Länder, die möglicherweise nach Süden zu liegen, werden nie erforscht werden."

Ein ungewohnt selbstgefälliger Klang. Anders hört sich da schon jene Passage an, die sein Reisewerk über die Expedition mit der *Resolution* beschließt: „Es steht mir nicht zu, zu entscheiden, inwiefern die wichtigsten Ziele unserer Reise erreicht wurden ... Hätten wir dort einen Kontinent gefunden, so wären wir besser imstande gewesen, die Neugierigen zufrieden zu stellen; aber wir hoffen, daß unser Nichtauffinden desselben – nach all unseren beharrlichen Forschungen – weniger Raum für zukünftige Spekulationen über unbekannte Welten lassen wird, welche zu erkunden bleiben. Aber ich glaube auch, ohne einen anderen Verdienst als den der Achtung vor meiner Pflicht fordernd, sagen zu können, daß wir mit der Entdeckung der Möglichkeit zur Gesunderhaltung einer so vielköpfigen Schiffsbesatzung – zumal unter derart schwierigen und ermüdenden Umständen, unter so verschiedenartigen Klimabedingungen und über einen so langen Zeitraum – die Bedeutsamkeit dieser Reise im Bewußtsein des wohlmeinenden Publikums auch dann wachhalten werden, wenn die Dispute über den Südkontinent längst das öffentliche Interesse verspielt und die Urteile der Philosophen zu spalten aufgehört haben werden."

Von Kapstadt erreichte die *Resolution* über St. Helena und einige andere Inselstationen im Atlantischen Ozean England Ende Juli 1775. Das Schiff war drei Jahre und 18 Tage unterwegs gewesen, die Verluste beliefen sich auf vier Besatzungsmitglieder.

Die Aufmerksamkeit für die Ergebnisse der Reise war sofort groß, hatte doch die allein zurückgekehrte *Adventure* schon für geschärftes Interesse an der Expedition gesorgt.

Anders als nach Beendigung der *Endeavour*-Expedition vor gut vier Jahren gab es diesmal keinen Zweifel daran, wer das Unternehmen geprägt und durch den Einsatz seiner ganzen Persönlichkeit zu einem glücklichen Ende geführt hatte.

# Wo liegt die Straße von Anian?

Dritte Weltreise (1776–1779)

*Die Themse fließt nach Osten*

Zum letztenmal in seinem Leben war Cook von einer Weltreise heimgekehrt. Lange erwartet und nun endlich freudig begrüßt von seinen Auftraggebern, seiner Familie, aber auch von Banks und Solander, die ihr uneingeschränktes Interesse an den Ergebnissen der Fahrt zeigten; aus ihrem Bedauern, an der Fahrt nicht selbst teilgenommen zu haben, machten beide keinen Hehl. Cook trug niemandem etwas nach, er ließ in diesem Fall wiederum Vergangenes nur insofern gelten, als es für Künftiges von Belang sein konnte. Und da war Sir Joseph Banks plötzlich ein ernst zu nehmender Partner geworden, war nicht mehr der junge Heißsporn, der seinen Dickkopf bei Decksumbauten um jeden Preis durchsetzen wollte. Er saß inzwischen im Rat der Royal Society – 1777 sollte er gar deren Präsident werden – und beaufsichtigte des Königs Gärten und Merinoschafherden. Cook gegenüber war er kooperativ, versuchte zu fördern, wo immer seine gesellschaftliche Stellung ihm dies ermöglichte.

Anders Dalrymple. Er hatte den Traum, selbst ein Südlandunternehmen zu führen, noch immer nicht aufgegeben. Nun ließ er sich auf publizistische Streitereien mit jedermann ein, auch im Zusammenhang mit einem zweiten Buch über bisherige Fahrten zum Auffinden des Südkontinents, das er eben 1775 herausgebracht hatte. In der Admiralität gab man nach sorgfältiger Prüfung der Cookschen Unterlagen und Argumente nichts mehr auf die Idee einer Terra australis, jedenfalls nicht im Sinn eines fruchtbaren, günstig zu besiedelnden, an Bodenschätzen und auszubeutender Arbeitskraft reichen Landes kontinentalen Ausmaßes. Die Frage der Fragen war durch

226

Cooks zweite Reise für die Lords endgültig beantwortet, und zwar negativ.

Die Fortschritte bei der Bestimmung der geographischen Länge durch Benutzung von Präzisionschronometern während der Reise und die Erfolge Cooks bei der Gesunderhaltung der Mannschaft fanden höchste Beachtung. Seine Schlußfolgerungen aus den Vorschlägen der Marinebehörden zur Skorbutbekämpfung wurden in der Royal Society vorgetragen und brachten dem Autor das Lob der dort versammelten Wissenschaftler ein. Im November 1775 wurde seine eigene Mitgliedschaft in dieser Akademie erstmals beraten, am 29. Februar 1776 beschlossen und eine Woche darauf rechtskräftig, nachdem Cook die Beitragssumme von fünf Pfund hinterlegt hatte.

„Kapitän James Cook aus Mile End, ein in der Astronomie geübter Gentleman und erfolgreicher Führer zweier wichtiger Reisen zur Entdeckung unbekannter Länder, durch welche die Geographie wie die Naturgeschichte entscheidend vorangebracht und verbessert werden konnte, wünscht der Ehre, Mitglied in dieser Gesellschaft zu sein, teilhaftig zu werden. Wir, die Unterzeichneten, bestätigen aus unserer persönlichen Kenntnis, daß er dieser Ehre würdig ist und glauben, daß er ein wertvolles und nützliches Mitglied sein wird", heißt es in der Ernennungsurkunde. Und dann folgen klangvolle Namen: Morton als Sekretär, Banks, Solander, John Reinold Forster, der Chemiker Henry Cavendish, der Anatom Hunter, Stephens als Sekretär der Admiralität, John Campbell, der einst die Endeavour hatte führen sollen.

Nun war Captain Cook *Fellow of the Royal Society,* Mitglied der Königlichen Gesellschaft, konnte seinem ehrlichen und verdienstvollen Namen die drei Buchstaben F. R. S. hinzufügen. Dies war für den Tagelöhnersohn aus Yorkshire der wissenschaftliche Adelsschlag.

Andere Ehrungen ließen nicht auf sich warten. Die Beförderung zum *Post Captain* durch den König im August war wohl die wichtigste in dieser Reihe. Die Bestallung war zunächst mit dem Kommando über ein Schiff verbunden. Aber Post Captain James Cook hatte die *Kent,* einen Segler mit 74 Kanonen, nie ins Gefecht geführt. Einen Posten im Greenwich Hospital der Marine, der ihm immerhin

Jahresbezüge von 270 Pfund und nicht unbedeutende Nebenleistungen der Staatskasse sicherte, nahm er nur unter einer Bedingung an, die er in einem Brief an den Admiralitässekretär Stephens folgendermaßen formulierte: „Sollte ich glücklich genug sein, das Vertrauen Ihrer Lordschaften für diese Aufgabe zu verdienen, so werden sie mir sicher auch gestatten, den Posten wieder aufzugeben, sollte mein Land mich für einen aktiveren Dienst benötigen ..."

Stephens nahm die Bedingung noch im August 1775 an; all das war weniger ein Drunter und Drüber in der Karriere eines verdienstvollen Mannes, sondern die Suche nach einer Form, sich seiner Dienste für Künftiges zu versichern. Längst war eine neue Südseefahrt im Gespräch, wie es hieß, vor allem mit dem Ziel, den von Kapitän Furneaux auf der *Adventure* mitgebrachten Omai in seine Heimat auf den Gesellschaftsinseln zurückzubringen. Die Gerüchtemacher wollten zunächst allerdings davon wissen, dieses Unternehmen solle von Leutnant Clerke geführt werden.

Für Cook spielte in dem knappen Jahr, das er bei seinem letzten Aufenthalt in England verbrachte, das Heim in Mile End und die Familie eine zentrale Rolle. 1775 lebten nur noch zwei seiner Kinder, die beiden Knaben James und Nathaniel. James, der ältere, hatte im Vorjahr die Nautische Akademie in Portsmouth bezogen. Nathaniel bereitete sich ebenfalls auf den Eintritt in die Marine vor – nicht mehr bloß in den Mannschaftslisten des Vaters ... Zehn Monate nach Rückkehr der *Resolution* wurde den Eheleuten James und Elizabeth Cook ein fünfter Sohn geboren; sie nannten ihn Hugh als eine Art Gegenstück zu all den Inseln und Kaps, die draußen in der weiten Welt Pallisers Namen erhalten hatten.

Mit Jahresbeginn 1776 drängte eine Frage zur Entscheidung, welche die Admiralität mit besonderer Beharrlichkeit zu lösen gedachte, hatte das Hawkesworthsche Reisewerk doch Cooks deutlich artikulierten Unwillen hervorgerufen. Cook hatte den Band, der die *Endeavour*-Reise betraf, erstmals in Kapstadt in der Hand gehabt und stellte nun, da er sich in London einer eingehenden Lektüre widmen konnte, demütigende Entstellungen fest. Er war entschlossen, die eben zu Ende gegangene Reise selbst darzustellen, allenfalls mit der Zuarbeit eines Mannes wie Forster, der nach dem Willen der Admiralität den naturkundlichen Teil des Berichtes liefern sollte.

Lord Sandwich, der seinerzeit an Hawkesworths Berufung großen Anteil gehabt hatte, wollte die Scharte auswetzen helfen und engagierte sich stark, mit Forster zu einer Einigung zu kommen. Andererseits drängte die Zeit, erste Tagebuchveröffentlichungen wurden bereits auf dem Buchmarkt angeboten, obwohl allen Reiseteilnehmern vor der Ankunft in Kapstadt die Aufzeichnungen abverlangt worden waren. Es hatte eben findige Köpfe gegeben, ein Segelmacher hatte die täglichen Notizen zwischen den Zeilen seiner Bibel niedergeschrieben, andere hatten den Befehl zur Abgabe einfach ignoriert.

Als erstes erschien eine Reiseschilderung jenes Hilfskanoniers

John Marra, der beim letzten Ablegen von Tahiti einen kühnen Sprung ins Wasser gewagt hatte und daraufhin von Cook in Eisen gelegt worden war. Ein Raubdruck des Buches erschien unmittelbar darauf in Dublin, eine deutsche und eine französische Übersetzung in wenigen Monaten Abstand. Das Publikum erwartete mit berechtigter Spannung exakte Rechenschaft über die drei Jahre und 18 Tage während Reise, und es wollte sie aus berufenem Mund. Wie bei kaum einer Expedition in der Geschichte der Entdeckungsreisen hatten sich bei der Fahrt der *Resolution* Planung, Verlauf und Ergebnis als eine Einheit erwiesen; man war in allen Etappen wohlinformiert gewesen und zeigte sich nun bereit, die Nichtexistenz des Südkontinents hinzunehmen. Das betraf nicht nur die gelehrte Welt, sondern breiteste Leserkreise. Jedermann wollte schwarz auf weiß erfahren, wie es gewesen war.

Die Quellenlage war einigermaßen kompliziert. Es hatte verschiedene Überarbeitungen der Schiffstagebücher gegeben, Änderungen der Daten, Ergebnisse der Beobachtungen von Wales waren eingearbeitet worden. Außerdem lagen vorab übersandte Kopien schon in der Londoner Admiralität vor, als Cook zurückkehrte, Kurz- und Zwischenberichte, die ebenfalls Berücksichtigung finden sollten.

Die Zusammenarbeit mit Forster gestaltete sich von Anfang an schwierig. Schon das Zusammenleben an Bord war nicht einfach gewesen, häufig hatten die Spannungen zwischen Vater Forster und dem Kapitän sich in unschönen Szenen entladen. Nun aber hätte sich das Unterstellungsverhältnis umkehren müssen, denn nach Ende der Fahrt hatte Cook keine Befehlsgewalt mehr, Forster jedoch hielt sich von Anfang an für *den* Chronisten der Reise, dem jedermann lediglich zuzuarbeiten hatte – einschließlich des in literarischen Dingen gänzlich unerfahrenen Kapitäns. Lord Sandwich hatte bei der Vergabe der alleinigen Publikationsrechte an Forster (unter Benutzung der von Cook geführten Schiffstagebücher und anderen Unterlagen) eine Bedingung geknüpft: Der Gelehrte sollte als Schreibprobe jene Passage ausgearbeitet vorlegen, die die Landung in der Dusky Bay auf Neuseeland zum Inhalt hatte – nach den drei ersten Vorstößen über den Südpolarkreis und der Trennung von der *Adventure*.

Nie geklärt worden ist, ob Johann Reinhold Forster die geforderte Probe selbst verfaßt hat oder diese seinen Sohn Georg hat schreiben lassen. Aber wie auch immer sich das verhielt – das Schriftstück fand nicht die Zustimmung von Lord Sandwich, und so rückte dieser von den gegebenen Zusicherungen ab. Insbesondere scheint der Lord von Forsters Behauptung betroffen gewesen zu sein, der Naturforscher habe die verwendeten Textpassagen von Cook „reinigen" müssen. Seine Entgegnung war scharf: „Sie erwähnen Ihre Befriedigung darüber, Captain Cooks Journal methodisiert und es von Ungenauigkeiten und vulgären Ausdrücken gesäubert zu haben. Ich beanspruche nicht, ein Kritiker zu sein; jedoch muß ich sagen, daß ich sehr wenige Vulgarismen und Ungenauigkeiten in jenem Journal angetroffen habe; aber ich habe sein Journal falsch zitiert gefunden und Vulgarismen dort eingeführt gesehen, wo sie im Original nicht vorhanden waren."

Es blieb also wenig Spielraum für eine Zusammenarbeit. Selbst die Variante einer getrennten Erarbeitung und gemeinsamen Herausgabe zweier Teilwerke durch Cook und Forster – jeweils nur die nautischen beziehungsweise naturwissenschaftlichen Aspekte der Reise betreffend – mußte schließlich fallengelassen werden. Allerdings zog sich die Ungewißheit über das Schicksal des Reisewerkes bis zur Jahresmitte 1776 hin. Erst einen Tag vorher, als Cook die neu ausgerüstete *Resolution* betrat, um mit ihr nach Plymouth zu segeln und von dort seine dritte Weltreise anzutreten, konnte er folgendes feststellen:

„Es ist nun entschieden, daß ich ohne Mr. Forster veröffentlichen soll, und ich habe meine entsprechenden Maßnahmen getroffen. Sobald Captain Campbell das Manuskript durchgesehen hat, wird es … zum Druck gegeben, und ich möchte dabei auf die Fortsetzung Ihrer Hilfe hoffen." Diese Worte schrieb Cook jenem Mann, der es übernommen hatte, das Konvolut stilistisch zu überarbeiten, es vor allem aber inhaltlich zu straffen und für ein breites Publikum lesbar zu machen. Es war dies ein Geistlicher, John Douglas mit Namen, Kanonikus von Windsor. Er war durch Lord Sandwich für diese Aufgabe gewonnen worden, offenbar unter direkter Mitwirkung von König Georg. In einer Passage, die Cook seinem Buch als persönliche Einleitung vorangestellt hat, ist dies vermerkt: „Und nun mag es notwendig sein, zu sagen, daß, da ich im Begriff bin, zu einer dritten Expedition aufzubrechen, ich diesen Bericht meiner jüngst beendeten Reise in den Händen einiger Freunde zurücklasse, die es dankenswerterweise übernommen haben, ihn während meiner Abwesenheit beim Druck zu korrigieren."

Der lange Streit um das Reisewerk bezog sich nicht allein auf den Text. Es ging auch um die Nutzung der Kupferstichplatten, die nach Arbeiten des Malers William Hodges gefertigt worden waren. Hodges hatte während der Expedition ansprechende und zugleich äußerst informative visuelle Dokumente geschaffen – Darstellungen von Landschaften, Porträts, detailreiche Grafiken von Werkzeugen, Tieren und Vögeln. Die Stiche, die Cooks zweibändiges Reisewerk zieren, haben in jener Zeit ohne Fotografie und ohne Fernsehen viel zur Erweiterung der Weltsicht beigetragen. Sie stellen den wesentlichsten Anteil der Illustrationen zu dieser Biografie.

Man kann den Streit um „Das Buch zur Reise" natürlich ebenso aus der Forster-Sicht beurteilen. Gerhard Steiner, der sich wie kein anderer um die kritische Aneignung und Herausgabe der Werke Georg Forsters verdient gemacht hat, formuliert diese wie folgt: „Vater und Sohn waren mit den besten Hoffnungen zu ihrer Familie zurückgekehrt. Sie hatten von der Forschungsreise, um die sie jeder Gelehrte beneiden konnte, eine reiche Ausbeute mit nach Hause gebracht und sahen eine wissenschaftliche Laufbahn vor sich, die sie von der lästigen Fron des Übersetzens befreien würde. Es ließ sich auch alles gut an … Die Haupteinnahme und den höchsten Ruhm versprach sich Forsters Vater von der Herausgabe der großen offiziellen Reisebeschreibung. Welch arge Enttäuschung, als ihm die Admiralität nach einem Streit die Genehmigung entzog, die offizielle Beschreibung der Weltumseglung zu bearbeiten, und untersagte, überhaupt etwas über die Reise zu veröffentlichen! Da übernahm es Georg, der an dieses Verbot nicht gebunden war, das auf zwei Bände berechnete Werk in englischer Sprache zu schreiben. Er ging sofort an die Arbeit, wobei er die Aufzeichnungen seines Vaters auswertete, und schaffte es in rund acht Monaten unermüdlicher, aufopfernder

Tätigkeit. 1777 erschienen die beiden gewichtigen Bände: A Voyage round the World."

Eine deutsche Übersetzung – vom Autor selbst angefertigt – erschien unmittelbar darauf in Berlin.

Das Forstersche Buch wurde ein europäischer Bestseller. Es war – so Gerhard Steiner – „nicht eine der herkömmlichen Reisebeschreibungen, in der merkwürdige, kuriose Begebenheiten die Hauptsache waren, in der das individuelle Erlebnis vorherrschte, ... auch nicht die trockene Aneinanderreihung wissenschaftlicher Objekte; das war vielmehr der erste große Versuch, Mensch, Natur und Landschaft in ihren Beziehungen zueinander zu erfassen und im Geflecht dieser Beziehungen die Entwicklung des Menschen, seine Geschichte und die der Gesellschaft zu sehen. Eine Schule der Kunst des Beobachtens wurde hier geboten, eine Anleitung zum kritischen Vergleich der Beobachtungen, zum Erkenntnisgewinn aus der Wirklichkeit."

Georgs Emsigkeit half, den Wettlauf um das Erscheinen auf dem englischen Buchmarkt zu gewinnen: Das Forstersche Reisewerk war schon im März 1777, Cooks Zweibänder hingegen erst im Mai 1777 zu haben. Da war der Captain bereits zehn Monate auf See, hatte inzwischen die Freundschaftsinseln erreicht und schickte sich an, nach Tongatapu und – ein letztes Mal – nach Tahiti weiterzusegeln.

Das knappe Jahr in England war nicht nur die Zeit intensiver Auswertung der letzten und bald schon beginnenden Vorbereitung einer nächsten Weltreise, nicht nur eine Zeit familiärer Inanspruchnahme und persönlicher Ehrungen für Cook. Dieses letzte Jahr in der Heimat ist auch jene Epoche in seinem Leben, die das überlieferte Bild des James Cook entscheidend vorgeprägt hat. Das hängt zum einen mit der großen und einhelligen Anerkennung zusammen, die sein Wirken als Entdecker und Seemann damals bereits erfuhr, zum anderen mit dem Umstand, daß sich durch seinen plötzlichen Tod später keine weitere Gelegenheit dazu bot.

Das uns überlieferte Bild umfaßt – im direkten Wortsinn – die erhalten gebliebenen Porträtdarstellungen des Kapitäns. Sie zeigen Cook auf sehr unterschiedliche Weise. Da ist zum einen das von

Captain Cook / Gemälde von N. Dance

Banks bei einem der damals führenden Porträtisten Englands, Nathaniel Dance, in Auftrag gegebene Bild: Der Kapitän, in weißer Kniehose und offener, goldbetreßter Uniformjacke aus marineblauem Tuch, hält vor sich die Karte, welche dem Reisewerk beigegeben ist; die Kontinentalumrisse auf der Südhalbkugel sind nicht zu erkennen, ebensowenig die Routen der wichtigsten Entdecker, die auf der Karte dargestellt sind. Cooks Blick geht am Betrachter des Bildes vorbei. Die großen braunen Augen schauen ruhig (man könnte auch sagen: entschlossen und fest), das Gesicht ist oval, seine Züge gefällig ausgeformt, die Nase kräftig. Cook trägt, der Mode der Zeit entsprechend, eine silbergraue Perücke mit Seitenlocken, sein Haar, das er stets nach hinten gekämmt trug, soll braun gewesen sein. Auf dem Sims eines Mauerdurchbruchs liegt rechts neben dem Dargestellten sein Dreispitz, darüberhin geht der Blick des Betrachters auf ein Stück offene See.

Das Gemälde hat heute seinen Platz im National Maritime Museum, Greenwich. Es wirkt in unaufdringlicher Weise beschönigend, das gerundete Kinn, die schattenreichen Kerbungen der wenigen Gesichtsfalten machen stutzig, die Gefälligkeit der Haltung von Kopf, Oberkörper, Armen und Beinen.

Was bei Dance geschönt wurde, ahnt man, vergleicht man sein Porträt von Cook mit einem Bild des Malers John Webber, das ebenfalls in der ersten Jahreshälfte 1776 entstand. Cook, in derselben Uniform, stehend diesmal, und zwar vor einer maritimen Phantasielandschaft, hat den linken Unterarm auf einen Felsbrocken gelehnt; er trägt zusätzlich den Prunksäbel, seine Hände halten links ein Teleskop und rechts, auf die Hüfte gestützt, Handschuhe und Dreispitz. Die Perücke, die hohe Stirn, die kräftige Nase – all das ist wie bei Dance, dem berühmteren Porträtisten von beiden. Und doch ist man bereit, John Webber auch das zu glauben, was er anders dargestellt hat als sein Malerkollege: das insgesamt kantigere Gesicht, das schwache Lächeln um den schmallippigen Mund, die Strenge der fragenden (soll man „forschenden" sagen?) Augen, die den Betrachter ansehen. Das Gesicht ist weniger fleischig, der Kopf wirkt eher kleiner.

Ähnlich hat William Hodges den Captain gesehen – und der kannte ihn ja nun aus drei Jahren gemeinsamer Fahrenszeit. Eine Gravur nach einem Brustbild, das Hodges gemalt hat, ist dem ersten Band des Cookschen Reisewerkes als Frontispiz vorangestellt. Cook, ohne Perücke diesmal, schaut mit großen, fragenden Augen zur Seite. Die schmalen Lippen sind aufgeworfen, deuten ein kaum erkennbares Lächeln an. Das Gesicht wirkt hager.

Wie sah der wirkliche Cook aus? Besondere, unveränderliche Kennzeichen: eine tiefe Scharte zwischen Daumen und Zeigefinger der rechten Hand, eine breite Narbe bis zum Handgelenk infolge der Explosion eines von ihm gehaltenen Pulverhorns während der Zeit auf Neufundland, an Bord der *Grenville*. Haar- und Augenfarbe braun. Heroisches hatte er nichts an sich. Über seine Stimme gibt es Mutmaßungen; sie wird durchdringend genug gewesen sein, den Befehlen des Captains an Bord auch im Sturm Gehör zu verschaffen.

Wenig Greifbares also. Du sollst Dir ein Bild machen! möchte man jedem zurufen, der sich mit dem Leben dieses außergewöhnlichen Mannes beschäftigt.

Zeitgleich mit der Arbeit am Werk über die zweite liefen die Vorbereitungen zu Cooks dritter Weltreise. Die *Resolution* war sogleich nach der Rückkehr ins Dock gegangen und von Grund auf überholt worden. Anfang Januar 1776 wurde Cook beauftragt, ein zweites Schiff für den Ankauf auszuwählen. Er entschied sich für eine vor 18 Monaten in Whitby gebaute Cat von knapp 300 Tonnen. Das Navy Board bestätigte umgehend, das Schiff wurde angekauft und erhielt den Namen *Discovery*.

War zu diesem Zeitpunkt schon klar, daß Großbritannien Cook „für einen aktiveren Dienst benötigte", als es der Alltag eines Post Captain im Marinehospital von Greenwich gewesen wäre? Der Cook-Biograf P. Werner Lange vertritt die interessante Ansicht, Cook selbst habe seine Absichten in bezug auf eine Teilnahme an dem geplanten neuen britischen Weltreiseunternehmen zu verbergen gesucht – und zwar aus Rücksicht auf seine schwangere Frau.

Tatsache ist, daß die Zurückhaltung auffällt, mit der Cooks Name in offiziellen Dokumenten in einen Zusammenhang mit dem Kommando über die neue Expedition gebracht wurde. Dies mag daran gelegen haben, daß es andere Kandidaten gegeben hatte – erinnert sei an ein sehr früh umlaufendes Gerücht, Charles Clerke betreffend. Es mag aber auch an Cook selbst liegen.

Andrew Kippis, der Verfasser einer der ersten Cook-Biografien („Life of Captain James Cook", London 1788), hat in seinem Lebensbild des großen Entdeckers den Augenblick der Entscheidung in einer sehr anschaulichen „story" gestaltet, die seither immer wieder nacherzählt worden ist und dadurch eine eigene, beharrliche Realität erlangt hat. Danach war eines Tages – Kippis läßt das genaue Datum offen – Cook von Lord Sandwich zum Dinner geladen worden; anwesend waren auch Hugh Palliser und Stephens. Kippis schreibt: „Daß Cook von allen Männern, die dafür in Frage kämen, der qualifizierteste war, diese Pläne auszuführen, wurde nicht in Zweifel gezogen. Aber obwohl es äußerst wünschenswert schien, daß er das Kommando übernahm, hätte niemand – nicht einmal sein Freund und Vorgesetzter, Lord Sandwich, selbst – es gewagt, ihn in dieser Angelegenheit zu bedrängen ... Vielmehr wurde sein Rat vor allem dahingehend gesucht, wer wohl der geeignetste Mann wäre, diese Reise zu führen."

Was hier als Verschwörerrunde angelegt ist, die James Cook gerade durch jene zur Schau gestellte Zurückhaltung zu etwas überreden will, hat schließlich Erfolg: „Captain Cook war so in Hitze geraten durch sein Nachsinnen und die Darlegung des Gegenstandes, daß er plötzlich aufsprang und erklärte, er selbst würde die Leitung des Unternehmens wagen. Es ist leicht, sich vorzustellen, mit welcher Freude der edle Lord und die anderen Gentlemen einen solchen Vorschlag aufnahmen, der ihren geheimen Wünschen so sehr entgegenkam ..."

Diese Pläne, diese Angelegenheit, diese Reise – das war längst mehr als eine triumphale Rückführung des Polynesiers Omai in seine Heimat; so wie das Vorbeiziehen der Venus vor der Sonnenscheibe einst als Anlaß (und Vorwand) für die Fahrt der *Endeavour* hatte herhalten müssen, so war es diesmal die Rückreise Omais für diese Tafelrunde. Denn es sollte nicht nur irgendeine nächste Fahrt in die Südsee werden, die geplant war und wofür man nun glücklich Cook als Befehlshaber hatte gewinnen können. Vielmehr stand auf der Tagesordnung der geographischen Erkundungen ein Thema, das die Entdecker seit dem frühen 16. Jahrhundert nie ganz aus den Augen verloren hatten. In dieser Hinsicht bestand eine gewisse logistische Ähnlichkeit zum eben gelösten Problem der Existenz beziehungsweise Nichtexistenz eines Südkontinents. Das Erkundungsgebiet aber – das Fahrtziel der neuen Reise also – lag gewissermaßen am anderen Ende der Welt als das Traumbild der Terra australis: das Unternehmen galt der Suche nach einer Passagemöglichkeit zwischen Atlantischem Ozean und Pazifik, nördlich um Amerika herum. Das alte Thema hatte durch weltpolitische Entwicklungen, die das werdende britische Kolonialreich ganz besonders betrafen, plötzlich brennende Aktualität erlangt.

Das erste sichere Datum, das es in bezug auf Cook dabei festzuhalten gilt, ist der 10. Februar 1776. An diesem Tag schrieb er in den Räumen der Admiralität seine Bewerbung mit der Bitte, „mich mit dem Kommando auf besagter vorgesehener Reise zu betrauen".

Lord Sandwich hatte inzwischen mit dem König gesprochen, George III. war einverstanden, und so konnten die Dinge ihren Lauf nehmen.

Captain Cook würde nicht auf einem Ruheposten in Greenwich vor Anker gehen – er würde wieder die Themse hinabsegeln und über die Mündung des Flusses hinaus ins Weltmeer, diesmal für immer. Seit der Schiffsjunge James Cook, damals auf John Walkers *Freelove*, zum erstenmal London angesteuert hatte, waren knapp dreißig Jahre vergangen.

*Nordpassage gesucht*

Die geographische Entdeckungsgeschichte ist reich an Plagiaten. Auch die Idee von Kolumbus, die Ostküste Asiens auf einem westlichen Kurs zu erreichen, hatte noch vor der dritten Reise des genuesi-

238

schen Seefahrers ihren Nachnutzer gefunden. Ein italienischer Landsmann, Giovanni Caboto mit Namen, über dessen Herkunft wenig bekannt ist, offerierte dem englischen König Heinrich (Henry) VII. aus dem Hause Tudor die scheinbar durch die Praxis bewiesenen Gedanken des Kolumbus mit einer entscheidenden Nuance: Wenn man weiter nördlich als die *Santa Maria*, also etwa auf der geographischen Breite Englands, nach Westen fuhr, mußte man das Traumland „Indien" schneller erreichen, als Kolumbus dies konnte – der Abstand der einzelnen Längengrade in höheren Breiten war geringer als in Äquatornähe.

Caboto hatte, ehe er sich nach England wandte, in Spanien und Portugal für die Verwirklichung seiner Pläne geworben, jedoch ohne Erfolg. Das gerade in England bestehende Interesse, Anschluß an den Indienhandel jener Zeit zu bekommen, hat der Entdeckungsgeschichtler Walter Krämer wie folgt formuliert: „Das sich entwickelnde Handelsbürgertum sah sich … in eine doppelte Endlage gedrängt. Einmal befand sich das Land im äußersten Westen des von den deutschen Hansestädten beherrschten Handels, zum anderen war England am nördlichsten Zweig des Orienthandels gelegen, so daß die auch hier begehrten Gewürze und Luxuswaren mit den höchsten Preisen bezahlt werden mußten."

Caboto – in England John Cabot genannt – erhielt ein Privileg des Königs; in Bristol wurde ein Schiff von 50 Tonnen mit 28 Mann Besatzung ausgerüstet, unter ihnen Cabotos Sohn Sebastiano. Im Mai 1497 begann diese Fahrt – unbeschadet der Rechtsvorbehalte, die Spanien unter Berufung auf den Vertrag von Tordesillas hätte geltend machen können. Am 24. Juni sichtete Caboto Land – ob nun Labrador oder Neufundland, ist unklar geblieben. Jedenfalls gilt er als Entdecker des nordamerikanischen Festlandes, das er vielleicht nie betreten hat.

So wie ein halbes Jahrzehnt zuvor Christoph Kolumbus kehrte auch Giovanni Caboto in dem Glauben zurück, in Ostasien und auf dem besten Weg in die Residenz der Großchans von Kathai gewesen zu sein. Schon im Folgejahr wurde eine zweite Expedition ausgerüstet, mit fünf Schiffen diesmal, auf der Caboto wahrscheinlich verschollen ist. Eine andere Lesart will wissen, daß er unterwegs seinen Irrtum erkannt hatte; außer den Gesichtszügen der Labrador-Eskimos erinnerte nichts an die Traumgestade des ostasiatischen Indien oder Kathai, wie sie sich Caboto nach dem Bericht seines venezianischen Landsmannes Marco Polo vorgestellt haben mochte. Da wuchs er in plötzlichem Entschluß über sich selbst hinaus, lenkte seine Schiffe nach Süden und suchte jede Bucht, jede breitere Flußmündung nach der Möglichkeit ab, sie als Durchfahrt weiter nach Westen hin zu benutzen. Denn dort mußte Kathai liegen, das unermeßlich reiche Land, wo er für seine englischen Auftraggeber eine Handelsniederlassung hatte gründen sollen. Es heißt, er sei bei dieser Suche bis in die Chesapeak Bay gelangt.

Giovanni Caboto wurde zum ersten Sucher nach einer Nordwestpassage. Da er – wenn überhaupt – unverrichteterdinge zurückkehrte, geriet er bald in Vergessenheit.

Wenige Jahre nach Caboto, um die Jahrhundertwende, suchten zwei portugiesische Seefahrer, die Brüder Gaspar und Miguel Cortereal, im Auftrag ihres Königs bei Neufundland nach einer Möglichkeit, die Spanier zu überlisten und im Rücken ihrer westindischen Einflußzone nach Südost- und Ostasien zu segeln, und zwar schneller, als dies um das Kap der Guten Hoffnung herum möglich war. Beide galten in jenen nördlichen Gewässern schließlich als verschollen.

Eine zweite Welle der Suche nach einer Nordwestpassage begann in den zwanziger Jahren des 16. Jahrhunderts. Zu dieser Zeit war bereits klar, daß man mit der Neuen Welt Amerika eine selbständige Landmasse vor sich hatte, die es hinter sich zu lassen galt, wenn man die Kolumbus-Idee verwirklichen und tatsächlich auf einem westlichen Weg nach Osten gelangen wollte. Im äußersten Süden hatte eben dies Magellan getan, er hatte mit der Meeresstraße, die heute seinen Namen trägt, sozusagen eine Südwestpassage entdeckt, die mit ihm segelnde *Victoria* hatte als erstes Schiff die Erde umrundet.

Wieder war es ein Portugiese, der nach einem nordwestlichen Weg in die Gewürzländer suchte: Joann Alvarez Fagunderz. Die Franzosen zogen auf der Stelle nach, entsandten zunächst einen Italiener,

240

Giovanni de Verrazano aus Florenz. Die Durchfahrt zwischen den New Yorker Stadtteilen Staten Island und Brooklyn auf Long Island trägt heute seinen Namen, Verrazano war der erste europäische Seefahrer, von dem bekannt ist, daß er die Mündung des Hudson River als mögliche Westdurchfahrt untersucht hat. 1534 und 1535 folgten die Reisen des Jacques Cartier aus der alten Korsarenstadt St. Malo in der Bretagne; er umschiffte Neufundland und gelangte den St.-Lorenz-Strom aufwärts bis zu einem befestigten Indianerlager an einem Berg, den er Mont Real nannte. Hier entstand in den folgenden Jahrzehnten die Kolonie Neufrankreich. Wie diese im Siebenjährigen Krieg an England verlorenging, ist im Zusammenhang mit Cooks Zeit in Kanada und auf Neufundland skizziert worden.

England lenkte sein Interesse an einem nördlichen Seeweg nach Indien, der vor spanischem Zugriff sicher war, zeitweilig in eine andere Richtung. Wieder waren es selbstbewußte Fernhändler, die den König – nunmehr Heinrich VIII. – für eine aktive staatliche Förderung ihrer Pläne zu gewinnen wußten. Diesmal sollte es auf nordöstlichem Wege, um das europäische Nordkap und die asiatische Landmasse herum, gehen. Wieder war das Hauptargument die günstige geographische Lage Englands.

1527 schrieb der Londoner Kaufmann Robert Thorne König Heinrich: „Ihre Untertanen brauchen nicht einmal die Hälfte des Weges zu bewältigen, den alle anderen zurücklegen müssen, um nach Ostasien zu gelangen." Thorne irrte sich nicht nur hinsichtlich der Entfernungen – es dauerte noch einige Zeit, ehe seine weitgreifenden Pläne Aussicht auf Verwirklichung hatten. Handelsgesellschaften wagemutiger Kaufleute (Merchant Adventurers) wurden auch zum Zwecke der „Entdeckung neuer Regionen, Inseln und unbekannter Plätze" gegründet.

Erst sechs Jahre nach Heinrichs Tod brach 1553 eine Expedition von zwei Schiffen aus London nach Nordosten auf. Sie ist unter dem Namen des einen der beiden Kapitäne, Richard Chancellor, bekanntgeworden. Chancellor kam nur bis in die Gegend des heutigen Archangelsk. Von dort aus besuchte er Moskau, die dabei geknüpften

Kontakte weckten in England lebhaftes Interesse an einem Handel mit Rußland. Vor allem waren es die Pelze Sibiriens, an denen man gut verdienen konnte.

Chancellors Reise und die sich daran anschließenden britischen Unternehmungen auf der Nordoststrecke fielen in eine Zeit stürmischer russischer Ausbreitung nach Norden, Süden und Osten, des Griffs über den Ural (1581) und der Eroberung der Chanate von Astrachan, Kasan und Sibir. Englische Kaufleute nutzten die ihnen vom Moskauer Zaren eingeräumten Vorrechte, gelangten 1584 bis an die Mündung des Ob und stellten ein weiteres Vordringen in östlicher Richtung erst ein, als 1619 ein Zarenerlaß die Benutzung des Nördlichen Seeweges in die Pelzländer verbot; die Moskauer Herrscher hatten ihr Monopol am Handel mit den Reichtümern der Tundra zu schätzen gelernt.

Inzwischen hatten sich auch Seefahrer einer anderen Nation an einer Nordostpassage versucht: die Holländer. Hier sind vor allem die drei Reisen des Willem Barents aus Amsterdam zu nennen (von 1594 bis zu seinem Tod bei Nowaja Semlja 1597, nach geglückter Überwinterung im Norden der Doppelinsel). Anlaß zu diesen Unternehmungen war eine handelspolitische Restriktion, deren Opfer die niederländischen Kaufleute in ebenjenem Jahr 1594 geworden waren: Der Weitertransport der in Lissabon umgeschlagenen Gewürze wurde ihnen untersagt; so wollten sie selbst an die Quellen des Reichtums gelangen und setzten auf die nordöstliche Karte – allerdings ohne Erfolg.

Für die Holländer segelte zeitweise ein englischer Kapitän namens Henry Hudson, der sich nach mehreren vergeblichen Vorstößen bis nach Spitzbergen, in die Barentssee und 1608 zur Karapforte von der Suche nach einer Nordostpassage ab- und der lohnender scheinenden Idee einer nordwestlichen Durchfahrt zuwandte. Auf diesem Schauplatz der geographischen Entdeckungsgeschichte hatte sich bereits seit einem Menschenalter eine interessante Entwicklung vollzogen.

Ein erfahrener Seemann, Sir Humphrey Gilbert, hatte 1576 ein Buch mit dem Titel „Abhandlung zum Beweise der Möglichkeit einer Nordwestpassage nach Kathai und Ostindien" veröffentlicht. Er stützte sich dabei auf die antiken Philosophen, hielt Nordamerika für die von Plato beschriebene Insel Atlantis und meinte, eine Umschiffung von Norden her sei lediglich eine Frage des richtigen Herangehens und des rechten Weges. Die Probe wagte noch im Erscheinungsjahr der „Abhandlung" Martin Frobisher, bislang vor allem als Freibeuter hervorgetreten.

Diese und zwei weitere Reisen des 1535 geborenen Seemannes sind auf einer Karte dokumentiert. Die eine von Frobisher auf der Insel Baffinland gefundene Bucht entspricht den Wunschvorstellungen ihres Entdeckers und stellt einen direkten Eingang in eine Passage dar, deren anderes Ende als Straße von Anian bezeichnet wurde. Dieses Gebilde geographischer Phantasie führte seither ein zähes Leben, war insbesondere das Ziel weiterer englischer Expeditionen: John Davis 1587, Henry Hudson, der 1610 die nach ihm benannte gewaltige Bai fand und dort von der meuternden Mannschaft ausgesetzt wurde und seither verschollen ist, Thomas Button 1612/13, Robert Bylot und William Baffin 1615 und 1616 waren die wichtigsten Anführer jener Expeditionen, die zwar eines erreichten – sie gaben nämlich ein erstes grobes Bild der Küstenverhältnisse westlich von Grönland, zur Straße von Anian gelangte jedoch keiner dieser wagemutigen Forschungsreisenden.

Daß diese Straße überhaupt ein Gegenstück in der geographischen Realität hatte, nämlich die Beringstraße zwischen Asien und Alaska, ist wohl eher ein Zufall als das Ergebnis kühner Intuition. 1648 wurde diese Meeresstraße erstmals durchsegelt, und zwar von Nord nach Süd. Der Bezwinger hieß Semjon Deshnjow und war einer jener Kosaken, die auf der Jagd nach immer mehr Pelzen inzwischen bis an den östlichen Rand der Alten Welt vorgedrungen waren.

Nach dem Tode von Königin Elizabeth I. änderte sich Englands Verhältnis zu Spanien, nun war der Weg nach Indien auch ums Kap der Guten Hoffnung für britische Schiffe frei. Die Suche nach den Nordpassagen wurde eingestellt – im Nordosten, da der russische Zar ein weiteres Vordringen verwehrte, im Nordwesten, weil die bisherigen

Unternehmungen die Sache aussichtslos erscheinen ließen. 170 Jahre später bekam die Möglichkeit einer Durchfahrt zwischen Atlantik und Pazifischem Ozean durch die eisigen Breiten nördlich des amerikanischen Kontinents plötzlich einen aktuellen strategischen Aspekt, der neuen Aufwand und neue Risiken lohnte.

Der englische Sieg im Siebenjährigen Krieg hatte zwar ganz Nordamerika in den Besitz Großbritanniens gebracht, gleichzeitig aber auch durch die Kosten, die er verursachte, eine verschärfte Finanzpolitik Londons zur Folge. Es wurde versucht, durch erhöhte Abgaben, Zölle und andere Maßnahmen einen Teil der Lasten auf die Siedler in den dreizehn nordamerikanischen Kolonien abzuwälzen – mit dem Erfolg, daß diese sich wehrten und dabei gegen das „Mutterland" näher zusammenrückten. Bereits 1768 wurden erstmals britische Truppen nach Boston verlegt, um der Unruhen Herr zu werden. Vergeblich, fünf Jahre später waren die Kolonisten ihrerseits zu gewaltsamen Aktionen übergegangen, um sich gegen eine Besteuerung ohne entsprechende Vertretung im Parlament zur Wehr zu setzen; am bekanntesten ist wohl die Bostoner „Tea Party" geworden, der Sturm auf drei mit indischem Tee beladene Schiffe, deren Fracht ins Hafenwasser geworfen wurde.

1775 brachen offene Kampfhandlungen aus, die „Kontinentalarmee" unter George Washington wurde gegründet. Am 4. Juli 1776 nahm der Kongreß der Vereinigten Staaten die von Thomas Jefferson entworfene Unabhängigkeitserklärung an. Der Krieg weitete sich schnell aus, rief die alten europäischen Feinde Englands, nämlich Frankreich und Spanien, an der Seite der Rebellen auf den Plan. Es war abzusehen, daß der Norden Amerikas auf Jahre umkämpft werden würde. Die Londoner Admiralität wollte sich weder ein unerkundetes Hinterland des nördlichen Kriegsschauplatzes leisten, in das womöglich der Feind vorstoßen konnte, noch sollte die letzte Möglichkeit eines eigenen, nur von den Briten kontrollierten Seeweges nach Indien ungeklärt oder gar ungenutzt bleiben.

Es gab eine dritte Macht, die in Rechnung gestellt werden mußte: die Hudson's Bay Company. Diese Pelzhandelsgesellschaft gebot über weite Territorien des heutigen östlichen Kanada, rüstete eigene

Forschungsexpeditionen aus und trachtete mit allen Mitteln, den Pelzhandel mit den Indianern und Eskimos zu intensivieren und die Bodenschätze sowie die geomorphologischen Verhältnisse zu erkunden. Einer ihrer Mitarbeiter, Samuel Hearne, hatte im Juli 1771 über Land von der Hudson Bay aus die Mündung des Coppermine River erreicht und damit bewiesen, daß der kanadische Norden sich viel weiter streckte, als man bislang hatte annehmen können. Ein Jahr brauchte er für den Rückweg zu seinem Ausgangspunkt, dem Fort Prince of Wales am Churchill River.

Wie indes sahen die Verhältnisse weiter im Westen aus?

Auch vom Pazifik her hatte die Suche nach einer Nordwestpassage längst ihre Tradition. Am Anfang steht der Name von Francis Drake, der auf seiner berühmten Weltfahrt mit der *Golden Hind* an der nordamerikanischen Pazifikküste etwa bei 43° nördlicher Breite eine „ruhige und liebliche Bucht" erreichte, die er zunächst für die Einfahrt in die Passage hielt. Er nannte den Ort in Erinnerung an die englische Heimat Neu-Albion, sah aber schließlich ein, daß dies kein Ausgangspunkt für eine Fahrt zum Atlantik war. Vermutlich handelte es sich um die Coos Bay im heutigen US-Staat Oregon.

Weit erfolgreicher soll der 1592 vom spanischen Vizekönig in Mexiko ausgesandte Pilot Juan de Fuca gewesen sein. Glaubt man den Berichten über seine Reise, so stieß er zwischen 47° und 48° nördlicher Breite in einem breiten Fjord während einer Fahrt von nur zwanzig Tagen bis zum Atlantik vor und kehrte dann nach Acapulco in Mexiko zurück – durch ein Land, „reich an Gold, Silber, Perlen und anderen Dingen". Spanien habe nun, da es um die Existenz einer solchen Durchfahrt angeblich wußte, kein Interesse daran gehabt, dieses Wissen öffentlich werden zu lassen – mußte es doch befürchten, britische Schiffe würden es zum Vordringen in den Pazifik nutzen.

Andere spanische Unternehmungen sind legendenhaft. So soll 1640 ein spanischer Admiral namens Bartolomé de Fonte von Callao in Peru aus an der Pazifikküste nach Norden vorgestoßen und bei etwa 53° nördlicher Breite den Anfang einer Binnenwasserstraße quer durch den nordamerikanischen Kontinent entdeckt haben und dort auf halbem Wege einem britischen Segler aus Boston begegnet sein, der einen Weg zur Südsee suchte ...

Wie dem auch sei, Pazifikforschung und Passagesuche stellten für Großbritannien immer ein komplexes Anliegen dar, und niemand wußte das so gut wie die Spanier. 1745, unmittelbar nach George Ansons Weltumseglung, setzte das englische Parlament eine Prämie von 20 000 Pfund Sterling für denjenigen aus, der die Nordwestpassage finden würde. John Byron war der erste, der sie hätte verdienen können. In seinen Instruktionen von 1764 hieß es, er habe von Drakes Hafen Neu-Albion aus einen Weg zu den Küsten der Hudson Bay zu suchen und – falls ein solcher vorhanden sei – auf dieser Strecke nach England zurückzukehren. Inzwischen war nicht nur durch Byron selbst, sondern mit Samuel Hearnes Landmarsch von der Hudson Bay zum Arktischen Ozean bewiesen worden, daß eine solche Passage nicht existierte.

Was blieb, war die Suche auf den Spuren von Frobisher, Bylot und Baffin. Hinzu kam nun noch der Gedanke, die Passage von beiden Ozeanen aus gleichzeitig anzugehen. James Cook war die Rolle zugedacht, vom Pazifik aus, der ihm mit seinen Wind- und Strömungsverhältnissen, aber auch mit den Möglichkeiten seiner Inseln zu Rast und Bevorratung besser bekannt war als irgendeinem anderen Seefahrer seiner Zeit, einen neuen und – wenn möglich – entscheidenden Vorstoß zu führen.

Cook sollte sich irgendwo auf halbem Wege mit jener Brigg treffen, die unter dem Kommando von Richard Pickersgill 1776 in die Davisstraße entsandt worden war, um britische Walfänger vor amerikanischer Konkurrenz zu schützen. Vom Mißerfolg der Mission dieses Kriegsschiffes und von den daraus für Cooks ehemaligen Leutnant erwachsenen persönlichen Konsequenzen war bereits die Rede.

Im Dezember 1775 wurde vom englischen Parlament ein entsprechender Gesetzentwurf verabschiedet: „zu Nutz und Frommen von Handel wie Wissenschaft" sollte – so hieß es darin – die angestrebte Entdeckung endlich vorangebracht werden. In der Ausschreibung von 1745 hatte „der Handel dieses Königreichs" als Motiv eine Rolle

246

gespielt. Der Geist der Aufklärung hatte inzwischen selbst bei der Formulierung von Gesetzesvorlagen die Hand im Spiel. Und es gab noch eine wichtige Änderung: Die Prämie für das Auffinden einer Nordwestpassage war nicht mehr allein privaten Schiffseignern zugesichert. Eine Lex Cook also. Darüber hinaus wurde derjenigen Schiffsbesatzung eine Belohnung von 5000 Pfund ausgesetzt, die sich dem Nordpol bis auf einen Breitengrad näherte, da „solche Annäherungen nicht unwesentlich zur Entdeckung eines Verbindungsweges zwischen dem Atlantischen und dem Pazifischen Ozean beitragen können".

Die Zeit drängte – nicht nur wegen des amerikanischen Krieges. Eben erst war in London der volle Umfang jener Entdeckungen bekanntgeworden, welche den Russen jenseits der nordöstlichsten Küsten Asiens im letzten halben Jahrhundert gelungen waren. Angeregt von Peter dem Großen, aber erst nach dessen Tod 1725 begonnen, hatte es zwei bedeutende Unternehmungen gegeben, die mit dem Namen des in russischen Diensten segelnden dänischen Seeoffiziers Vitus Bering verbunden sind. Während des zweiten Abschnittes dieser zielstrebigen Erkundungstätigkeit, der sogenannten „Großen Nordischen Expedition" von 1733/43, gelang es Bering mit der *St. Peter* und dem das Schwesterschiff *St. Paul* befehligenden russischen Seeoffizier Alexej Iljitsch Tschirikow, Amerika von Osten her zu erreichen. Ihnen gelang damit die Wiederholung einer Entdeckung, die seit dem kühnen Vorstoß des Kosaken Deshnjow 1648 und selbst nach der Fahrt von Gwosdes und Fjodorow 1730 wieder in Vergessenheit geraten war.

Bering starb auf der Rückfahrt nach Asien am Skorbut während der 1741 notwendig gewordenen Überwinterung auf jener Insel, die heute seinen Namen trägt. Die Expeditionsergebnisse wurden zunächst durch eine Karte bekannt, welche der deutsche Historiker Gerhard Friedrich Müller nach Abschluß des Gesamtunternehmens anfertigte. Er war selbst Expeditionsteilnehmer gewesen und hatte bei Archivstudien in Jakutsk unter anderen Dokumenten jene Briefe Semjon Deshnjows an den Zaren entdeckt, aus denen die frühe Erstquerung der Meerenge zwischen Asien und Amerika nachzuweisen war. Müllers Karte wurde mehrfach nachgedruckt, unter anderem 1761 in London. Auf ihr näherte sich das amerikanische Festland der asiatischen Tschuktschen-Halbinsel stellenweise bis auf Sichtweite, einzelne Inseln östlich von Kamtschatka vervollständigten die in großen Zügen richtige Darstellung.

Es gab fortan keinen Zweifel mehr – die Straße von Anian existierte, Deshnjow wie auch Bering hatten sie durchsegelt. Die Kontinentalmassen der Alten und der Neuen Welt hingen nicht, wie man eine Zeitlang vermutet hatte, zusammen. Man mußte „nur noch" den Weg von jener Straße in die Baffin Bay – oder umgekehrt – finden.

Verwirrung und neue Unsicherheit brachte erst die Veröffentlichung eines Buches und einer Karte durch Jacob von Stählin 1774 in Stuttgart und London. Die Karte berücksichtigte angeblich neue Reisen, bei denen erstmals wirklich das amerikanische Festland von Westen her erreicht worden sei; was Bering gesehen hatte, löste sich plötzlich in ein Gewirr kleiner und größerer Inseln auf.

Also würde es – das stand sofort fest – auch zu Cooks Aufgaben zählen, diese Verhältnisse zu klären; so wie Cook in der Südsee, im Südatlantik und südlichen Indischen Ozean stets bisherigen Entdeckungen nachgegangen war und gleichzeitig Neues zu finden getrachtet hatte.

Am 10. März 1776 kam die *Resolution* aus dem Dock in Deptford. Wie sich später herausstellen sollte, waren nicht alle Arbeiten zur Zufriedenheit ausgeführt worden. Das Schiff entsprach nicht in allen Punkten den Anforderungen einer so langen Reise wie der geplanten. Vor allem war die Kalfaterung schlecht, der Rumpf zog Wasser.

Die *Discovery* mußte sich größere Umbauten gefallen lassen. Ein dritter Mast wurde gesetzt, aus der Brigg wurde eine Sloop mit 70 Mann Besatzung und je acht Kanonen dreier Geschützklassen (die *Resolution* war mit dreimal zwölf Kanonen bestückt).

Ein Großteil der Besatzungen beider Schiffe waren alte Bekannte. Charles Clerke, der einzige Offizier, der Cook auf allen drei Reisen begleitet hatte, übernahm das Kommando auf der *Discovery*. Er war 33 Jahre alt und sollte gleichfalls von dieser Expedition nicht heimkehren. Das Vertrauen, das ihn mit Cook verband, hatte er auch zu anderen; er garantierte die Rückzahlung von Schulden, die sein Bruder gemacht hatte, und mußte für diese Bürgschaft ins Gefängnis, während Cook Mitte Juli nach Süden aufbrach. Clerke holte die Expedition erst in Kapstadt ein.

Erster Leutnant der *Resolution* war ein gewisser Gore, auch er zum drittenmal auf einer Weltreise. Als Zweiter kam ein Neuling an Bord, Leutnant James King, Mittzwanziger, ein echter Gewinn für das Unternehmen. King hatte, nachdem er mit 21 Jahren Leutnant geworden war, in Paris und Oxford Mathematik und Astronomie studiert – eine ungewöhnliche Zusatzausbildung für einen Seeoffizier der damaligen Zeit. So war seine Anwesenheit um so bemerkenswerter, als diesmal nicht wie noch bei den zwei anderen Reisen Wissenschaftler teilnahmen. Zwar gab es unter den sechs Ärzten und Arztgehilfen mehrere naturwissenschaftlich geschulte Köpfe, auch völkerkundlich interessierte junge Männer und den Zeichner John Webber; darauf, einen Gelehrten mit eigenem Status an Bord zu haben, verzichtete Cook diesmal jedoch ausdrücklich. Die Erfahrungen mit Banks' Kapricen und dem cholerischen Charakter eines Johann Reinhold Forster mögen ihn zu seiner Entscheidung bewogen haben.

In diesem Zusammenhang ist eine Äußerung Cooks überliefert – allerdings nur in der Forsterschen Übersetzung und also offensichtlich persönlich gefärbt; der englische Urtext ist nirgends überliefert, auch nicht von Leutnant King, an den die Worte gerichtet waren. Forster schreibt: „Er (King – O. E.) schätze sich glücklich, daß er unter einem so grossen Seemanne diese wichtige Seereise antreten solle; aber er beklage zugleich, daß auf dieser Reise nicht so als auf den Vorigen Gelehrte mitgehen würden. Cook, dem Lord Sandwich den Kopf verdreht hatte, sagte: Verflucht sind alle Gelehrten und alle Gelehrsamkeit obendrein; welche unhöfliche Antwort dem guten Herren King so auffallend war, daß er sie mir (Forster – O. E.) denselben Tag noch erzählte, und keine gute Meinung von dem Manne mitnahm, unter dessen Befehlen er sollte ausgehen; bis ich Gelegenheit nahm, ihn zurechte zu weisen, und ihm Cooks Charakter zu schildern; der eigentlich im Grunde nicht böse war, der aber ein Sauertopf war, den Geitz und üble Laune zuweilen zu sehr regierten; wozu denn noch der Uebermuth kam, der ihm, vom Verdrehen des Kopfes durch Lord Sandwich, nunmehro anhing."

Forster geht gar einige Schritte weiter in seiner Interpretation dieser Äußerung Cooks. So habe, meint er, der Einfluß der Wissenschaftler an Bord und der täglich gelehrte Umgang mit ihnen Cooks Handlungsweise stets abzumildern vermocht, auch im Umgang mit den Bewohnern der Südseeinseln. Und da letztlich ein unglücklicher Mißgriff in dieser Beziehung an seinem frühen Tod schuld war, kommt Forster zu folgendem Schluß: „Ich bin daher überzeugend gewis, daß woferne die Herrn Banks und Solander, oder ich und mein Sohn und Dr. Sparrman mit Kapitän Cook auf dieser Reise mitgewesen, wäre er gewis nicht auf die Art ums Leben gekommen."

Welch selbstbewußte Feststellung eines Gelehrten der Aufklärung.

Master der *Resolution* war William Bligh, 21 Jahre alt, als Captain der *Bounty* später Antagonist der Meuterer auf diesem Segler. Das seemännische Können, das ihm half, den rettenden Hafen zu erreichen, nachdem er in einem Beiboot ausgesetzt worden war, hatte er sich also zum Teil unter Cooks Anleitung erworben.

Von der *Discovery* sind die Leutnante James Burney und John Rickman zu nennen. Rickman ist der (vermutliche) Autor eines 1781 in London anonym erschienenen und noch im selben Jahr in deutscher Übersetzung von Johann Reinhold Forster in Berlin veröffentlichten „Tagebuchs einer Entdekkungs Reise nach der Südsee in den Jahren 1776 bis 1780 unter Anführung der Captains Cook, Clerke und King". (Es wird später auf diese Schrift Bezug genommen und dabei von der Autorenschaft Rickmans ausgegangen; Forster allerdings, dies sei hier vermerkt, vermutet, „einer der Unterwundärzte der Discovery" sei der Verfasser gewesen).

Als Midshipman auf der *Discovery* fuhr wieder George Vancouver mit, er war zu Beginn der Reise erst 19 Jahre alt geworden. Einziger Offizier der Seesoldaten der Expedition war Leutnant Molesworth Phillips, als Befehlshaber von Marines unerfahren. Zählt man zum wissenschaftlichen Stab den vom Board of Longitude abermals entsandten Astronomen William Bayly, den „Kräutersammler" – wie

Forster verächtlich sagt – David Nelson, den Pflanzen- und Tier-
zeichner William Ellis, einer der „Unterwundärzte", so hat die natur-
wissenschaftliche Fraktion der Reisegesellschaft insgesamt doch
mehr Gewicht gehabt, als zunächst zu vermuten war. Daß ihre Zu-
sammensetzung überhaupt als mangelhaft empfunden und – zu
Recht – kritisiert wurde, zeigt den in dieser Hinsicht zur Gewohn-
heit gewordenen Fortschritt der wenigen Jahre seit den Reisen von
Anson oder Carterets *Swallow*.

Prominentester Passagier war und blieb Omai. In den zwei Jahren
seines Aufenthalts in England seit Ankunft mit Kapitän Furneaux
hatte er eine von Zufälligkeiten bestimmte Auswahl der „Segnungen"
europäischer Kultur über sich ergehen lassen, war bei Hofe und in
den Salons des Hochadels herumgereicht und verwöhnt worden und
nahm nun ein Sammelsurium von Kuriositäten in seine Heimat mit,
unter denen Rickmans Tagebuch nennt: „eine Drehorgel, eine Elek-
trisir-Maschine, ein Panzer-Hemd und eine Ritter-Rüstung …, Beile,
Sägen, Meißel und Zimmerwerkzeuge; alle Arten von Waaren, die zu
Birmingham und Sheffield verfertigt werden; Flinten, Pistolen, kurze
Säbel, Pulver und Amunition; Nähnadeln, Stecknadeln, Angeln und
verschiedene Werkzeuge zur Jagd; Netze von allen Gattungen; Hand-
kloben und eine vollständige Drechselbank."

Am 24. Juni nahm Cook den Polynesier an Bord und verließ London. Die *Discovery* war nach Plymouth vorausgesegelt. Da sie im
Sturm auf der Fahrt dorthin Schaden genommen hatte, suchte der in
Stellvertretung für Clerke als Schiffskommandant fungierende Burney die Zeit bis zum Eintreffen der *Resolution* zu nutzen.

„Aber", berichtet John Rickman, „wir hatten viele Mühe, Zimmer-
leute zum Ausbessern zu bekommen. Denn die Reparatur der nach
Amerika bestimmten Flotte wurde für viel wichtiger gehalten, als die
Ausbesserung eines einzelnen Schiffes."

Am letzten Junitag traf Cook in Plymouth ein. Eine Woche darauf
vollendete er an Bord seines Flaggschiffes das Vorwort zum Reisebericht seiner zweiten Weltumsegelung, den er als Manuskript vertrau-
ensvoll in den Händen des Reverend John Douglas zurücklassen
konnte.

Omai, wie die Londoner Gesellschaft ihn erlebte / Gemälde von J. Reynolds

James Cook, Befehlshaber der *Resolution*, schickte sich an, abermals in See zu stechen und im Dienste seines Landes alles zu wagen – so, wie es einem Post Captain der Royal Navy zukam. Nach Erhalt der Segelinstruktionen war es am 12. Juli 1776 in den frühen Abendstunden soweit: Bei leichtem Nordwestwind verließ die königliche *Resolution* den Sund von Plymouth.

Neunzehn Monate später findet die Lebensreise ihres Kapitäns an einem Strand der Kealakekua Bay auf Hawaii ihr Ende. Im November 1780 kehrt die *Resolution* ohne ihn nach England zurück ...

## Vulkangöttin Pele

Wie schon die Abreise der *Endeavour* acht Jahre zuvor, gab auch die Entsendung der Expedition von 1776 Anlaß zu mancherlei Spekulationen – in den Zeitungen ebenso wie in diplomatischen Kreisen. Die Spanier fürchteten die Möglichkeit einer ernsten Bedrohung ihrer Interessen im pazifischen Raum, und ein französischer Geheimagent verstieg sich gar zu der Vermutung, Cook habe den Auftrag, mit den Russen gemeinsam von Kamtschatka aus die Unterwerfung Japans zu betreiben.

Auf Teneriffa wurde Wein aufgenommen und Futter für die zahlreichen an Bord der *Resolution* mitgeführten Tiere; ein Teil dieser blökenden, grunzenden, meckernden Passagiere war als Lebensproviant für die Reise bestimmt, andere sollten an fernen Gestaden ausgesetzt oder aber den Eingeborenen zur Zucht übergeben werden.

Mitte Oktober war Kapstadt erreicht. Wieder wurden Abschiedsbriefe geschrieben, diesmal von ernsthafter Endgültigkeit. Ahnte Cook, daß er von dieser Reise nicht zurückkehren würde? Oder sind entsprechend verstandene Andeutungen in den Schreiben seiner Mitreisenden an Adressaten in England lediglich später so interpretiert worden? Der Boden, auf dem solche Vermutungen stehen könnten, ist ohnehin dünn.

Ende November erfolgte der Aufbruch. Clerke erhielt eine Kopie der Instruktionen. Für den Fall einer Trennung war ein Rendezvous im Queen Charlotte Sound zwischen den beiden neuseeländischen Hauptinseln verabredet.

Stürme machten bald schon nicht nur der Mannschaft, sondern auch dem lieben Vieh an Bord beider Schiffe zu schaffen. Wieder sollte auf dem Weg in die Südsee jede vermutete Landmarke überprüft, jede bereits einmal von Seefahrern gesichtete Insel auf ihr weiteres Umfeld hin untersucht werden. Zwar war die Südlandidee fallengelassen worden, aber die gewachsenen Vorstellungen von Landmassen wie Neuholland (Australien) oder der um den Südpol vermuteten gletscher- und eisbergbildenden Antarktika machten deutlich, daß es gewichtige Trümmerteile der guten alten Terra australis gab, möglicherweise nicht nur diese beiden.

Die Prinz-Edward-Inseln und – am Heiligabend endlich – das von Cook so lange vergeblich gesuchte Kerguelenland fielen als Lohn für dieses Bemühen ab. Cook vergewisserte sich jeweils des insularen Charakters, fand keinerlei Anzeichen für weiteres Land in der Umgebung, soweit dies bei dichtem Nebel überhaupt festzustellen möglich war, generalisierte seine Erkenntnisse, ließ dann das Problem hinter sich.

Nächstes Ziel war, vorangetrieben vom Weststurm dieser Breiten, die Südspitze von Van-Diemens-Land (Tasmanien). Ende Januar 1777 wurde sie erreicht. Es folgten Landgänge und Aufnahme von Frischkost, Trinkwasser und Viehfutter. Bei einer der Begegnungen mit Tasmaniern übergab Cook ihnen ein paar Hausschweine. Er versuchte ihnen verständlich zu machen, daß sie die Tiere frei laufen und nicht etwa sofort töten und essen sollten.

Die Frage des Zusammenhangs von Van-Diemens-Land mit Neuholland, auf die schon Kapitän Furneaux keine eindeutige, durch den Augenschein bewiesene Antwort hatte finden können, ließ auch Cook unbeantwortet.

Cook wandte sich gemeinsam mit Clerke direkt nach Neuseeland. Die Schiffe erreichten die Cook-Straße und den Queen Charlotte Sound am 10. Februar.

Während Cook in seinen Aufzeichnungen eine deutliche Zurückhaltung der Maori, die sonst hier immer handelsbereit und zutraulich gewesen waren, auf deren Angst vor Vergeltungsmaßnahmen der Briten für die Tötung der Leute von Furneaux' *Adventure* schob, war in den Tagebuchblättern des Leutnants John Rickman nichts von einer solchen Zurückhaltung zu spüren.

„Kaum lagen wir mit der Resolution", schreibt er, „in Charlotten Sund sicher vor Anker, so kamen die Eingeborenen in Menge uns zu bewillkommnen; sie brachten uns Fische und wollten mit uns handeln, da wir aber alle beschäftigt waren, gaben wir wenig Achtung auf ihre Anträge; einige von unseren Leuten trugen die Zelte an Land, andere richteten sie auf; noch andere machten Schanzen zur Sicherheit unsers Vorraths, und schaften denselben an Land; da auf diese Art niemand müßig genug war, sich mit den Wilden abzugeben, hielten sie sich für vernachläßigt und kehrten dem Anschein nach sehr unzufrieden zurück."

Vertauschung von Ursache und Wirkung? Möglich. Auch etwas anderes kann nicht ausgeschlossen werden: daß Rickman noch nicht den Blick hatte für einen maßvollen Umgang mit den „Wilden".

Cook sah von einer Bestrafung an Leib und Leben selbst dann ab, als ihm einer der Mittäter bei dem unter Kapitän Furneaux' Leuten angerichteten Blutbad namhaft gemacht und der genaue Ort des Geschehens gezeigt wurde. Omai fungierte bei diesen komplizierten Gesprächen als Dolmetscher, aber er machte keinen Hehl aus seiner Ansicht, daß der Kapitän diesem Mann namens Kahura gegenüber zu milde verfuhr.

Cook resümiert die Sache wie folgt in seinem Reisejournal: „So viel ist gewiß, ein Diebstahl der Eingeborenen, den die Unsrigen gewahr wurden und nicht dulden wollten, veranlaßte den Angriff, nicht ein vorgefaßter Plan der Neuseeländer. Folglich hätte durch etwas mehr Mäßigung von seiten der Unsrigen der ganze Streit leicht verhütet werden können. Denn selbst die bittersten Feinde jenes Kahura, die mich am dringendsten ersuchten, ihn zu töten, gestanden, daß er durchaus keine Absicht zu zanken, viel weniger zu töten gehabt habe, ehe der Streit anfing."

Einmal mehr war Cook seinem Naturell treu geblieben, ging lieber eigene Wege, als sich dem Willen der brüllenden Mehrheit unterzuordnen. Als er es später dann, auf Hawaii, einmal nicht so hielt, kostete es ihn das Leben.

Omai wollte zwei Neuseeländer als Reisegefährten mit in seine Heimat nehmen, und obwohl Cook schwerste Bedenken hatte, stimmte er schließlich zu. Wie sollten die Männer wieder nach Hause gelangen? War ihnen überhaupt eine Heimkehr versprochen worden? Die Sache blieb unklar, aber Omai bekam seinen Willen.

Am 27. Februar wurde Cape Palliser achteraus gelassen. Komplizierte Windverhältnisse verhinderten eine direkte Passage nach den Gesellschaftsinseln. Immer wieder zwangen widrige östliche Winde zu Kursänderungen. Am 29. März kam von der *Discovery* das Signal, Land sei in Sicht: die von Korallenriffen umgebene Insel Mangaia. Sie ist das südlichste Eiland der heute Cookinseln genannten Gruppe, politisch ein Teil Neuseelands.

Eine Landung war unmöglich; ebenso erging es den Reisenden bei anderen Inseln des Archipels. Für die Schiffe fand sich kein Ankergrund, und soweit sich Kontakt zu den Polynesiern herstellen ließ, erbrachte er lediglich einen äußerst beschränkten Warenaustausch in Form von Geschenken und Gegengeschenken.

Beunruhigend war die Lage vor allem hinsichtlich des Futters für die mitreisenden Ziegen, Schafe, Schweine, Rinder und Pferde. Die Vorräte erschöpften sich zusehends, und sollten die Tiere nicht alle aus der Notlage heraus geschlachtet werden, mußte Abhilfe her, und zwar schnell. Da entschloß sich Cook, sein unmittelbares Fahrtziel zu ändern und zunächst, vor dem Wind nach Westen segelnd, die Tonga-Inseln anzulaufen. Dort, so war er gewiß, würde sich nicht nur Viehfutter, sondern auch abwechslungsreiche Kost für die Mannschaft in Hülle und Fülle finden. Noch litten die Seeleute nicht unter Skorbut, tranken statt der täglichen Grogration das auf Neuseeland gebraute Sprossenbier aus Pflanzenschößlingen und akzeptierten, wenngleich widerwillig, die vom Kapitän angeordneten Hygienemaßnahmen unter Deck: Ausräuchern, Scheuern, Bettenlüften. In ihren Freiwachen träumten sie von den Tonganerinnen oder doch davon, was sie von ihnen gehört hatten.

Begräbnisplatz auf der Insel Amsterdam

Trinkwasser konnte bereits auf der unbewohnten Palmerstrom-Insel übernommen werden. Als erste Tonga-Insel wurde Nomuka (Rotterdam) angelaufen, an das sich auch für Cook so angenehme Erinnerungen knüpften. Allerdings erfährt man nicht, ob er jenes Mädchen wiedersah, das ihm dort vor drei Jahren hatte zugeführt werden sollen. Bemühte er sich selbst um die Gunst der Tonganerinnen? Oder hatte noch immer die Vermutung des Seekadetten Elliott Gültigkeit, Cook selbst sei „nie eine Verbindung mit einer unserer schönen Freundinnen eingegangen"?

Aufenthalte auf den Inseln der Ha'apai-Gruppe und auf Tongatapu (Amsterdam) folgten. Von Ende April bis Mitte Juli 1777 dauerte die paradiesische Zeit, die Cook mit den Männern der beiden Schiffe seiner Expedition auf den Friendly Islands zubrachte. Und selbst wenn er für seine Person tatsächlich Enthaltsamkeit in sexuel-

257

len Dingen übte, so hatte er doch nun nichts mehr dagegen, daß Frauen an Bord lebten und auch die Fahrten von Insel zu Insel mitmachten.

Über diesen „anderen Cook" ist von seinem Biografen viel gerätselt worden: War er zu der Einsicht gekommen, daß nicht Strenge, sondern Großzügigkeit das Bordleben einfacher werden ließ, oder hatte er tatsächlich eine Ahnung von einem möglichen nahen Ende seiner Lebensreise und sah daher manches nach, was ihn noch wenige Wochen zuvor zu prinzipieller Ahndung veranlaßt hatte? Das sind zum Teil sicher müßige Fragen, und trotzdem ist es interessant, sie an einen Charakter zu richten, der als grundsatztreu und jedem Opportunismus fremd erscheint.

Zeit war genügend vorhanden. Cook versäumte nichts – dies jedenfalls gilt es festzuhalten –, was ihm durch die Instruktionen der Londoner Admiralität zur Auflage gemacht worden war. Der koordinierte Angriff auf die Nordwestpassage von der Beringstraße und vom Atlantik her war erst im Nordsommer des kommenden Jahres (1778) vorgesehen: Man erinnert sich der Entsendung von Richard Pickersgill in die Gewässer westlich von Grönland; allerdings hielt sich dieser nicht mehr dort auf.

Einige vom Master der *Resolution*, William Bligh, aufgenommene Karten waren das einzige Ergebnis von geographischem Interesse, das die Monate auf den Tonga-Inseln zeitigten. Daneben bot sich allerdings genügend Gelegenheit, bei den zahlreichen zu Ehren der Briten veranstalteten Festen wie auch bei anderen gesellschaftlichen Anlässen, das Leben der Polynesier genauestens kennenzulernen. Bestattungszeremonien mit Selbstverstümmelungen der Trauernden, das Darbringen von Menschenopfern für erboste Gottheiten, das mehr oder weniger kooperative Verhalten von Inselgewaltigen, wenn es denn wieder einmal darum ging, von Bord entwendete Gegenstände zurückzuerhalten – all das gestattete einen tiefen Einblick in soziale Strukturen und Glaubensgewohnheiten der polynesischen Inselbewohner.

Warum aber begnügte sich Cook in dieser Zeit ethnographisch reicher Ernte mit dem, was ihm unmittelbar vor dem Klüverbaum lag?

Bestattung eines Polynesiers auf Tahiti

Warum ignorierte er beispielsweise die zahlreichen Hinweise auf die nahe gelegene Gruppe der Fidschi-Inseln, die er nachweislich von den Tonganern erhielt? Noch auf der vorigen Reise hätte er jeden Einwand, eine Fahrt dorthin wäre ein weiteres Ausweichen nach Westen gewesen, mit leichter Hand vom Tisch gewischt.

War auch der *Entdecker* Cook müde geworden, hielt sich an seine Aufgabenstellung und sonst nichts, machte sozusagen Entdeckung nach Vorschrift? Ein Widersinn in sich: Entdecken heißt immer riskieren, das Abenteuer mit ungewissem Ausgang zu suchen und zu wagen. Man geht sicher nicht fehl in der Annahme, Cook habe aus einem ganz anderen Grunde gezögert, den Hinweisen der Tonganer nachzugehen und sich dabei möglicherweise zu verzetteln: Er war zutiefst von der Wichtigkeit und der entdeckungsgeschichtlichen Größe der Aufgabe überzeugt, die seiner im Nordpazifik harrte.

259

Kriegsflotte vor der Küste Tahitis

„Den 18ten (Juli) erhielten wir Befehl zum Absegeln; und Otaheite
ward im Falle der Trennung zum Zusammenkunftsorte bestimmt.
Wir waren jetzt beinahe drey Monate beschäftigt gewesen, unser
Schiff auszubessern, es mit Holz, Wasser und allen möglichen Le-
bensmitteln zu versehen, als wir diesen Befehl erhielten. Die Mannschaft beider Schiffe bezeigte eine große Freude darüber, denn obgleich es uns an nichts mangelte, sehnten sich doch alle nach Otaheite. Viele, weil sie dort sich in angenehme Verbindungen
eingelassen hatten, und andere, weil sie sich einen so hohen Begriff
von der grösseren Vortrefflichkeit dieser Insel gemacht hatten, daß
sie jeden andern Ort, den wir berührten, als einen unbebauten Garten in Vergleichung mit diesem kleinen Paradiese betrachteten.“

Was Leutnant Rickman hier so unbefangen als mit „der grösseren
Vortrefflichkeit" ausgestattet anpreist, selbst im Vergleich mit den

paradiesischen Tonga-Inseln, wurde nach einem Monat Fahrtzeit erreicht: Tahiti.

Über die Neuentdeckung *Toubouai* und von dort aus in genau nördlicher Richtung war der Kurs der Schiffe verlaufen. Nun war man wieder unter alten Freunden, das schöne polynesische Wort Taio dafür hatte noch immer seinen verbindenden Klang. Viel Spaß gab es, als in der altbekannten, am nördlichen Inselrand gelegenen Matavai-Bucht die europäischen Haustiere ausgeladen wurden. Cook und Clerke ritten übermütig auf Pferden daher, Omai begleitete sie, in seine Ritterrüstung gekleidet. „King" Otoo nahm die ihm zugedachten Geschenke huldvoll an. Von ihm erfuhr Cook Einzelheiten eines inzwischen erfolgten Besuches von spanischen Seefahrern, aber auch von der Fortdauer des Krieges zwischen den beiden Inselhälften.

Es waren noch einmal recht unbeschwerte und sorglose Tage vor dem endgültigen Aufbruch nach Norden – nicht nur auf Tahiti, sondern ebenso bei den Einwohnern der benachbarten Gesellschaftsinseln. Die üblichen Mißverständnisse wurden schnell und problemlos geklärt. Als schwierig erwies sich lediglich Omais Wiedereingliederung in seine alte Umwelt: Er kam welterfahren und reich mit Geschenken bedacht zurück, hatte seinerseits den Inselpriestern Gaben zu bieten, die ihm ihre Achtung und ihr Wohlwollen über Cooks Abreise hinaus sichern sollten. Als ihm die Schiffszimmerleute beider Cats auf Huahine schließlich ein Haus errichteten, in dem er seine Habseligkeiten unterbringen und in dessen Garten er europäische Tiere und Pflanzen züchten konnte, meldeten sich sehr bald Neider. Cook half, so gut es in seiner Macht stand, mit ihnen fertig zu werden. Daß er einem Mann dabei auch die Ohren abschneiden ließ, sei hier kommentarlos vermerkt.

Letzte Station auf den Gesellschaftsinseln war Bora Bora. Hier hoffte Cook ein Geschäft abzuschließen, das ihm angesichts des Aufbruchs ins Ungewisse besonders am Herzen lag. Beim Zerscheuern von Ankertrossen an Riffen gingen immer wieder Anker verloren – nicht nur Cook selbst. Er hatte von einem 700-Pfund-Anker gehört, den Bougainville verloren hatte und der inzwischen in den Besitz des

Inseloberhauptes von Bora Bora gelangt war. Ihn trachtete Cook als Reservestück zu erwerben, was ihm im Tausch gegen einen Schlafrock aus Leinwand, ein Hemd, Schnupftücher, einen Spiegel, Glaskorallen und sechs eiserne Beile auch gelang. Allerdings war der Anker aus den französischen Marinewerkstätten inzwischen schon reichlich lädiert; dies tat der Freundschaftlichkeit, in welcher der Handel vonstatten ging, jedoch keinen Abbruch.

Die Schiffe waren kalfatert, die Vorräte aufgestockt. An Bord war wieder Platz, seit ein Großteil des lebenden Ladegutes sein Ziel erreicht hatte. Nun konnte es nach Norden gehen, der eigentlichen Bestimmung des Unternehmens entgegen.

Cook sieht diesen Einschnitt im Ablauf der Reise folgendermaßen: „Seit unserer Abreise von England waren nunmehr bereits siebzehn Monate verflossen. Hatten wir gleich diese Zeit nicht ohne Nutzen hingebracht, so fühlte ich doch, daß ich jetzt erst recht anfing, mich dem eigentlichen Endzweck meiner Reise zu nähern. Jetzt mußte folglich auch von neuem alles angewandt werden, was zu unserer Erhaltung und zur endlichen Erreichung unserer Absichten dienen konnte ... Auf den Gesellschaftsinseln hatte ich mich sorgfältig erkundigt, ob man dort von einigen nordwärts oder nordwestwärts gelegenen Inseln etwas wüßte, allein in dieser Gegend kannte man keine."

An Bord der *Discovery* gab es einen Mann, dem der Aufenthalt auf keiner der bisher angelaufenen Paradiesinseln Gesundheit und Spannkraft hatte zurückgeben können: Es war dies der Kapitän, Charles Clerke. Eine Lungentuberkulose, die durch den Aufenthalt im englischen Schuldgefängnis verschlimmert – wenn nicht gar überhaupt erst verursacht – worden war, machte ihm so ernstlich zu schaffen, daß von Kapitän Cook erwogen wurde, Clerke auf Tahiti zurückzulassen und ihn der Betreuung der Polynesier anzuvertrauen. Clerke selbst war es, der diesen Vorschlag verwarf; er wollte die ihm übertragene Aufgabe auch weiterhin erfüllen helfen und hatte dies tatsächlich nach besten Kräften bis zu seinem Lebensende getan. Ebenso wie Cook sah er die Heimat nicht wieder.

Die beiden Kapitäne hatten nur für den Notfall ein Rendezvous an der nordamerikanischen Küste vereinbart. Solange sie gemeinsam segeln konnten, blieben sie zusammen. Cook suchte den ständigen Kontakt zu Clerke, beriet sich mit ihm, genoß das Vertrauen.

Die beiden Schiffe segelten so, daß die schnellere *Discovery* bei Sonnenuntergang einen Teil ihrer Segel strich und die *Resolution* herankommen ließ, um nachts gemeinsam zu fahren. Die Aussage der Polynesier von den Gesellschaftsinseln, im Norden seien ihnen keine Inselgruppen oder Festländer bekannt, deckte sich mit den Erfahrungen spanischer Seefahrer, die für den Rückweg der jährlich verkehrenden Galeone zwischen Manila und dem mexikanischen Acapulco eine Westwindtrift bei etwa 40° nördlicher Breite nutzten – analog jenem Gürtel ständiger westlicher Winde, der Cook von der Südhalbkugel so gut bekannt war.

Cook hatte den Auftrag, bei etwa 45° nördlicher Breite – also nahe der Stelle, die Francis Drake Neu-Albion genannt hatte – die nordamerikanische Pazifikküste zu erreichen. Von dort aus sollte er bis 65° nördlicher Breite in ständigem Sichtkontakt zur Küste vordringen, das Ufer kartographisch aufnehmen und somit die nordamerikanische Westküste faktisch bis in unmittelbare Nähe des Nordpolarkreises auf Möglichkeiten für Passageeinfahrten hin absuchen. Den Ausgangspunkt für die vorgesehene Küstenerkundung wollte der Kapitän unter Ausnutzung jener westlichen Winde erreichen, die ihn dann sicher und genau in die Gegend von Neu-Albion bringen würden. So segelte er, um in den Westwindgürtel zu gelangen, zunächst nördliche Kurse.

Kaum war der Äquator überschritten, wurde eine Insel gesichtet, die nach dem Weihnachtstag, an dem diese Entdeckung gelang, den Namen *Christmas Island* erhielt: ein flaches Atoll, bewachsen nur mit einigen wenigen Kokospalmen. Auf der Leeseite fand sich ein Ankerplatz. Master Bligh wurde mit einem Beiboot ausgeschickt, eine Lücke in der starken Brandung zu suchen. Als dies geglückt war, fischte man eifrig in der Lagune und fing an Land die zahlreichen schmackhaften Schildkröten, die sofort hilflos waren, wenn sie auf den Rücken ihres Panzers gedreht wurden.

Es gab noch einen Grund, warum Cook hier bis zur Jahreswende zu bleiben entschlossen war: Am 30. Dezember 1777 konnte durch Beobachtung einer an diesem Tag fälligen Sonnenfinsternis sowohl die Position der erreichten Landmarke als auch der bisherige Fehler der Chronometer genau bestimmt werden. Leutnant King war für diese Messungen verantwortlich.

Am 2. Januar 1778 erfolgte die Weiterfahrt. Das Wetter war weiterhin gut, der Wind frischte auf. Am 18. Januar 1778 gelang Cook die wichtigste Entdeckung während des bisherigen Verlaufs dieser Reise: Die drei nordwestlichen Inseln der Hawaii-Gruppe kamen in Sicht. Er nannte den Archipel nach dem Ersten Seelord *Sandwichinseln*. Cook konnte nicht ahnen, daß damit die letzte Station seiner Lebensreise erreicht war. Am entgegengesetzten, südöstlichen Ende der Inselgruppe fand er knapp dreizehn Monate später den Tod.

„Bisher hatten wir noch gezweifelt, ob das Land bewohnt wäre", beschreibt er die erste Begegnung. „Aber schon sahen wir einige Kanus vom Ufer abstoßen und den Schiffen entgegenkommen. Ich ließ sofort beilegen, um den Insulanern Zeit zu geben, sich uns zu nähern."

Zu seiner Überraschung sprachen die Leute eine dem ans Tahitische gewöhnten Ohr verständliche Sprache. Hier, bei den Inseln Niihau, Lehua, Kaula und Kauai war das äußerste Nordende jenes riesigen pazifischen Areals erreicht, das als *polynesisches Dreieck* bezeichnet wird; die Osterinsel und Neuseeland sind die anderen Eckpunkte.

Nach anfangs zögerlichem Tauschhandel mit den Leuten in den Auslegerbooten und Katamaranen sandte Cook am folgenden Tag Leutnant Williamson mit einer Bootsbesatzung an Land, um die Möglichkeiten für einen engeren Kontakt zu den Insulanern zu erkunden. Aber er hatte den falschen Mann beauftragt: Als Williamson sich in der Landungszone plötzlich von zahlreichen Insulanern umringt sah, die nach dem Boot und den ihnen unbekannten metallenen Gegenständen griffen, ließ er auf sie schießen. Ein Mann blieb tot am Strand zurück.

Hatte es nicht bei Cooks erstem Besuch auf Tahiti ein ähnlich tragisches Mißverständnis gegeben?

Wie damals hatte auch dieser Zwischenfall keine ernsthaften Fol-

264

gen für die Ankömmlinge. Im Gegenteil: Als Cook bei der Siedlung Waimea auf der Insel Kauai selbst an Land ging, um vor allem die Möglichkeiten einer Trinkwasserübernahme zu erkunden, fielen die erwartungsfrohen, am Strande der Bucht versammelten Menschen vor ihm in den Sand. Sie hielten Cook für einen ali'i, einen in ganz Polynesien als Halbgott verehrten Häuptling, der über besondere magische Kräfte beim Schiffsbau gebot.

Nicht nur beim Wasserschöpfen aus einem klaren See waren die Insulaner dem so verehrten Ankömmling behilflich, sie brachten Pisangstauden, Schweine und andere Gastgeschenke; gern nahmen sie dafür eiserne Nägel und gläsernen Tand. Auf hohe Ehrerbietung traf Cook auch während eines kurzen Spazierganges über die Insel. Waren die von ihm befehligten riesigen Schiffe, mit denen er von weither gekommen war, nicht beredter Ausdruck seiner Fähigkeiten als ali'i?

Als Cook zwei Wochen später, am 2. Februar, von den Hawaii-Inseln schied, hatte er nur an drei Tagen den Fuß an Land gesetzt. Die Schiffe waren mit pflanzlicher Frischkost für mehrere Wochen versorgt. Von der Kultur des vulkanischen, regenreichen Archipels hatte er wenig erfahren – gerade eben die Tatsache, daß man dort ebenso wie in Neuseeland das Fleisch der im Kampf getöteten Feinde zu essen gewohnt war. Er ahnte nichts von der reichen Götterwelt der hawaiischen Mythen, hatte weder etwas von der männerverschlingenden Göttin des vulkanischen Feuers gehört, der rothaarigen Pele, noch von ihrer Schwester Laka, der Gattin des Fruchtbarkeitsgottes Lono, die als erste unter allen Frauen den Hula getanzt hatte. Cook würde zurückkommen und erfahren, wie streng die Gottheiten auf Hawaii gegen jeden sein konnten, der ihre Gebote mißachtete.

*Eisrand*

Die Überfahrt zur nordamerikanischen Küste nahm fünf Wochen in Anspruch. Der Monat März ging dann noch der Küstenerkundung verloren, da die Schiffe sich heftiger Stürme erwehren und teilweise weit auf die See hinaus ausweichen mußten. Als es schließlich nach Norden ging, nahm Cook weder die breite Trichtermündung des Columbia River wahr noch die heute nach Juan de Fuca benannte Straße nördlich von Cape Flattery. Beide Einfahrten haben mehrfach im Verlauf der geographischen Entdeckungsgeschichte Hoffnungen auf die Möglichkeit einer Passage zum Atlantik geweckt. Hätten sie dies auch bei dem skeptischen Empiriker Cook?

Ende März 1778 fand sich im Nootka Sound, einer geschützten Bucht an der Pazifikküste von Vancouver Island, ein günstiger Liegeplatz für die beiden Schiffe. Und es gab Holz in hinreichender Menge und Qualität – nicht nur für Feuerungszwecke, sondern selbst, um der *Resolution* einen neuen Besanmast zu zimmern. Die Sturmfahrten der vergangenen Wochen hatten dem Schiff arg zugesetzt. Der Aufenthalt bot Gelegenheit, mit den Nootka, einem wal- und pelztierjagenden Indianerstamm, in engen, freundschaftlichen Kontakt zu treten.

„Sie brachten Felle von allerlei Tieren zum Verkauf", berichtet Cook in seinen Aufzeichnungen, „von Bären, Wölfen, Füchsen, Rehen, Waschbären, Iltissen, Mardern und vor allem von Seeottern …, ferner Waffen, nämlichen Bogen und Pfeile nebst Spießen, Angelhaken und allerlei Werkzeuge, hölzerne Masken von der abenteuerlichsten Gestalt, eine Art Wolle, Säcke voll rotem Ocker, Glaskorallen und allerlei kleine, wie Hufeisen gestaltete Gegenstände aus dünnem Messing und Eisenblech, die sie in die Nase hängen, endlich auch verschiedene in hölzerne Griffe eingelassene eiserne Meißel. Diese eisernen Werkzeuge schienen zu beweisen, daß irgendeine gesittete Nation sie vor uns besucht habe, oder daß sie auf einem festen Lande mit einheimischen Stämmen in Verkehr standen, die eine solche Nation kennen mußten. Die außerordentlichste von ihren Handelswaren war indes ein Vorrat von Menschenschädeln und Menschenhänden, die noch nicht gänzlich von allem Fleisch entblößt waren, und von denen sie, wie sie uns deutlich zu verstehen gaben, das übrige gefressen hatten."

Kannibalismus also auch hier, am anderen Ufer der Südsee …

Während des Aufenthaltes im April hatten Cook und seine Begleiter Gelegenheit, Wohnstätten, Tierverarbeitung, Lebensumstände und Totenkult der Nootka genauestens kennenzulernen. Dieser Stamm gehört zu den südlichsten einer Gruppe amerikanischer Ureinwohner, die als Nordwestküstenindianer bezeichnet werden und bei denen einige Gemeinsamkeiten zu erkennen sind, die sie von anderen Indianern Nordamerikas unterscheiden. Der strenge Totenkult und die hölzernen Abbilder der Tierschutzgeister – bunte Totenpfähle und Klappmasken –, ebenso einige an die einstige Urheimat in Ostasien erinnernde Gebrauchsgegenstände und Gewohnheiten – breite Hüte, der Genuß der Ginsengwurzel, „mongolische" Formen ihrer Bogenwaffen – sind herausragende Beispiele dafür.

Die Weiterreise nach Norden brachte neuen Sturm. Auf der *Resolution* hatte man gegen eindringendes Wasser zu kämpfen; allerdings vermochten die Zimmerleute kein Leck zu entdecken.

Leutnant John Rickman berichtet: „Jedermann an Bord dieses Schiffes, den Kapitän nicht ausgenommen, mußte an der Pumpe stehen."

Die Sache kam schließlich von allein zum Stillstand, die Fahrt konnte ohne weiteren Zwischenfall fortgesetzt werden.

Es läßt sich denken, wie man sich auf der *Discovery* über den pumpenden Kapitän des Flaggschiffes den Mund zerrissen hatte. Oder wunderte man sich längst nicht mehr über diesen James Cook, hatte sich vielmehr daran gewöhnt, daß er streng, doch irgendwie gerecht, eigenbrötlerisch, aber bestimmt durch das Ziel, das erreicht werden mußte, schweigsam und von verbissener Entschlossenheit war?

Inzwischen war bei 53° nördlicher Breite jene Küstengegend erreicht, in welcher die wohl eher legendäre Fahrt des spanischen Seefahrers Bartolomé de Fonte ihren Ausgang genommen haben sollte. Cook fand die Küste zwar zerklüftet und stark gegliedert, einen Ansatzpunkt für einen Vorstoß quer durch den amerikanischen Kontinent, wie Fonte ihn im Jahre 1640 unternommen haben wollte, sah er allerdings nicht. Gering weiter nördlich, beim 55. Breitengrad, war jener Punkt erreicht, über den hinaus die Spanier schon wenige Jahre später keinen Anspruch auf die Küstenregion und das Hinterland mehr erhoben, sondern beides den äußerst aktiven russischen Pelzhändlern überließen; deren Vordringen nach Süden war zur Zeit der Cook-Expedition allerdings noch nicht soweit gediehen, zu einem Zusammentreffen kam es erst erheblich weiter im Norden. Der heutige Grenzverlauf im Süden des US-Bundesstaates Alaska markiert, wo einst spanische und russische Interessen endeten.

„Den 11. (Mai – O. E.) kamen wir im Gesicht des Vorgebürges Elias, dessen Spitze sich in die Wolken zu verlieren schien. Den 12. suchten wir solches zu umsegeln, und fanden, daß das Land sich immer weiter Nordwärts ausdehnte. Um 3 Uhr Morgens lavierten wir, in der Absicht, Nord-Nord-West zu gehen, und sechs Stunden hernach öfnete sich eine breite Strasse, deren Einfahrt ungefehr vier Meilen breit sein mochte, wahrscheinlich war es eben dieselbe, welche in unseren Karten Anians Strasse hieß." Rickmans Tagebucheintragung bezeugt, daß das große Ziel der Reise den täglichen Rhythmus des Lebens an Bord bestimmte.

Auch diesmal war die Hoffnung auf eine Passageeinfahrt binnen kurzem verflogen: „Gegen vier Uhr nachmittags erreichten wir die Mündung der Strasse, fanden aber einen starken Strom gegen uns, ob wir gleich guten frischen Wind hatten."

Beide Schiffe warfen Anker, und sogleich wurden die Boote ausgeschickt, um die „Einfahrt" genauer zu untersuchen. Denn Cook war bedeutend vorsichtiger in seinen Schlußfolgerungen als Leutnant Rickman. Für ihn galt es zunächst einmal, die im Ergebnis der Entdeckungen von Bering und Tschirikow kartographisch dokumentierten geographischen Gegebenheiten zu überprüfen. Und da stellten sich bald schon Zweifel ein, insbesondere gegenüber den Darstellungen auf der unlängst durch Stählin publizierten Karte.

Am 24. Mai notiert Cook in seinem Journal aufgrund einer zwei Wochen vorher datierten Logbucheintragung: „Bering scheint in der Nähe von Mount Fairweather auf die Küste gestoßen zu sein. Aber ich bin überhaupt nicht sicher, daß die Bucht, der ich seinen Namen gegeben habe, auch tatsächlich der Platz ist, wo er vor Anker gelegen hat. Auch weiß ich nicht, ob der St. Elias-Berg derselbe ist, dem er diesen Namen gab. Und was das Kap St. Elias betrifft, so kann ich nicht beurteilen, wo es liegen könnte."

Die Namens- und Ortsverwirrung läßt sich nur zu einem Teil ent-flechten; dabei gilt zu beachten, daß Bering im Sommer 1741 die Insel Kayak erreicht und ihrem äußersten Kap den Namen St. Elias gegeben hatte.

Geographische Gegebenheiten und die Darstellung, die sie in Berichten und Karten früherer Reisender gefunden hatten, zur Deckung bringen zu wollen beziehungsweise aus den sich dabei ergebenden Differenzen seine Schlüsse zu ziehen, dies war seit jeher von Cook als Untersuchungsmethode äußerst produktiv angewandt worden. Dabei vergaß er aber eigenes Forschen nicht.

Mitte Mai stieß er in die nördlichen Regionen des Golfs von Alaska vor. Im Prince William Sound mußte sich entscheiden, ob die Karte von Müller (mit Alaska als einem Teil des amerikanischen Festlandes) oder die von Stählin (mit einem in größere und kleinere Inseln aufgelösten Alaskagebiet) die Verhältnisse in der Wirklichkeit genauer wiedergab. Nebel erschwerte zunächst die Erkundung, aber als sich dieser hob und Cook sah, daß die Bucht in nördliche Richtung wies, tendierte er zunächst dazu, Stählin zu glauben und hier eine bequeme Nordroute vor sich zu haben; sie würde ihm, meinte er, helfen, so schnell wie möglich das Gebiet zu erreichen, in welchem die eigentliche Passage in den Atlantik zu suchen wäre.

Im Prince William Sound war die Expedition erstmals in das Siedlungsgebiet der Eskimos gelangt. Sie umschwärmten die Schiffe in ihren Kajaks, und es ist interessant, daß weder Cook noch Rickman noch der deutsche Matrose Heinrich Zimmermann – gleichfalls von der *Discovery* – in ihren Reiseaufzeichnungen einen tiefgreifenden ethnischen Unterschied zu den Anwohnern des Nootka Sound festhalten; vielmehr heißen die „Wilden" weiterhin Indianer, registriert wird lediglich die Andersartigkeit ihrer Boote.

Cook vermerkt dazu: „Ihre Kanus waren nicht von Holz gemacht wie die im Nootka Sound; nur das Gerippe bestand aus dünnen hölzernen Latten, der Überzug hingegen war aus Robbenfell oder ähnlichen Tierhäuten verfertigt."

Rickman schreibt in seinen Aufzeichnungen: „Ihre Kleidung bestand aus den Häuten wilder Thiere, sehr nett zusammengenehet, über welche sie noch eine Decke hatten, welche dem Pergament ähnlich war; diese Decke war so dichte, daß sie dem Wasser widerstand, und sie gegen alle Nässe schützte. Ihre gewöhnlichen Kanoes hatten Decken von derselben Art."

Es bleibt die Möglichkeit offen, ob es tatsächlich Nordwestküstenindianer waren, etwa vom Stamme der Ahtena („Eisleute"), denen die Briten hier begegneten. Am Prince William Sound vermischen sich die entsprechenden Siedlungsgebiete.

Mit der Zeit und der Möglichkeit zu weiteren Beobachtungen wuchs Cooks Fähigkeit, in dieser Frage genauer zu differenzieren. Nachdem er den Prince William Sound als ausgedehnte Meeresbucht erkannt hatte und der Küste von Alaska weiter nach Südwesten gefolgt war, stellte er für die Eingeborenen, denen er dort begegnete, fest, sie seien „von derselben Nation" wie die anderen Kajak-Leute, denen sie bereits begegnet waren, „und unterscheiden sich grundlegend von den Leuten in Nootka – sowohl hinsichtlich ihres Aussehens und ihrer Gebärden als auch in der Sprache".

Die nächste Bucht – heute *Cook Inlet* genannt – schnitt zwar tief in das Festland ein, markierte indes nicht das nordwestliche Ende des amerikanischen Kontinents. King, Clerke und Cook waren ständig in Kontakt und im Gedankenaustausch, um die Konsequenzen aus den damit zusammenhängenden Fragen zu klären. Vor allem ging es darum, keine wertvolle Zeit bei der Erkundung von „Sackgassen" zu vergeuden, andererseits durfte keine Möglichkeit ungenutzt bleiben, den Weg in den Arktischen Ozean so stark als irgend möglich abzukürzen. Der Sturm auf die Nordwestpassage war – von beiden Seiten aus – für diesen Sommer angesetzt, und man hatte bereits Ende Mai.

Nach einem Vorstoß von Master Bligh in die nordöstliche Ecke des Cook Inlet erkannte der Expeditionsleiter, daß an ein Weiterkommen in dieser Gegend nicht zu denken war. Der hohe Süßwassergehalt der Bucht – bedingt durch die zahlreichen Zuflüsse – brachte Cook gar zu der Meinung, eine breite Flußmündung vor sich zu haben.

„Wir wissen nicht, wie weit wir nach Süden werden ausweichen müssen – aber wir wissen nun, daß sich der Kontinent weiter nach Westen erstreckt, als aus den neuesten Karten hätte geschlußfolgert werden können; eine Durchfahrt zur Baffinbucht oder zur Hudson Bay ist bedeutend unwahrscheinlicher geworden – oder aber sie ist beträchtlich länger als angenommen", resümiert Cook an dieser Stelle der Fahrt in seinem Journal. Gleichzeitig tröstet er sich auch: „Hätten diese Plätze nicht durch mich eine Überprüfung erfahren, so wäre man zu dem Schluß gelangt – ja, sogar sicher gewesen –, sie stünden in Beziehung mit der See im Norden oder mit einer der genannten Buchten im Osten."

Im Kartenstreit hatte demnach die Müllersche Variante den Sieg davongetragen – bei aller Unzulänglichkeit in den Einzelheiten des Küstenverlaufs, die sie noch aufwies.

Durch einen Fehler des Mannes am Lot lief die *Resolution* am 7. Juni bei ihrer Fahrt längs der Küste des Festlandes auf ein Riff, größerer Schaden entstand glücklicherweise nicht.

Von der *Discovery* weiß Leutnant Rickman an einem der nächsten Tage zu berichten: „Wir wurden durch das Getöse der Wellen erschreckt, welches klang, als ob ein grosses Gebäude einfiele, und indem wir uns umsahen, bemerkten wir, daß wir von einer ganzen Schar Robben und Seelöwen umringt waren, die, sobald sie uns erblickten, das erschrecklichste Geheul erhuben, das man sich nur vorstellen kann. Zu gleicher Zeit schwamm ein grosser Walfisch vorbei, auf den eine Kanone aber ohne Wirkung gelöset ward."

Die Fahrt nach Süden, später nach Südwest, dehnte sich, schien kein Ende nehmen zu wollen. Anstatt jeden Tag Breitengrade zuzulegen, nahmen die Zahlen ab. Ehe man an eine Nordwestpassage überhaupt denken konnte, mußte eine Durchfahrt in die Beringsee gefunden werden, von der Cook wußte, daß sie irgendwo im Norden der felsigen, von gefährlichen Riffen begleiteten Küste lag, an der er entlangfuhr.

Erst neun Wochen nach Verlassen des Nootka Sound nahm der Küstenverlauf die ersehnte Richtung. Nordöstlich der großen Aleu-

271

teninsel Unalaschka bot sich den Entdeckungsreisenden erstmals die Möglichkeit für einen Nordvorstoß. Es war inzwischen Anfang Juli, und man war auf dem 54. und nicht auf dem 65. Breitenkreis, wie es die Instruktion verlangte.

Um seiner Aufgabenstellung wenigstens hinsichtlich der zu wählenden Fahrtroute zu gehorchen, segelte Cook nun im Rücken des Landes, das er eben noch steuerbords gehabt hatte: der nördlichsten Aleuten und der Alaska-Halbinsel. Den freien Weg direkt über das offene Beringmeer behielt er sich für die Heimreise vor.

Diese Fahrt zurück dauerte eine Woche. Dann erst konnte Cook, weiter dem Küstenverlauf folgend, auf Westkurs gehen. Am 16. Juli war Cape Newenham erreicht. Die Küste bog nun nach Norden ab, es galt aber, vorsichtig zu sein im Gewirr von Felsbänken und Klippen. Zumeist fuhren Boote voraus und wiesen den Schiffen den Weg. Ende Juli hatte man sich bis zum 60. Breitengrad vorgearbeitet und umschiffte die Insel Nunivak.

Am 3. August 1778 starb der Arzt auf der *Resolution*, William Anderson. Er war schon lange krank gewesen und hatte ursprünglich gemeinsam mit Clerke auf Tahiti zurückbleiben sollen. Cook mochte ihn sehr, schätzte seinen beruflichen Eifer ebenso wie sein Interesse an anderen Wissenschaften. Die nächste Insel, die sich zur Namensgebung anbot, nannte er *Anderson's Island*.

Aber das Eiland hatte schon einen Namen: Es handelte sich um die Insel St. Lawrence, die bereits von Bering entdeckt und benannt worden war. In den nächsten, zumeist stürmischen Tagen, kamen die Schiffe zügig voran. Am Morgen des 9. August verzog sich das bisherige regnerisch-trübe Wetter. Cook hatte nun die Beringstraße erreicht. Cook nannte das am weitesten nach Westen vorspringende Kap des amerikanischen Kontinents nach dem Prinzen von Wales.

Wieder kamen Sturm und Regen auf. Schwere See zwang Cook, unter Land zu gehen. Aber nicht einmal bei den Diomedesinseln, auf halbem Weg zwischen Cape Prince of Wales und Kap Deshnjow, fand er ausreichend Schutz. Da segelte er vor dem Wind weiter nach Westen, bis ans asiatische Ufer der Beringstraße. In einer weitläufigen Bucht ankerten die Schiffe. Cook und Clerke gingen an Land, von einer Abteilung Seesoldaten begleitet.

Über die erste Begegnung mit Tschuktschen berichtet Leutnant Rickman: „Ein alter Indianer an der Spitze einer zahlreichen Menge seiner Landsleute, die alle in Felle gekleidet waren, kam ihnen entgegen. Er hatte einen zwölf Fuß langen Speer in seiner rechten Hand, und sein Bogen und Köcher voll Pfeile hing über seine linke Schulter. Er hielt eine Rede an die Fremden, die eine halbe Stunde währte, und am Ende derselben breitete er einen Mantel von weissen Federn als ein Friedenszeichen aus, welches Kapitän Cook mit Schwenkung seines weissen Schnupftuches erwiderte. Nachdem der Friede auf diese Art geschlossen war, machte der Indianer ein Zeichen an seine Landsleute, daß sie ihre Waffen niederlegen sollten, und setzte ihnen zuerst das Beispiel."

Cook schenkte den „Indianern" Messer, Nadeln, Scheren, Spiegel – zur vollen Zufriedenheit der Tschuktschen. Die Engländer bekamen von ihnen Felle. Man zeigte den Ankömmlingen die Zeltwohnungen und führte ihnen Tänze vor.

Zunächst hatte Cook diese Küste als zu einer von Stählins Inseln gehörend betrachtet. Aber der Uferverlauf, die Entfernung zum Cape Prince of Wales und die hohe Länge von 170° westlich von Greenwich brachten ihn bald auf die Vermutung, im östlichen Teil Asiens zu sein. Nach wenigen Stunden kehrte er mit seinen Leuten an Bord zurück.

„Ich ließ bald darauf die Anker lichten und schiffte nordostwärts zwischen der Küste, die wir besucht hatten, und den beiden (Diomedes – O. E.) Inseln hin. Am folgenden Tag befanden wir uns mitten zwischen beiden Küsten und hatten sowohl die asiatische als die amerikanische im Blick ...", schreibt Cook ins Tagebuch.

Zunächst ging es ungehindert nach Norden. Der Traum von einem eisfreien Meer bis zum Pol oder auch nur um den Norden Amerikas herum war bald ausgeträumt. Am 17. August 1778, kurz vor Mittag, erblickte Cook am nördlichen Horizont ein helles Licht, das ihm von den Vorstößen in die Antarktis gut bekannt war: Eisblink.

Eindrucksvoll schildert Rickman diesen Tag: „Das Wetter ward durchdringend kalt, und es fror so stark, daß das laufende Tauwerk bald mit Eiszapfen beladen war. Dieses machte es schwer, die Taue durch die Blocks durchzuziehen; und sechs Leute wurden gebraucht, um die Arbeit, die sonst ein einziger tat, zu verrichten. Am ausserordentlichsten aber war der plötzliche Uebergang von der Hitze zu einer so strengen Kälte. Der Tag vorher war warm und angenehm gewesen, und am Abende dieses Tages hing Eis in unsern Haaren, unsern Nasen, und sogar an den Fingerspitzen der Leute, sobald sie sie auf fünf oder sechs Minuten der Luft aussetzten: und je weiter wir nach Osten segelten, desto heftiger ward die Kälte. Die heissen Speisen froren, während wir am Tische saßen; und dieses Wetter dauerte einige Tage lang …"

Am Nachmittag hatten sie den Rand des Eises erreicht. Bei 70°41′ nördlicher Breite türmte sich eine solide Wand von zehn oder zwölf Fuß Höhe auf; zwar gab es keine schwimmenden Eisberge wie in der Antarktis, der weitere Weg nach Norden aber war unpassierbar.

Cooks Schlußfolgerungen sind sachlich und knapp gehalten: „Das Eis war undurchdringlich und erstreckte sich von uns hin, soweit das Auge reichen konnte … Die Oberfläche war sehr rauh und uneben."

Somit war nicht nur jedes weitere Vordringen zu einer Illusion geworden, der Augenblick der Umkehr hatte auch Symbolwert im Leben des Expeditionsleiters. Auf der Südhalbkugel hatte er das Nichtvorhandensein der Terra australis nachgewiesen, bis hinunter zu einer geographischen Breite, die jener entsprach, bei welcher er nun vor dem Eis des Nordens kapitulieren mußte. Ob es hinter der Eisbarriere, die sich vor ihm erhob, unter günstigeren Bedingungen – vor allem zu einer früheren Jahreszeit – einen Weg um Amerika herum in den Atlantik gab, diese Frage schien Cook durch seinen augenblicklichen Mißerfolg nicht beantwortet. Das zweite große Rätsel der Geographie, dessen Lösung er sich verschrieben hatte mit all seiner seemännischen Erfahrung und seiner stillen, verbissenen Leidenschaft, seiner Beharrlichkeit und dem Befähigtsein zum Führen von Menschen bei der Entschlüsselung der Natur unter extremen Bedingungen – vielleicht würde es schon im folgenden Jahr sein Geheimnis preisgeben müssen.

Cook konnte nicht ahnen, daß er dann nicht mehr zu denjenigen gehören würde, die sich um eine Antwort bemühen konnten.

Voraus das Eis, achteraus kein Land, nur Dunst und bald wieder schneidend kalter Regen. Als endlich ein Vorgebirge in Sicht kam, erhielt es den Namen *Icy Cape* (Eiskap). Wieder war Kapitän Cook so weit gelangt, wie es für Menschen unter den gegebenen Umständen möglich war. Seine Eintragungen im Logbuch, noch unmittelbar unter dem Eindruck des Abdrehenmüssens, lassen die Vermutung offen, er habe wenigstens die Variante erwogen, sich den Weg durch das Eis zu ertrotzen. Von „offenen Stellen" ist da die Rede, von Überlegungen auch, das Schiff bei einem nächsten Vorstoß gegen das Eis zu panzern (natürlich steht da „die Schiffe", denn wann, wenn nicht hier, wäre das Sinnvolle an der Strategie des Zweierverbandes wohl deutlich geworden!).

Zunächst galt es, die unmittelbar drohenden Gefahren zu bestehen. Das Eisfeld bewegte sich, und zwar auf das Schiff zu. Cook erkannte, daß die *Discovery* im flacher werdenden Uferwasser zu stranden drohte, wich sie nicht ebenso großräumig aus wie die *Resolution*. Dann war da die zunehmend knappe Ernährungslage an Bord, bedingt durch den langen Vorstoß nach Norden. Walrosse, die von den Booten aus erlegt werden konnten, schienen in dieser Situation ein Geschenk des Himmels zu sein. Aber nicht jeder vertrug das tranige Fleisch; Cook hatte schließlich ein Einsehen, ließ an diese Männer weiterhin Gepökeltes austeilen, das allerdings schon stark von Würmern durchsetzt war.

Am nächsten Tag wagte Cook sich noch einmal an den Eisrand. Er marschierte ein Stück, prüfte die Oberfläche, maß die Eisstärke, die Wassertiefe, die Windrichtung. Schließlich war er zum Abbruch entschlossen, jedenfalls für dieses Jahr.

„Meine Aufmerksamkeit richtete sich nun darauf, einen Platz zu finden, der uns Holz und Wasser lieferte, und dann zu überlegen, wo ich den Winter sinnvoll zubringen könnte, indem ich mich um einige Verbesserungen in der Schiffahrt und der Geographie bemühte. Gleichzeitig hatte dieser Ort eine günstige Ausgangsbasis für eine

Rückkehr in den Norden zur weiteren Suche nach einer Passage während des folgenden Sommers zu sein."

Es kam der Tag, da hatte er mit Kapitän Clerke als Überwinterungsort und Rendezvoushafen die Sandwichinseln vereinbart, genauer: Hawaii.

## Letzte Fahrt nach Süden

„Wir fuhren fort, uns durch das Eis zu arbeiten bis den 25ten (August – O. E.), da sich ein Sturm erhob, welcher es gefährlich machte, weiter fort zu steuern. Es wurde also, sobald die Heftigkeit des Windes nachließ, an Bord der *Resolution* eine Berathschlagung gehalten, in der es einmüthig beschlossen ward: daß da diese Fahrth nicht zum Nutzen der Schiffahrth gereichen könnte, welches doch der grosse Gegenstand unserer Reise wäre, so wollten wir sie nicht weiter fortsetzen, weil überdem der Zustand unserer Schiffe so schlecht sey, der Winter sich näherte, und wir so weit von jedem bekannten Erfrischungsplatz wären. Zufolge einer Observation, die wir um Mittag anstellten, waren wir unter dem 71. Grade der Breite, und dem 197. (östlichen) Grad der Länge, da unsere Schiffe umlegten." Dies schreibt John Rickman.

James Cook vermerkt: „Am 1. September befanden wir uns wieder an der asiatischen Küste, wo sie verschiedene felsige Spitzen bildet, die vermittels eines niedrigen Strandes verbunden sind und nicht die entfernteste Hoffnung, einen Hafen zu finden, übrig lassen. Etwas von der See entfernt hob sich das Land in mehreren Hügeln, und in einiger Entfernung von der Küste lag wieder ein kleines Inselchen. Ich war nunmehr sehr deutlich überzeugt, hier sei das Land der Tschuktschen oder die Nordküste von Asien … Je fester ich überzeugt war, daß ich mich nun an der asiatischen Küste befände, um so mehr sah ich die Unmöglichkeit ein, die Stählinsche Karte von dem neuen nordischen Archipel mit meinen Wahrnehmungen zu vereinbaren."

Es lag Cook viel daran, die damit zusammenhängenden Fragen

276

noch auf diesem Abschnitt der Reise endgültig zu klären. Bei seinem Vorstoß im nächsten Jahr wollte er sich auf ein einziges Problem konzentrieren können: auf die Suche nach der Durchfahrt zum Atlantischen Ozean oder in eines seiner Randgewässer. Da Stählin die Inseln des „neuen nordischen Archipels" als waldreich beschrieben hatte, das Feuerholz aber auf beiden Schiffen bedrohlich zur Neige ging, zögerte Cook nicht lange und wandte sich nach Südosten. Und tatsächlich: „Am 9. September hatten wir die angenehme Aussicht einer waldreichen Küste vor uns, dergleichen wir seit langer Zeit nicht gehabt hatten."

Als Mitte September 1778 die Fahrt fortgesetzt wurde, gab es Gelegenheit, das Bild der Küste Alaskas zu vervollständigen und damit einige der weißen Flecken zu füllen, die Müllers Karte hatte frei lassen müssen. In den ersten Oktobertagen war die Insel Unalaschka wieder erreicht.

Tabak gegen Stockfisch und andere Tauschgeschäfte mit den Aleuten, übergenug Arbeit für die Zimmerleute beim Ausbessern beider Schiffe, nach Erkundung der Fischgründe reiche Fänge von Heilbutt und Lachs – es gab täglich zu tun während der drei Wochen des Aufenthaltes. Im Verkehr mit den Aleuten wurde sehr bald klar, daß nicht nur sie auf der Insel lebten. Eines Tages brachten die eingeborenen Jäger ein seltsames Geschenk: eine Pastete in Form eines Brotes, mit einem stark gepfefferten Lachs darin. Dazu übergaben sie einen Zettel, bedeckt mit Cook unverständlichen Schriftzeichen. Die Gegengeschenke – Wein, Rum und Porterbier – lockten schließlich die Spender der Lachspastete herbei: drei russische Pelzhändler, die mit Unterstützung einiger Kamtschadalen hier auf Unalaschka eine Faktorei betrieben. Die Besuche wiederholten sich, es gab auch Visiten der Briten in der russischen Niederlassung. Mit deren Leiter, Gerassim Grigorijewitsch Ismailow, fand Cook sehr schnell eine gemeinsame Sprache: die der Zahlen, Zeichen, Figuren und Karten.

„Die Geographie der hiesigen Gegenden und alle russischen Entdeckungen kannte er sehr genau, und zeigte mir alle Unrichtigkeiten der neueren Karte an." Vom amerikanischen Festland wußte der russische Faktor wenig. Zwar hätten, berichtete er, seine Landsleute dort mehrfach Fuß zu fassen versucht, seien aber von den Bewohnern immer wieder vertrieben worden. Offenbar hatte es also seit Bering keine Erweiterung des russischen Amerikabildes gegeben.

Bei ihrem letzten Treffen vertraute Cook Ismailow einen Brief an die Lords der Londoner Admiralität an, und dieser versprach, ihn zusammen mit der beigefügten Karte über Kamtschatka, Ochotsk und St. Petersburg weiterzuleiten. Das sei allerdings erst im kommenden Jahr möglich, mit den regelmäßigen Pelztransporten. Ismailow gab Cook seinerseits Empfehlungsschreiben an den Gouverneur von Kamtschatka und den Kommandanten des dortigen Hafens Petropawlowsk mit. So entschlossen sich die Briten, diesen Ort – sollten ihre Schiffe aus irgendeinem Grund die Sandwichinseln verfehlen – zu ihrem zweiten Treffpunkt zu machen.

Abgesehen von einem schweren Sturm unmittelbar nach dem Aufbruch in Richtung Süden, bei dem durch einen Unfall auf der *Discovery* ein Matrose getötet und Heinrich Zimmermann sowie vier andere Seeleute verletzt wurden, verlief die Reise auf dem Nordpazifik ohne weitere besondere Vorkommnisse. Immerhin war es inzwischen November, stürmisches Wetter also durchaus nicht ungewöhnlich.

Die erste Erkenntnis bei Rückkehr zu den Sandwichinseln bestand darin, daß man den Archipel bisher nur unvollständig entdeckt hatte. Die Vulkaninsel Maui, welche am Morgen des 25. November in Sicht kam, lag etwa vier Längengrade östlich der im Januar besuchten Bucht von Waimea auf Kauai.

Da es ihm bei dem Aufenthalt vor allem darum ging, die allgemeinen Vorräte aufzufüllen, verbot Cook den privaten Tauschhandel sofort. Er drohte strenge Strafen an, ebenso für den Fall, daß einer der von den Schiffsärzten bei einer allgemeinen Untersuchung als geschlechtskrank befundenen Männer an Land gehen sollte; den Aufenthalt von Frauen an Bord untersagte er wieder generell.

Durch die Insulaner, die in freundlicher Absicht an Bord zu kommen fortfuhren, hörte Cook von einer anderen, noch größeren Insel südöstlich von Maui. Es war die Hauptinsel des Archipels, deren Name heute die ganze Inselgruppe trägt: Hawaii.

Am 1. Dezember fuhr Cook zu ihrer Küste hinüber. Auch hier wurde der Handel zunächst an Bord abgewickelt: Kochbananen, Schweine und andere Lebensmittel waren die wichtigsten Tauschartikel, die die Briten zu erwerben suchten. Daneben gab es Geschenke von bunten Federhelmen und -umhängen, Schnitzarbeiten und Muschelschmuck.

Cook selbst stellt den Insulanern das beste Zeugnis hinsichtlich ihres Handelsgebarens und ihres Vertrauens in die Ehrlichkeit der fremden Ankömmlinge aus: „Noch nie hatte ich im Verkehr mit allerlei wilden Nationen so viel Offenherziges und Zutrauliches bemerkt, wie im Charakter dieser Insulaner lag. Nichts war gewöhnlicher, als daß sie ihre sämtlichen Waren, die sie zum Tausch mitgebracht hatten, in das Schiff hinaufreichten und dann erst selbst hineinstiegen und auf dem Deck den Handel schlossen."

Auch viele andere Dinge, selbst die von Cook zu Beginn des Aufenthalts vor der angetretenen Mannschaft proklamierte Strenge in der Frage geschlechtlicher Beziehungen, wurden inzwischen großzügiger, ja laxer gehandhabt.

Rickman schreibt hierzu: „Gegen Kapitän Cooks Verordnung kamen Schaaren von Mädchen und Weibern, die am Bord blieben. Der Kapitän hatte freilich bei unserer Ankunft auf der Insel den Umgang mit allem Frauenzimmer verboten. Aber er fand zu bald, daß unser ganzer Handel aufhören mußte, sobald dies Gewerbe gestört ward, und nicht ein Schwein war uns feil, wenn wir den Mädchen verboten, es uns zu Markte zu bringen. Manche haben Kapitän Cook wegen seiner Strenge gegen die Indianer getadelt, er war es aber nicht blos gegen sie, sondern gegen alle auf den Schiffen. Keinem von seinen Leuten blieb auch der geringste Fehler unbestraft. Ward einer davon überführt, daß er einen Wilden gemißhandelt oder sich an seinem Eigenthume vergriffen, so ließ er ihn sicher in Gegenwart der Indier bestrafen. Durch diese unpartheische Handhabung der Gerechtigkeit bekamen die Indier einen so hohen Begriff von seiner Weisheit und seiner Macht, daß sie ihm die gleiche Ehre wie ihrem Ethua, oder guten Gott, erwiesen."

Dieser Hinweis bringt uns erneut auf die Spur der Gottähnlichkeit

Cooks in den Augen der Bewohner Hawaiis. Erinnert sei in diesem Zusammenhang an Cooks Landgang auf Kauai während des ersten kurzen Besuchs der Inselgruppe, als die am Strande der Bucht von Waimea versammelten Inselbewohner vor ihm auf die Erde fielen. Damals hatten sie ihn für einen ali'i gehalten, einen göttlichen Häuptling mit Wunderkräften für den Bootsbau. Nun tritt uns mit der Vermutung, die Einwohner von Hawaii hätten Cook für einen Ethua (Atua) gehalten – also für einen der polynesischen Götter –, eine neue Variante mythologischer Zusammenhänge und Verflechtungen entgegen. Man wird auch sie berücksichtigen müssen, will man begreifen, warum Cooks Schicksal sich ausgerechnet auf Hawaii erfüllte.

Die polynesische Mythologie kennt viele Lesarten der Geschichte des Urelternpaares. Der Himmel (der Vater) und die Erde (die Mutter) liebten einander so heftig und ausdauernd, daß sie sich nicht zu trennen vermochten. Ja, selbst die Kinder, die ihnen geboren wurden, konnten sich der Umarmung der Eltern nicht entziehen. Die enge Finsternis ihres Eingeschlossenseins behagte jedoch den jungen Göttern nicht, und sie beratschlagten, wie sie sich wohl am besten daraus befreien könnten: der milde Tane, Gott der Wälder und Waldgeschöpfe; Taaroa, der Gott des Meeres und seiner Geschöpfe; Tawhiri, der Gott der Winde; Haumia, der Gott aller wildwachsenden Pflanzen; Rongo, der Gott sämtlicher dem Menschen nützlichen Pflanzen und Früchte; und der wilde, unbändige Tu, Gott des Krieges. Tu war dafür, die Eltern zu töten, aber Tane widersprach ihm sofort: Wir müssen sie zu trennen versuchen, sagte er, damit sich der Himmel weit über uns wölbt und die Erde unsere Füße trägt. Diesem Vorschlag stimmten sie dann zu – bis auf Tawhiri, dem der Gedanke weh tat, die Eltern gewaltsam zu trennen. Er wollte sich nicht daran beteiligen – geschah es doch offenkundig gegen ihren Willen.

Die anderen Brüder versuchten nacheinander ihr Glück. Alle waren erfolglos, bis Tane als letzter ans Werk ging. Der milde Tane riß und zerrte, stemmte Schultern, Kopf und Arme gegen den Vater und trat mit den Füßen nach seiner Mutter. Er reckte sich mit aller Gewalt, ächzte und stöhnte, und was selbst dem kriegerischen Tu nicht

280

gelungen war, schaffte er: langsam lösten sich Himmel und Erde voneinander, trotz großer Schmerzen.

Als es vollbracht war, sah Tane, daß sein Werk gut war. Der Himmel wölbte sich weit über ihm, und die Erde trug seine Füße. Sein Bruder Tawhiri aber, der Gott der Winde, ward zornig und zog zum Vater, dem Himmel. Dort sann er auf Rache und sandte die vier Winde aus, um die Brüder damit zu strafen. Die auf sein Geheiß angerichteten Verwüstungen trafen am härtesten die Geschöpfe Haumias und Rongos – die wildwachsenden und dem Menschen nützlichen Pflanzen. Da verbargen die zwei sich im Schoß ihrer Mutter, der Erde, um der Gewalt Tawhiris nicht mehr ausgeliefert zu sein ...

Himmel und Erde blieben von nun an für immer getrennt. Nur den Nebel sieht man als Seufzer der Mutter zum Himmel aufsteigen, und die Tropfen von Regen und Tau fallen als Tränen zur Erde.

In den lokalen Varianten dieses Mythos war Rongo nicht nur der Gott der dem Menschen nützlichen Gewächse, er war vielmehr der Gott des Friedens und friedvoller Arbeit, der Fruchtbarkeit und des Menschenglücks. Er war ein gütiger Atua, ein Gott, dem niemals Menschenopfer dargebracht wurden, dem zu Ehren man vielmehr lebensfrohe Tanz- und Fruchtbarkeitsfeste feierte. Auf Hawaii trug er den Namen Lono und war im einfachen Volk hochgeachtet. Man stellte sich ihn als bärtigen, hellhäutigen Mann vor. Vor undenkbar langer Zeit, hieß es, sei er übers Meer entschwunden, um den Nachstellungen seines Bruders, des Windgottes, zu entgehen. Ehe er aber verschwand, habe er seinen Anhängern versprochen, einst wiederzukehren, ihrer Not ein Ende zu setzen und den Anbruch der Glückseligkeit zu verkünden.

Da die Polynesier sich ihre Götter nicht als Geister, sondern als personifizierte Charaktere vorstellten, war es ihnen nicht allzu erstaunlich, daß Lono eines Tages sein Versprechen einlöste und übers Meer wiederkehrte: in einen blauen Rock gekleidet, mit einem seltsamen Hut auf dem Kopf, ein großes Gefolge befehlend, das mit allerlei merkwürdigen Dingen ausgerüstet war. Da gab es Zauberrohre, die sich Lonos Leute vors Auge hielten, wenn sie weit in der Ferne noch etwas erkennen wollten, Speere, die in der Hand des Schützen zurückblieben und nur die todbringende Spitze fortschleuderten – dies allerdings mit einem schrecklichen Knall und einem grell zukkenden Blitz. Oder die hell klingenden Muscheltrompeten, die nicht im Meer gewachsen waren, sondern aus einem Material, das wie die Sonne glänzte, sich aber kalt und glatt anfühlte.

Am prachtvollsten jedoch war die Hütte, in der Lono auf seinem riesigen Kanu lebte. Dort hatte er Federhauben und Pfeile und bunte Steine und Pflanzen – natürlich Pflanzen! – aus all jenen Gegenden gesammelt, durch die sein Weg, vom Schoß der Erdmutter her, ihn bereits geführt hatte ...

Lono tat gute Werke, seit er den Fuß erstmals an diese Küste gesetzt hatte. Zwar verschwand er zwischendurch immer wieder einmal für einige Tage, fuhr hinaus auf die See, wenn er dann indes wiederkam, brachte er neue Sämereien und Fruchtknollen mit sich, die er denjenigen gab, die an ihn glaubten, nicht ohne ihnen geraten zu haben, sie in die fruchtbare vulkanische Erde der Insel Hawaii zu pflanzen. Oder die seltsamen Tiere, die er an Bord hatte: langbeinige Schweine, denen die Hauer zur Stirn hinauswuchsen, waren wohl die merkwürdigsten unter ihnen.

Trotz seiner eigenen Freigebigkeit hatte Lono für sich und seine Männer – denn Frauen sind nicht an Bord der beiden Segelkanus – immer großen Bedarf an Schweinen und Früchten, und seine Gläubigen und Anhänger brachten ihm davon soviel wie möglich, sobald sie seiner ansichtig wurden ...

Das neue Jahr 1779 begann mit starken Regengüssen: die Hawaii-Inseln zählen zu den niederschlagreichsten Gebieten der Erde. Die erste Januarhälfte ging hin mit der Umschiffung der Insel, mit Fahrten auf See und Wiederkehr vor die Küste, wo die Eingeborenen mit unerschöpflich scheinenden Vorräten in ihren Kanus immer wieder zur Stelle waren.

Am 16. Januar lag an der Westküste der Hawaii-Insel eine Bucht, die Cook einladend genug schien, um hier mit beiden Schiffen vor Anker zu gehen vor dem erneuten Aufbruch ins nördliche Eismeer.

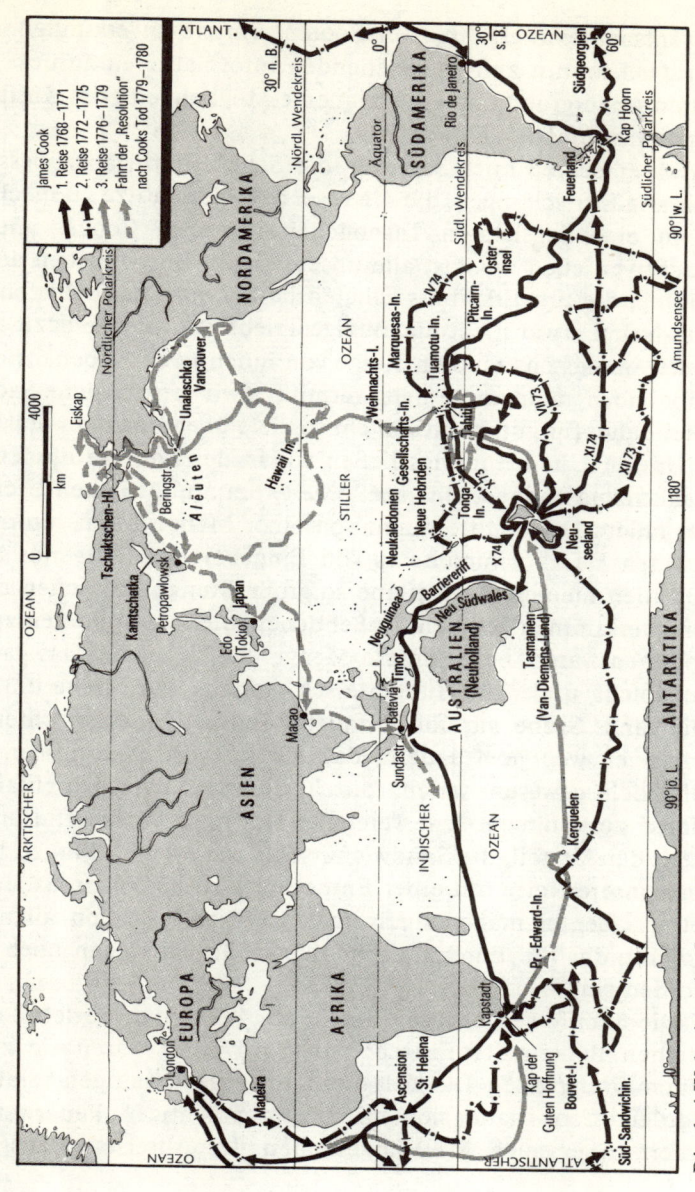

Die drei Weltreisen des James Cook

Er entsandte Bligh mit zwei Booten, um sie zu erkunden, und der Master kam mit zufriedenstellenden Informationen zurück. Er hatte guten Ankergrund und eine bequeme Möglichkeit zum Auffüllen der Trinkwasserfässer gefunden.

„Ich entschloß mich sogleich, die Schiffe darin auszubessern und mir alle Erfrischungen, die die Insel darbot, zunutze zu machen", beginnt eine der letzten Tagebucheintragungen Cooks. „Gegen die Nacht verließen uns fast alle unsere Gäste; doch blieben auch viele zurück, die um Erlaubnis gebeten hatten, an Bord schlafen zu dürfen. Neugier war nicht die einzige Triebfeder, die sie dazu angereizt hatte; wenigstens mußten einige von ihnen noch Nebenabsichten gehabt haben, denn am Morgen vermißten wir verschiedene Sachen. Ich fand daher für gut, künftig nicht so viele über Nacht zu beherbergen.

Um elf Uhr vormittags ließen wir in der Bai, die die Einwohner Kealakekua nennen, eine Meile weit vom nordöstlichen Ufer die Anker fallen. Die Schiffe waren von einer Menge Kanus umringt, und auf den Decks wimmelte es von Eingeborenen. Nirgends hatte ich auf allen meinen Reisen eine so große Menge Menschen an einem Orte versammelt gesehen. Außer denen, die in den Booten zu uns gekommen waren, bedeckte die Menge der Zuschauer das ganze Ufer der Bucht, und viele Hunderte schwammen wie Fische um uns her. Die ganze Szene war uns auffallend und neu; auch mochten es jetzt nur noch wenige bedauern, daß wir im vorigen Sommer nicht so glücklich gewesen waren, durch die nördliche Durchfahrt nach Hause zu kommen. Jene vereitelte Hoffnung verschaffte uns wenigstens den Vorteil, die Sandwichinseln zum zweiten Mal zu besuchen und unsere Reise mit einer Entdeckung zu bereichern, die zwar die letzte, aber in mancher Hinsicht die wichtigste von allen zu sein scheint, die von Europäern im ganzen Stillen Ozean noch gemacht worden sind."

Die Schiffe verließen die Bucht am 4. Februar, begleitet von zahlreichen Booten der Eingeborenen. An Land waren sie zuvor mit einem prunkvollen Tanzfest durch die Inselgewaltigen verabschiedet worden, Cook hatte sich mit einem prächtigen Feuerwerk revanchiert. Aber auch Mißklänge waren der Abreise vorausgegangen:

beim Beschaffen von Feuerholz etwa, als die Briten sich an hölzernen Kultstatuen der Hawaiianer vergriffen und es des diplomatischen Geschicks von Cook und King bedurfte, um den Konflikt und seine Folgen in letzter Minute abzuwenden. Was trotzdem zurückblieb, war die Erfahrung der Insulaner, Lono habe erstmals eins der Tabus verletzt, die sie selbst unter *allen* Umständen zu respektieren erzogen waren. War er dann wirklich der gute Gott, für den sie ihn hielten? Der herzliche Abschied, den sie ihm gaben, ließ es noch vermuten, obwohl das geschändete Heiligtum ausgerechnet dem gewaltigen, rachsüchtigen Kriegsgott Tu (oder Ku, wie man auf Hawaii sagte) gewidmet war.

Eine verwirrende Konstellation. Sie wird dadurch komplizierter, daß gerade die Zeit des Fruchtbarkeitsfestes Makahiki war, Tage der höchsten Verehrung für Lono also. Die Menschenmengen, die Cook begrüßt hatten, die Feste, die ihm zu Ehren gegeben wurden, Besuche an den Kultstätten, zu denen er veranlaßt worden war während der Tage auf der Insel, werden unter diesem Gesichtswinkel verständlich. Aber es wird auch klar, daß die teilweise enttäuschten Verehrer des Lono nun froh waren, ihrem Idol das Geleit geben zu können, ohne daß es zu ernsten Streitereien gekommen wäre.

Ziel der Briten war zunächst die Nachbarinsel Maui. Hier sollten weitere Vorräte an Bord genommen werden. In der Nacht des 7. Februar setzte ein schwerer Sturm der *Resolution* erheblich zu, Teile des Fockmastes splitterten, und das Schiff wurde leckgeschlagen. Cook entschloß sich, in die Bucht Kealakekua zurückzukehren; ohne eine gewissenhafte Ausbesserung der Schäden war nicht daran zu denken, das große Ziel im Norden mit einiger Erfolgsaussicht anzugehen.

Der Morgen des 11. Februar 1779 sah die Schiffe wieder an ihrem letzten Ausgangspunkt. Zwei Tage später wurde damit begonnen, die beschädigten Maststengen (auch am Großmast hatte der Sturmgott Tawhiri seinen Zorn ausgelassen ...) auszuheben und alles für eine Reparatur an Land vorzubereiten. Die Verwunderung der Briten war groß, daß an diesem Tage kein einziges Boot auf der Bucht zu sehen war; sie konnten nicht wissen, daß die Oberpriester der Insel den Besuch ihrer Schiffe bis auf weiteres zum Tabu erklärt hatten.

Als die Arbeiten an Land begannen, wurden hilfswillige Insulaner von anderen Insulanern behindert und schließlich mit Steinen beworfen. Leutnant King ließ daraufhin eine Wache aufziehen, sie sollte die Mastbauer und ihre Helfer schützen, ebenfalls eine Gruppe von Wasserholern. Als sich die Steinwürfe wiederholten, begab sich King selbst an Land, um nach dem Rechten zu sehen.

Er berichtet: „Als wir uns näherten, ließen die Insulaner ihre Steine fallen. Ich sprach hierauf mit einigen Vornehmen, die nunmehr das zusammengelaufene Volk auseinandertrieben; denen, die sich willig fanden, unseren Leuten beim Wasserfüllen behilflich zu sein, erlaubten sie es.

Nachdem sich hier alles beruhigt hatte, ging ich dem Kapitän Cook entgegen, den ich eben in seinem Boot an Land kommen sah, und erstattete ihm Bericht von diesem Vorfall. Er gab mir Befehl, wenn man uns mit Steinen würfe oder sonst übel begegnete, sogleich mit scharf geladenem Gewehr auf die Angreifer Feuer zu geben. Deshalb befahl ich dem Korporal, die Flinten der Wache statt mit Schrot mit Kugeln laden zu lassen." Die wachsende Nervosität auf beiden Seiten forderte bald die ersten Todesopfer.

Rickman sieht die Sache wohl sehr einseitig, wenn er schreibt: „Vom Nachmittag an wurden die Eingeborenen immer unruhiger, und stahlen alles weg, was ihnen vor den Händen kam. Wir ließen zuweilen auf sie feuern, aber dies machte sie nur immer kühner. Einer, der gerade die Schmiedezange gestohlen, ward von Kapitän Cook nebst einigen Seesoldaten wieder eingeholt."

Als bei einer ähnlichen Gelegenheit Kapitän Clerke die Kanonen der *Discovery* auf einige Kanus hatte abfeuern lassen, waren zwei Insulaner ums Leben gekommen. „Den Nachmittag kam der König an Bord der Resolution und beschwerte sich bei Kapitän Cook, daß wir zwei seiner Leute getödtet hätten, und versicherte dabei, sie hätten nicht die mindeste Absicht, uns zu schaden. Beim Abschiede bat er noch, ihm ein Pahawe zu schmieden, eine Art von Dolch, die so dünn wie ein Degen, zweischneidig, und etwa zwei Fuß lang sind, und von ihnen beim Fechten in der Nähe gebraucht werden, und wir ließen dergleichen für ihn verfertigen."

In der Folge wird Rickman als Zeuge bald unzuverlässig, vor allem stimmt seine Datierung nicht mehr, denn vom 14. Februar 1779 weiß er lediglich zu berichten: „Diesen Tag fielen keine Gewaltthätigkeiten vor, und es schien, als ob blos die den Tag vorher Getödteten begraben wurden. Die Mädchen aber, die zu uns an Bord kamen, rieten, auf unsrer Hut zu sein, indem ihre Leute nur eine günstige Gelegenheit abwarteten, unsre Schiffe anzugreifen."

## Von Lonos Sterblichkeit

Der 14. Februar 1779 ist Cooks Todestag. Er hatte damit begonnen, daß Captain Clerke das Verschwinden eines großen Beibootes der *Disvocery* feststellte. Er eilte auf die *Resolution*, um Cook sofort davon Mitteilung zu machen, denn der Kutter war für die Küstenerkundung während des bevorstehenden entscheidenden Reiseabschnitts von großer Wichtigkeit. Die Ereignisse der Zeit seit der unverhofften Rückkehr, der unübersehbare Wandel im Verhalten der Inselbewohner, vor allem aber die Spannungen des Vortages ließen alle das Schlimmste befürchten. Offenbar ging es nicht nur um den entwendeten Kutter, hier bahnten sich größere Dinge an.

Cook war entschlossen, sofort und entschieden zu reagieren. Zunächst mußte das Verschwinden des Kutters aus der Bucht verhindert, dann seine Rückgabe mit Nachdruck betrieben werden. Der ersten Maßnahme diente die sofortige Entsendung einer bewaffneten Abteilung in zwei Booten – unter Rickmans Kommando – an den südlichsten Außenpunkt der Bucht. Die Entscheidung wurde von allen anwesenden Offizieren gutgeheißen; man einigte sich auch darauf, als Faustpfand für das entwendete Boot einige Eingeborenenkanus mit Beschlag zu belegen und den örtlichen Häuptling – jenen König, der am Vortag den Tod zweier Landsleute beklagt hatte – als Geisel an Bord der *Resolution* zu nehmen. Die Ausführung dieses schwierigen Teils des Gesamtplanes übernahm Cook selbst.

Der Name des betreffenden Häuptlings ist unterschiedlich überliefert: Terriobu oder Terriobo nennen ihn die einen, Kalei'opu'u heißt er in anderen Quellen. Cook machte sich, begleitet von Leutnant Phillips und neun seiner Seesoldaten, sofort auf den Weg. Es war eben erst hell geworden. Die Pinasse landete unterhalb des Dorfes im Grunde der Bucht. Die kleine Abteilung brach unverzüglich zur Siedlung auf. Die Besatzungen zweier kleinerer Boote, die die Pinasse begleitet hatten, blieben am Strand zurück.

Phillips und seine Leute waren mit scharf geladenen Musketen bewaffnet, Cook hatte in einem Lauf seiner Waffe Schrot, im anderen eine Kugel. Der martialische Anblick, den die Gruppe der Marines bot, hielt Terriobo/Kalei'opu'u nicht davon ab, auf Lono/Cook, dem er vertraute, zu hören und sich für den Abmarsch und einen längeren Aufenthalt auf der *Resolution* vorzubereiten. Zwar beteuerte er, nichts vom Verschwinden des Kutters zu wissen, war jedoch bereit, sich selbst so lange zum Pfand dafür zu geben, daß die Briten das Boot zurückerhielten, wie dies notwendig sein würde. Seine beiden jüngsten Söhne sollten ihm dabei Gesellschaft leisten.

Zunächst schien alles zu klappen, wie es geplant war. Als der Zug den Strand erreichte, hatte sich dort bereits eine Menschenmenge versammelt, die den Häuptling davon abhalten wollte, mit den Fremden zu gehen und sich auf Gedeih und Verderb in ihre Hände zu begeben. Es wurde geschrien, gedroht; eins der Kinder, das schon in die Pinasse gesprungen war, wurde wieder zurück an den Strand geholt. Eine alte Frau breitete ein Tuch zwischen Cook und dem Häuptling aus, um anzudeuten, hier sei eine Grenze, die nicht überschritten werden dürfe.

Dirigiert wurde die Menge von einigen Zauberpriestern. Man sang, man skandierte, und einer der Geistlichen bot Cook und dem Häuptling gemeinsam eine Kokosnuß zum Trinken an. Eine Versöhnungsgeste? Eine schuldige Reverenz an die Adresse des göttlichen Lono? Oder einfach ein Ablenkungsmanöver? Nicht nur diese Fragen sind schwer zu entscheiden – es scheint überhaupt unmöglich, den tatsächlichen Hergang der Dinge zu rekonstruieren.

Selbst der um eindeutige Aufklärung auch des geringsten Details bemühte Biograf Beaglehole muß gestehen: „Dies war eine jener Affären, einer der dramatischen, aufwühlenden, unerwarteten Augen-

288

blicke in der Geschichte, von der jeder Zeuge eine andere Story liefert; und jede Story ist überdies bald schon mit späterem Hörensagen vermengt."

Die Situation kochte über, als in der Ferne plötzlich Musketenfeuer zu hören war. Der von Leutnant Rickman befehligte Posten am Ausgang der Bucht hatte das Feuer auf ein Segelkanu eröffnet, das ins offene Meer zu entkommen suchte. Bald schon kam die Nachricht, durch einen der Schüsse wäre ein hochrangiger Häuptling getötet worden. Nun gab es für die Menge kein Halten mehr.

Cook erkannte die Gefährlichkeit der veränderten Situation und rief, mit dem Kopf auf Terriobo weisend, Leutnant Phillips zu: „Es ist nicht dran zu denken, ihn an Bord zu treiben, ohne ein paar von diesen Leuten zu töten." Vielleicht sagte er auch, weniger zynisch „ihn zu bewegen, an Bord zu gehen". Es liefe auf dasselbe hinaus. Auf jeden Fall verbarg sich hinter den Worten des Kapitäns sein Unwissen darüber, daß die Initiative nicht mehr bei ihm lag. Aus dem Geiselnehmer konnte im Handumdrehen selbst ein Gefangener werden, ein Faustpfand der Insulaner, wenn er nicht sofort zum Boot eilte und seinen Leuten die Abfahrt befahl – ohne an Terriobo und an den Kutter überhaupt noch zu denken.

Und er tat es, ging auf dem sandigen Strand dem Wasser zu. Und – sie ließen ihn gehen.

Da geschah etwas, was ähnliche Situationen schon häufig von Grund auf verändert hatte: Ein Bote erschien und nannte, außer Atem, den Namen des am Ausgang der Bucht getöteten Häuptlings. Nun waren die Gerüchte keine Gerüchte mehr, nun hatte das Opfer der Leute des scheinheiligen Lono ein Gesicht. Nun verdiente der Mann, den sie für einen Gott gehalten hatten, ihre Nachsicht nicht mehr.

Ein junger Mann stellte sich Cook entgegen und bedrohte ihn mit einem Dolch und – in der anderen Hand – einem Stein.

Leutnant King, der natürlich nicht Augenzeuge gewesen war, sondern am Mastbauplatz die Reparaturen zu Ende gebracht hatte, beschrieb später Cooks Reaktion auf diese Bedrohung folgendermaßen: „Umsonst rief ihm Kapitän Cook zu, er solle sich ruhig verhalten.

Endlich wurde er durch den Übermut des Menschen so sehr gereizt, daß er seine Schrotladung auf ihn abschoß."

Das war offenbar der entscheidende Fehler. Der Schuß tat keine Wirkung, das Schrot prallte ab. Die Menschen sahen: Lono konnte nicht nach Belieben töten. Und sofort war die Frage da: Besaß er denn selbst das ewige Leben, wie sie bisher geglaubt hatten? Oder – war er sterblich, wie sie alle es waren?

Das Handgemenge war nun allgemein. Steinwürfe, Keulenhiebe hagelte es, das Geschrei war ohrenbetäubend. Leutnant Phillips wurde verwundet, konnte sich aber in eins der Boote retten. Cook schoß aus nächster Nähe die Ladung aus seinem zweiten Lauf auf einen Angreifer ab und tötete ihn. Aber die Kugel öffnete ihm keinen Weg zu den Booten mehr. Der Rückzug war abgeschnitten.

Mit durchdringend lauter Stimme befahl der Kapitän den Marines, zu schießen. Als er sah, daß danach keine Zeit zum Nachladen blieb, schrie er: „Zurück in die Boote!" Dann winkte er die Pinasse heran – die Cook-Legende hat aus dieser Geste sehr bald den Befehl gemacht, doch endlich das Feuer einzustellen …

Ein Kapitän verläßt nicht nur das sinkende Schiff als letzter – auch das Ufer, wenn der Kampf aussichtslos oder gar schon verloren ist. Cook hatte den Rand des Wassers noch nicht erreicht, da erhielt er einen Keulenschlag über den Kopf. Er taumelte, fiel nicht sofort. Plötzlich stieß einer zu – in den Hals, in die Schulter, den Rücken, die Angaben unterscheiden sich da. Aber etwas ist allen Aussagen gemeinsam: Der Stoß wurde mit einem jener Dolche geführt, die die britischen Waffenschmiede an Bord der Entdeckerschiffe für Terriobo und andere Häuptlinge als Geschenke gefertigt hatten …

Leutnant King hat den Hergang der Dinge, wie schon erwähnt, nur aus großer Entfernung erlebt: „Da wir uns am Mastbauplatz eine knappe englische Meile von dem Dorfe entfernt befanden, konnten wir deutlich sehen, daß sich ein ungeheurer Haufen auf dem Platz versammelte, wo Kapitän Cook eben gelandet war. Unmöglich kann ich meine Unruhe während dieses ganzen Vorganges schildern. Auch hörten wir das Musketenfeuer und bemerkten ein außerordentliches Gewirr und Bewegung unter dem Haufen. Nachher sahen wir die

Einwohner fliehen, die Boote aber vom Lande abstoßen und in großer Eile zwischen den Schiffen hin und her fahren. Mein Herz ahnte nichts Gutes ..."

Die letzten Sätze beziehen sich auf jenen Zeitpunkt, da bereits aus den Vierpfündern der *Resolution* geschossen und die Menschenansammlung am Ufer vertrieben wurde.

Was Cooks Tod betrifft, kann King nur Aussagen seiner Kameraden und Untergebenen zusammenfassen: „Unser unglücklicher Befehlshaber stand, als man ihn zum letztenmal deutlich sah, am Rande des Wassers und rief den Bootsleuten zu, sie sollten mit Feuern einhalten und ans Land rudern. Einige von unseren Leuten, die bei diesem Auftritte zugegen waren, behaupteten, man habe, ohne seinen Wink abzuwarten, angefangen Feuer zu geben, und er sei äußerst bemüht gewesen, allem weiteren Blutvergießen Einhalt zu tun. War dies der Fall, so läßt sich mit vieler Wahrscheinlichkeit behaupten, daß seine Menschlichkeit ihm das Leben gekostet hat; denn solange er den Insulanern die Spitze bot, wagte es keiner, die Hand gegen ihn zu erheben – als er sich aber umwandte, um den Booten seine Befehle zu erteilen, stieß man ihm den Dolch in den Rücken, und er stürzte ins Wasser vor sich hin ... Den Genuß des Ruhms, den er bereits errungen hatte, entriß ihm der Tod."

Hier fehlt nicht nur der Keulenschlag – und nicht nur hier hat bereits zu einem sehr frühen Zeitpunkt Legendenbildung begonnen.

Auch Leutnant Rickman – wenn er denn der Verfasser des 1781 anonym erschienenen „Tagebuchs einer Entdekkungs Reise nach der Südsee" ist – verblieb während des ganzen Vorgangs auf dem ihm zugewiesenen Posten ausgangs der Bucht und beeinflußte von dort aus mit seinem Schießbefehl den Gang der Ereignisse so verhängnisvoll. Er ist schnell bei der Hand mit einer Schilderung aus der Ferne: „Ein Kerl, der den Kapitän Cook mit einen Streich drohete, ward auf der Stelle von ihm erschossen, und wie er mit seiner doppelten Flinte nach einen andern zielte, kam ein Wilder mit aufgehobener Keule hervor, schlug ihn auf dem Kopf, daß er zur Erde stürzte, und stieß ihn mit seinem Dolch mit solcher Macht durch die Schulter, daß die Spitze aus der Brust wieder hervor kam."

Cooks Tod, wie der Maler G. Carter ihn sich vorstellte

Der Chronist dieses kurzen, aber vor allem in den abschließenden zehn Jahren so überaus intensiv gelebten Lebens sieht sich ein letztes Mal in die Lage versetzt, dem Leser die Orientierung im Gewirr der Erscheinungsformen von Erinnerung selbst überlassen zu müssen. Er tut dies in der Gewißheit, daß die gebotenen Varianten des möglichen Geschehensablaufs insgesamt eine konkrete, zusammenhängende Realität bilden, innerhalb der sich zu bewegen ein Abenteuer ist.

Auf seiner Lebensreise hatte der Tagelöhnersohn James Cook aus Yorkshire die letzte Station erreicht. Nicht zu Ende jedoch war die Expedition der beiden Schiffe, als deren kommandierender Kapitän

292

er aufgebrochen war, um die Möglichkeit einer Passage vom Pazifischen Ozean in den Atlantik zu überprüfen.

Mit ihrem Kapitän waren vier Marinesoldaten tot auf dem Strand zurückgeblieben. Ein Versuch, die Leichen zu bergen, schlug fehl. Doch es gab noch lebende Briten an Land – das Kommando von Leutnant King, Zimmerleute und Segelmacher. Das Oberkommando an Bord der Schiffe hatte inzwischen Kapitän Clerke übernommen. Als er in der Nähe des Mastbauplatzes eine Menschenansammlung beobachtete, hielt er King und dessen Leute für bedroht und ließ von der *Resolution* aus die Kanonen abfeuern. Zum Glück gab es keine Verletzten und Toten, wohl aber eine Vorstellung von der Zerstörungskraft der Geschosse: Eine Kugel hatte eine Kokospalme geknickt, eine andere die Spitze eines Felsens zertrümmert. King entsandte ein Boot zu Clerke und bat ihn, den Beschuß einzustellen. Mit den Eingeborenen versuchte er zu taktieren, bemühte sich, die Nachricht von Cooks Tod, die sie verbreiteten, als Gerücht hinzustellen, dem man nicht glauben solle. So gelang es, die Arbeit wie vorgesehen zu Ende zu bringen und die Mastteile und ausgebesserten Segel wohlbehalten auf die *Resolution* zu transportieren.

Kapitän der *Discovery* war Leutnant Gore geworden. Clerke, durch die Krankheit geschwächt, beriet mit ihm und den anderen Offizieren anstehende Aufgaben. Die weitere Verfolgung der Instruktionen ihrer Expedition, das nochmalige Antreten der Suche einer Passage im Norden wurden nie in Frage gestellt. Ehe jedoch an Aufbruch gedacht werden konnte, war noch eine traurige Pflicht zu erfüllen.

Eines Abends näherte sich ein Auslegerkanu den Schiffen. Einer der Insulaner schwenkte Cooks Dreispitz und rief den Namen des Toten: Tute, Tute …! Die Briten, verunsichert, feuerten eine Kanone auf das Gefährt ab. Der Anführer wurde an der Lende verwundet, ließ aber die Fahrt fortsetzen und gab Clerke, als er schließlich an Bord geholt worden war, ein in ein Tuch gewickeltes Stück Fleisch, von dem er versicherte, es sei ein Stück aus dem Oberschenkel des getöteten Kapitäns. Während ein Arzt seine Wunden versorgte, wurde der Mann befragt und erklärte, von Cook seien keine weiteren sterblichen Überreste vorhanden, man habe seinen Körper unter den

Siegern des Gemetzels am Strand der Bucht Kealakekua aufgeteilt, und diese hätten alles verspeist. So seien sie eins geworden mit dem großen Gott Lono ...

Clerke entschied, daß Cook – oder doch das, was von ihm geblieben war – ein Seemannsbegräbnis erhalten sollte. Er wartete einige Tage, und tatsächlich wurden im Zuge der sich wieder verbessernden Beziehungen zu den Landeskindern einige Gebeine des getöteten Kapitäns an Bord der Schaluppen gebracht. Clerke ließ alles in eine Kiste tun und übergab sie unter militärischen Ehren der See. Der große Ozean nahm seinen Sohn für immer auf.


## Ein Name überlebt

In einer frühen Würdigung von Cooks Leben und seiner Bedeutung für die Entwicklung der Geographie, wenige Monate nach Bekanntwerden seines Todes geschrieben, heißt es: „Dreimal hatte er glücklich eine Schaar tapferer Britten um die Welt geführt, und die oft von Gelehrten bezweifelte, von anderen behauptete Existenz eines südlichen Welttheils völlig vernichtet. Er setzte die Grenzen der Erde und des Meers, und zeigte die Unmöglichkeit einer nordwestlichen Durchfahrt, aus dem atlantischen Meer in die Südsee, welche lange vergebens von den berühmtesten Seefahrern gesucht ward, um welche ungeheure Summen verschwendet worden, und eine Menge versuchter Seefahrer ihr Leben jämmerlich verloren haben."

Cooks Rolle als große Entdeckerpersönlichkeit ist nur im Umfeld seiner Zeit zu verstehen. Er wandte sich den wichtigsten, damals zu einer Lösung herangereiften Fragen zu und trug durch Umsicht, ein waches Auge und nicht zuletzt dank seiner von Kindesbeinen an gesammelten seemännischen Erfahrung viel dazu bei, daß die Antworten, die damals auf diese Fragen gegeben werden konnten, bereits so generell und allgemeingültig ausfielen. Seine Erkenntnisse wirkten über den Tod an der Kealakekua Bay hinaus, in einigen Punkten bestimmten die durch Cooks plötzlichen Tod offengebliebenen Fragestellungen die Richtung weiteren Forschens.

Er setzte die Grenzen der Erde und des Meeres ... Diese wenigen Worte umschreiben präzise Cooks ausschlaggebenden Anteil daran, daß ausgangs des 18. Jahrhunderts die Verteilung von Wasser und Land auf der Erde in groben Zügen bekannt war, ja, daß eigentlich nur noch eine Vielzahl von Teilfragen zu beantworten blieben, regionale Küstenformen oder den Zusammenhang von Inseln mit den dahinterliegenden Festlandmassen betreffend. Einige ähnliche Probleme hatte Cook selbst gelöst (Wiederfinden der Torresstraße, Entdeckung der Doppelinselnatur von Neuseeland), an anderen hatte er sich vergeblich versucht, sie aber im Bewußtsein späterer Entdecker als Fragestellungen wachgehalten, das betrifft den Zusammenhang von Tasmanien mit Australien, Erkenntnisse der Inselnatur von Vancouver Island.

Die Umrißformen der fünf Kontinente und die Größenverhältnisse der Weltmeere waren bei Cooks Tod im wesentlichen schon so bekannt, wie sie auch heute von jedem Globus ablesbar sind. Das Verschwinden der Terra australis incognita, eine erste Einkreisung einer möglicherweise um den Südpol existierenden Landmasse und die Bestätigung der Entdeckungen von Deshnjow und Bering, die Existenz einer Meeresstraße zwischen Asien und Nordamerika betreffend, seien hier nochmals als Cooks grundlegende Beiträge dazu genannt. Vor den drei Weltreisen des Mannes aus Yorkshire hatte der Südkontinent auf kaum einer Darstellung des Erdganzen gefehlt, und zahlreiche Geographen hatten einen Zusammenhang zwischen Amerika und Asien für möglich gehalten und ihn auch auf ihren Karten und Globen angedeutet.

Mit der Feststellung der ungefähren Verteilung von Land und Wasser auf der Erdoberfläche war die Zeit der großen maritimen Entdeckungen abgeschlossen.

Das 19. Jahrhundert war vorrangig eine Zeit der Entdeckungen im Innern der Kontinente. Bereits neun Jahre nach Cooks Tod wurde in London eine Gesellschaft gegründet, deren Ziel die Erforschung des Innern Afrikas war: die African Association. Die Initiative zu ihrer Gründung ging von einem Manne aus, der den Lebensweg Captain Cooks nicht nur während dessen erster Weltfahrt begleitet hatte: Sir

Joseph Banks. Im Jahr vor Cooks Tod war er Präsident der Royal Society geworden. Banks ließ es sich angetan sein, die Projekte der ersten von der African Association angeregten Reisen persönlich zu fördern. Genannt sei hier der Name des jungen schottischen Arztes Mungo Park, der 1795 erstmals zum Niger aufbrach.

Auch für die Erschließung von Neusüdwales, das einst seinen Namen hatte tragen sollen, setzte Banks sich ein. Als 1788 die erste Flotte mit Sträflingen ins heutige Australien aufbrach, war dies der Beginn der Entschleierung eines Kontinents, der sich den Entdeckern besonders spröde und zunächst wenig erfolgversprechend gezeigt hatte. Mit der Kenntnisnahme der australischen Ostküste hatte Cook hierzu einen entscheidenden Anteil beigetragen. In dem Maße, da Neuholland (Australien) als Kolonie Neusüdwales für Großbritannien an Bedeutung gewann, erhöhte sich dessen Interesse an einer Lösung des Problems der Nordwestpassage: Die Zufahrt nach Neusüdwales sollte verkürzt, ihre strategische Sicherheit soweit wie möglich von Störungen unabhängig gemacht werden. So waren die Fragen der geographischen Entdeckungen längst keine Detailfragen an diese oder jene Gegend der Erdoberfläche mehr, sie wurden vielmehr in einem globalen Zusammenhang gestellt und beantwortet. Cooks Reisen markieren auch hier einen Wendepunkt.

Ein letztes Mal soll die Frage gestellt werden: Was wäre gewesen, wenn …? Eine Antwort ist sicher: Hätte Cook nicht jene Entdeckertaten vollbracht, die sich über seinen Tod hinaus mit seinem Namen verbinden (oder hätte dieser James Cook, Sohn des James Cook, in Schottland geboren, später Tagelöhner im englischen Yorkshire, nie gelebt; oder wäre er als Kapitän eines Kohlenseglers der Reederei Walker, Whitby, alt und vielleicht etwas spinnert geworden, von Gassenjungen gehänselt, sobald er aus einer Hafenkneipe kam) – hätte es diesen Captain Cook nicht gegeben, wären zahlreiche Entdeckungsreisen unterblieben, die in seiner direkten Nachfolge stehen.

Da ist zum einen die Fahrt des französischen Grafen Lapérouse, der 1785 – erst 43jährig – um Kap Hoorn mit zwei Schiffen in die Südsee aufbrach und dort verschollen ist. Man erzählt sich, daß sein

König, Ludwig XVI., um seinem Marineminister die Notwendigkeit einer solchen Expedition nachzuweisen, die Berichte von Cooks Reisen selbst ins Französische übersetzt habe. Über Revolution und den Zusammenbruch des napoleonischen Reiches hinaus suchten französische Expeditionen nach Lapérouse und trugen dabei viel wertvolles Detailwissen über den pazifischen Raum zusammen.

Auch Spanien war zehn Jahre nach Cooks Tod wieder im Pazifik aktiv geworden und entsandte 1789 unter dem italienischen Adligen Alessandro Malaspina di Mulazzo erstmals ein Schiff mit eindeutig wissenschaftlicher und kartographischer Aufgabenstellung in den Pazifik. Ziel war vor allem die Erkundung der amerikanischen Küste von Feuerland bis nach Alaska, aber auch die Erkundung der Inselwelt des großen Ozeans und die von Cook gleichfalls besuchten Teile der südöstlichen Küste Australiens.

Und schließlich die Briten selbst. George Vancouver erhielt 1791 den Auftrag der Admiralität, im Nordostpazifik „genaueste Nachrichten über Art und Ausdehnung jeder Verbindung zu erlangen, die dazu dienen könnte, einen für den Handel nützlichen Seeverkehr zwischen der amerikanischen Nordwestküste und dem Land auf der gegenüberliegenden Seite dieses Erdteils zu ermöglichen". Vancouver hatte an den beiden letzten Cook-Reisen als Midshipman teilgenommen. Er stellte sich seiner neuen Aufgabe mit Bravour, erkannte unter anderem den Inselcharakter jener Landmasse zwischen der nach Juan de Fuca benannten Straße und dem Queen Charlotte Sound an der Westküste Kanadas, die heute seinen Namen trägt. In anderen Detailfragen ergänzte er die kartographischen Aufnahmen Cooks ebenso. Am Schluß seiner Tätigkeit glaubte er, die Frage nach der Existenz einer schiffbaren Wasserverbindung zwischen Pazifik und Atlantik verneinen zu können. Er kehrte 1795 nach London zurück.

Es verging mehr als ein Jahrhundert angestrengter und opferreicher Forschungsarbeit, ehe der Norweger Roald Amundsen mit der Fahrt der *Gjöa* beweisen konnte, was als Ergebnis inzwischen längst bekannt war: Die Möglichkeit einer nordwestlichen Durchfahrt besteht, wenngleich ihre praktische Bedeutung für die Schiffahrt infolge extrem schwieriger Eisverhältnisse gering anzusetzen ist. Dies gilt bis heute. Die Zufahrt zur Straße von Anian hatte sich als schwer passierbar erwiesen.

Auch im antarktischen Süden unserer Erde schlossen sich die nächsten Forschungsschritte direkt an Cooks zweite Reise an. 1819 wurde der russische Seeoffizier Bellinghausen mit dem Auftrag ausgesandt, das von Cook am Südpol vermutete Land näher zu untersuchen. Er entdeckte dabei die ersten Inseln jenseits des Polarkreises und fand neue, sichere Hinweise auf die Existenz eines antarktischen Kontinents.

So hat Cooks Name als Symbol für sein Lebenswerk den wohl eher zufälligen Tod seines Trägers an der Bucht von Kealakekua mit erstaunlicher Ausstrahlungskraft überlebt.

Die erste unmittelbare Cook-Nachfolge trat jene Expedition an, die der Captain selbst zu den Sandwichinseln geführt hatte. Kapitän Clerke lenkte die beiden Schiffe im Sommer 1779 noch einmal zum Sturm auf das Eis nördlich der Beringstraße – wieder ohne Erfolg. Er gelangte fast bis zu jener Breite, die Cook im Vorjahr mit ihnen erreicht hatte. Seine Krankheit war inzwischen so weit fortgeschritten, daß er ihr erlag. Seinem Wunsch entsprechend wurde er an Land beigesetzt, und zwar unweit der russischen Siedlung Petropawlowsk auf Kamtschatka, wo die Expedition kurzen Zwischenaufenthalt nahm. Clerke starb im Alter von 38 Jahren.

Unter dem Kommando von Gore und King kehrten die Schiffe über Japan, Macao und Kapstadt nach England zurück. Sie erreichten die Themsemündung am 4. Oktober 1780.

Ein Epitaph in der kleinen russisch-orthodoxen Kirche, unweit der Kapitän Clerke beigesetzt worden war, gedachte auch jenes Mannes, der wie kaum ein anderer seiner Generation zur Erweiterung des Bildes von unserer Erde beigetragen hat; es heißt dort: „Unter einem Baum, nahe der Siedlung St. Peter und Paul, liegt begraben der Leib von Charles Clerke, Wohlgeboren, Befehlshaber der Schiffe Seiner Britannischen Majestät Resolution und Discovery. Er gelangte zu dieser Position durch den Tod des James Cook, Wohlgeboren, wel-

James Cook · Ein Denkmal /
Statue in der Nähe der Londoner Admiralität

cher, nachdem er die Küste von Amerika vom 42. Grade 17 Minuten bis zum 70. Grade, 40 Minuten, 57 Sekunden gen Norden erforscht hatte, um eine nordwestliche Durchfahrt von Europa nach Ostindien zu suchen, von den Eingeborenen einer Insel, die er in der Südsee entdeckt hatte, getötet ward."

Cooks Wirken ist der krönende Schlußstein eines Gebäudes, an dessen Fundamenten Kolumbus und Vasco da Gama, Caboto und Magellan, Willem Barents und Abel Tasman gebaut haben, aber auch viele andere, Bekannte wie Unbekannte, Admirale und einfache Seeleute. Sie hatten die Welt erfahren, indem sie mit ihren Seglern Winden und Meeresströmungen folgten oder dagegen ankämpften, um ihr Ziel zu erreichen.

# Zeittafel

| | |
|---|---|
| 1711 | Gründung einer englischen Südsee-Gesellschaft |
| 1713 | Frieden von Utrecht zwischen England, den Niederlanden und Frankreich; Frankreich verliert Neufundland, Neuschottland und das Gebiet an der Hudson Bay |
| 1714 | Der bisherige Kurfürst von Hannover wird als George I. König von England<br>Gründung des „Board of Longitude" durch die britische Regierung (Commissioners for the Discovery of Longitude at Sea) |
| 1717 | Gründung der ersten englischen Freimaurer-Großloge |
| 1719 | erscheint der Roman „Robinson Crusoe" von Daniel Defoe |
| 1721 | erscheint der Roman „Gullivers Reisen" von Jonathan Swift<br>Robert Walpole tritt an die Spitze der englischen Regierung |
| 1722 | Entdeckung der Osterinsel durch den Holländer Roggeveen |
| 1725 | Gründung der russischen Akademie der Wissenschaften |
| 1727 | Nach dem Tod seines Vaters wird George II. König von England |
| 1728 | *Am 27. Oktober wird James Cook als Sohn eines Tagelöhners in Marton-in-Cleveland, Yorkshire, geboren* |
| 1729 | Bougainville in Paris geboren |
| 1730 | Réaumur entwickelt Weingeist-Thermometer mit neuer Skaleneinteilung |
| 1731 | Bau des ersten Spiegelsextanten |
| 1732 | Gwosdew und Fjodorow erreichen Alaska; Beginn der russischen Entdeckungen in Nordamerika |
| 1735 | Gradmessungen beweisen Abplattung der Erde |

301

1736    *Cook übersiedelt mit seinen Eltern nach Ayton auf die Farm von Thomas Skottowe; dort erster Schulbesuch*

1739    Bouvet findet bei der Suche nach dem Südland das „Kap Circumcision", eine heute nach ihm benannte Insel

1740    Beginn der Weltumseglung des George Anson mit der Centurion (1740–1744); Teilnehmer war u. a. John Byron
Regierungsantritt Maria Theresias; Beginn des Österreichischen Erbfolgekrieges
Friedrich II. wird König von Preußen
Freimaurerloge in Berlin

1741    Alaskafahrt von Bering und Tschirikow

1742    Beginn der englisch-französischen Kämpfe in Indien und Nordamerika; Rücktritt des Ministeriums Walpole
Celsius entwickelt das 100°-Thermometer

1743    Regierungsantritt des französischen Königs Louis XV.; Ende der Frühaufklärung; Beginn des offenen Gegensatzes zwischen der absolutistischen französischen Staatsmacht und den Aufklärern

1745    Britisches Parlament setzt Prämie von 20 000 Pfund als Preis für das Auffinden einer Nordwestpassage aus
*Cook wird Lehrling bei William Sanderson, Gemischtwarenhändler in Staithes*
Erste Staroperation durch Extraktion

1746    *Cook tritt als Servant in die Reederei der Gebrüder John und Henry Walker, Whitby, ein*

1747    *Cooks erste Reisen an Bord der Freelove*
Bradley entdeckt Nutation (Schwankung der Erdachse)

1748    Aachener Frieden beendet Österreichischen Erbfolgekrieg
*Cook auf der Three Brothers als Matrose*
Montesquieu propagiert Gewaltenteilung (L'esprit des loes)
Beginn der Ausgrabungen in Pompeji

1750    In seinen Vorlesungen an der Sorbonne entwickelt Turgot die Idee vom Fortschritt
J. S. Bach gestorben

1752    England führt Gregorianischen Kalender ein
*Cook mustert für drei Jahre auf der Friendship an*
Benjamin Franklin erfindet den Blitzableiter

1753    Gründung des British Museum

1755    *Cook tritt in die Royal Navy ein (17.6.); erste Fahrten an Bord der Eagle*

1756      Ausbruch des Siebenjährigen Krieges
William Pitt der Ältere, Führer der Whigs, wird englischer Regierungschef

1757      *Cook wird am 29. Juni Master auf der Solebay, dann auf der Pembroke*

1758      *Erste Atlantiküberquerung Cooks (Plymouth/Halifax) als Master an Bord der Pembroke (Kapitän: Hugh Palliser)*

1759      erscheint „Candide", Voltaires großer revolutionärer Roman der französischen Bourgeoisie
stirbt G. F. Händel
Quebec von Engländern erobert
*Cook beteiligt durch Neuvermessung und Betonnung der Traverse im St.-Lorenz-Strom*
Schlacht bei Kunersdorf öffnet russischen Truppen den Weg nach Berlin

1760      Tod des englischen Königs George II., Krönung seines Enkels George III.
Gründung der ersten Effektenbörse in London

1762      Katharina II. wird Zarin von Rußland
Englische Truppen besetzen Manila
erscheint Rousseaus Buch „Vom Gesellschaftsvertrag oder Grundsätze des Staatsrechts"
*21. Dezember: Eheschließung von James Cook mit der Kaufmannstochter Elizabeth Batt*

1763      Pariser Frieden beendet Siebenjährigen Krieg; Frankreich verliert u. a. Kanada
*13. Oktober: Cook erwirbt ein Wohnhaus in Mile End; Rückkehr nach Kanada; Beginn seiner Kartierung Neufundlands*

1764      John Byron mit Dolphin und Thamar in die Südsee entsandt
Bougainville gründet Port Louis auf den Falklandinseln
Franzosen gründen St. Louis am Mississippi
Winckelmann („Geschichte der Kunst des Altertums") begründet Klassizismus in Deutschland

1765      James Watt erfindet Dampfmaschine mit Kondensator
Harrison gewinnt mit seinem Chronometer einen von der britischen Admiralität ausgesetzten Preis

1766      Wallis und Carteret zur Umseglung der Erde aufgebrochen
Bougainville übergibt in Madrid Falklandinseln an Spanien; Beginn seiner Weltumseglung an Bord der Boudeuse

1767    Wallis entdeckt Tahiti (King George III. Island)
        Vertreibung der Jesuiten aus Spanien und seinen Kolonien
        *Cook kehrt endgültig aus Neufundland zurück*

1768    Bougainville sucht vergeblich die Osterinsel; findet Tahiti und die
        Salomonen
        *Cook bricht an Bord der Endeavour zu seiner ersten Weltreise
        (1768–1771) auf*

1769    Weltweite Beobachtung der Venuspassage vor der Sonnenscheibe
        *Cook auf Tahiti*

1770    Holbach schreibt das Hauptwerk des französischen mechanischen
        Materialismus „System der Natur"
        *Cook auf Neuseeland und an Australiens Ostküste*

1772    Diderot veröffentlicht seine „Ergänzung zum Reisebericht des Herrn
        Bougainville"
        *Cook bricht zu seiner zweiten Weltreise auf (1772–1775)*

1773    Scheele entdeckt den Sauerstoff
        *Cook stößt über den Südpolarkreis vor*

1774    Thronbesteigung des französischen König Louis XVI.; er leitet zu-
        nächst Reformpolitik ein (Finanzminister Turgot)
        *Cooks Wiederentdeckung der Osterinsel, der Marquesas und der Neuen
        Hebriden; Entdeckung von Neukaledonien*

1775    Mit Gefechten bei Lexington von Collcord beginnt der Unabhängig-
        keitskrieg der britischen Kolonien in Nordamerika
        *Cook kehrt mit der Resolution nach England zurück*

1776    4. Juli: Die Vereinigten Staaten von Amerika erklären ihre Unabhän-
        gigkeit
        *Cook bricht zu seiner dritten Weltreise auf (1776–1779)*; Ende der fran-
        zösischen Reformpolitik; Turgot in Ungnade entlassen

1778    sterben Voltaire und Rousseau
        *Cook in der Beringstraße*

1779    *14. Februar: Cook auf Hawaii im Handgemenge getötet*
        *Erneuter Vorstoß von Resolution und Discovery auf der Suche nach einer
        Nordwestpassage. Tod von Kapitän Clerke*

1780    *4. Oktober: Die Schiffe der Cook-Expedition kehren nach London zurück*

1781    Auch der vorsichtige Reformkurs des Bankiers Jacques Necker schei-
        tert; nach Veröffentlichung eines Teilberichts über die Ausgaben des
        französischen Hofes wird er als Finanzminister entlassen

1783    Frieden von Versailles: England erkennt amerikanische Unabhängigkeit an
Aufschwung der revolutionären Bewegung in Frankreich, das auf seiten der siegreichen USA kämpfte

1789    5. Mai: Einberufung der französischen Generalstände; mit dem
Sturm auf die Bastille (14. Juli) offener Ausbruch der Revolution in
Frankreich

# Relation einiger Maßeinheiten

1 Seemeile (nautical mile) = 1,852 km
1 englische Seemeile (Admirality mile) = 1,8532 km
1 englische (Land-)Meile (statute mile) = 1,6093 km
1 inch = 2,54 cm
12 inch = 1 foot (Fuß) = 0,3048 m
3 feet = 1 yard = 0,9144 m
1760 yards = 1 statute mile
6 feet = 1 fathom (Faden) = 1,892 m
100 fathoms = 1 cable's length (Kabellänge) = 182,9 m

Temperaturen in °Fahrenheit (°F) rechnen sich wie folgt in °Celsius (°C) um:

$$x \text{ °F} = \frac{5}{9} (x-32) \text{ °C}$$

# Literaturhinweise

**A. Quellen:**

Hawkesworth, J.: An Account of the Voyages undertaken ... for making Discoveries in the Southern Hemisphere, London 1773

Cook, J.: A Voyage towards the South Pole and Round the World, Performed in His Majesty's Ships the Resolution and Adventure, In the Years 1772, 1773, 1774, and 1775. London 1777

Cook, J. und King, J.: A Voyage to the Pacific Ocean ... for making Discoveries in the Northern Hemisphere. London 1784

Cook, J.: The Journals of Captain Cook on his Voyages of Discovery, Cambridge 1955–1969. Herausgeber: J. C. Beaglehole

Parkinson, S.: A Journal of an Voyage to The South Seas, London 1784

Elliott, J. und R. Pickersgill: Captain Cook's Second Voyage, London 1984

Forster, G.: Johann Reinhold Forster's ... Reise um die Welt während den Jahren 1772 bis 1775 in dem von Seiner itztregierenden Großbrittannischen Majestät auf Entdeckungen ausgeschickten und durch den Capitan Cook geführten Schiffe the Resolution unternommen. Berlin 1778

Zimmermann, H.: Reise um die Welt mit Capitain Cook, Mannheim 1781

Tagebuch einer Entdeckungsreise nach der Südsee in den Jahren 1776 bis 1780 unter Anführung der Capitains Cook, Clerke, Gore und King, Berlin 1781. Übersetzer und Herausgeber Johann Reinhold Forster

**B. Biografien**

Beaglehole, J. C.: The Life of Captain James Cook, Stanford 1974

Forster, G. und G. Ch. Lichtenberg: Cook der Entdecker, Schriften über James Cook, Leipzig 1981

Hennig, E.: James Cook – Erschließer der Erde, Stuttgart 1952

Kippis, A.: The Life of Captain James Cook, London 1788

Lange, P. W.: So weit, wie menschenmöglich ... Das Leben des Kapitäns James Cook, Leipzig 1980

MacLean, A.: Der Traum vom Südland. Captain Cooks Aufbruch in die Welt von morgen, München 1973

## C. Weiterführende Literatur

Beaglehole, J. C.: The Exploration of the Pacific, London 1934

Beer, G. L.: The Origins of the British Colonial System, New York 1908

Birket-Smith, K.: Die Eskimos, Zürich 1948

Collingridge, G.: The Discovery of Australia, Sydney 1895

Conrad, W.: Vom Jakobsstab zur Satellitennavigation, Leipzig 1979

Heawood, E.: A History of Geographical Discovery in the 17th ans 18th Centuries, Cambridge 1912

Kondratow, A. M.: Die Rätsel des Stillen Ozeans, Moskau/Leipzig 1979

Krämer, W.: Die Entdeckung und Erforschung der Erde, Leipzig 1976

Krämer, W.: Neue Horizonte. Das Zeitalter der Großen Entdeckungen, Leipzig 1972

Lange, P. W.: Südseehorizonte. Eine Maritime Entdeckungsgeschichte Ozeaniens, Leipzig 1983

Plischke, H.: Der Stille Ozean. Entdeckung und Erschließung, München und Wien 1959

Rackwitz, E.: Fremde Pfade – ferne Gestade. Wagnis und Abenteuer der großen Entdeckungen, Leipzig 1986

Stingl, M.: Das letzte Paradies. Eine Kulturgeschichte Polynesiens, Leipzig 1986

Haack Weltatlas, Gotha/Leipzig 1972

# Bildnachweis

Universitätsbibliothek Greifswald
Urania-Verlag, Leipzig · Jena · Berlin
Archiv des Autors


Der Autor dankt der Universitätsbibliothek Greifswald für die freundliche Unterstützung seiner Arbeit an diesem Buch.

# Inhalt

**Die ersten Meilen**

7     Jugend und frühe Fahrten (1728–1768)

7     Aufbruch
16     Seemannschaft
27     Master der Royal Navy
40     Wegsuche zwischen Krieg und Frieden
51     Der Ruf der Ferne

**Zur Insel der Venus**

60     Erste Weltreise (1768–1771)

60     Endeavour auf Südkurs
77     Der Weg um Kap Hoorn
92     Tahiti, das ist Otaheite
107     Das Land der Maori
123     In der Falle
138     London via Batavia/Kapstadt

**Am Südpolarkreis**

150     Zweite Weltreise (1772–1775)

150     Fahrtziel Südland?
170     Glückliche Inseln

189 Ein neuer Vorstoß
205 Heimfahrt


## Wo liegt die Straße von Anian?
226 Dritte Weltreise (1776–1779)

226 Die Themse fließt nach Osten
238 Nordpassage gesucht
253 Vulkangöttin Pele
265 Eisrand
276 Letzte Fahrt nach Süden
287 Von Lonos Sterblichkeit
294 Ein Name überlebt

301 Zeittafel
306 Relation einiger Maßeinheiten
307 Literaturhinweise
309 Bildnachweis